FACULTÉ DE DROIT DE PARIS

547

THÈSE
POUR LE DOCTORAT

PAR

Abel FLOURENS

VINCENNES
IMPRIMERIE P. JUIN
2, rue de la Charité, 2

—

1872

THÈSE

POUR LE DOCTORAT

Vincennes. — Imp. P. Juin, rue de la Charité, 2. (2143,3 2.)

FACULTÉ DE DROIT DE PARIS.

DROIT ROMAIN

DE AD EXHIBENDUM ACTIONE

DROIT FRANÇAIS

ORIGINE ET DÉVELOPPEMENT EN FRANCE DE LA
LÉGISLATION SUR LES DROITS D'AUTEUR
Commentaire de la loi de 1866.

THÈSE
POUR LE DOCTORAT

PAR

ABEL FLOURENS

L'acte public ci-après sera soutenu le 2 Mai 1872 à 11 h. 1/2.

Président, M. BUFNOIR, professeur.

SUFFRAGANTS :
{ MM. MACHELARD.
RATAUD.
BEUDANT. } professeurs.
BOISSONNADE. agrégé.

VINCENNES

IMPRIMERIE P. JUIN, 2, rue de la Charité.

1872

DROIT ROMAIN

DE AD EXHIBENDUM ACTIONE

Dig. 10-4. Cod. 3-42.

DE AD EXHIBENDUM ACTIONE

Dig. 10-4. Cod. 3-42.

CHAPITRE PREMIER.

DÉTERMINATION DU SENS DU MOT EXHIBERE ET DES DIFFÉRENTES
APPLICATIONS DE L'ACTION AD EXHIBENDUM.

SECTION PREMIÈRE

Détermination du sens juridique du mot exhibere.

Sommaire : § 1. Sens étymologique du mot *exhibere*. — § 2. Autre acception de ce mot dans notre action. Elle dérive de la première. — § 3. Nécessité de comparer ce mot avec ceux employés souvent comme synonymes. — § 4. Comparaison des verbes *edere* et *exhibere*. — § 5. *Exhibere*
et *sistere*. — § 6. *Restituere* et *exhibere*. — § 7. Autres significations
d'*exhibere*.

Les mots exhibitio, exhibere sont en quelque sorte les
noms patronymiques d'une famille assez étendue d'actions
et d'interdits. Leurs caractères s'accentuent surtout dans
l'objet de ce travail, l'action ad exhibendum, et c'est à ce
point de vue seulement que je me propose d'en recher-

cher l'origine, le sens juridique et les différentes acceptions.

§ 1. — L'étymologie du mot exhibere offre quelque difficulté. Ce mot me semble se composer de la préposition ex, hors de, à l'extérieur, et du verbe actif habere, avoir, posséder, tenir. Si bien que la signification originaire serait avoir, tenir, hors de, à l'extérieur; en d'autres termes, placer la chose hors de celles qui l'entouraient, et telle est la manière de voir d'Ulpien : « Exhibere, est proprie extra secretum habere (1). » Suivant Ménage (2), cette préposition mise devant notre verbe a la même portée que devant les mots consul ou prætor, où elle indique un consul ou un prêteur sortant de charge : *ex-consul, ex-prætor*. Ex, équivalant ainsi à olim, autrefois, anciennement, s'entendrait, lorsqu'il précéderait le verbe habere, d'avoir eu autrefois, de cesser d'avoir, desinere habere. — Je ne suivrai pas cette opinion. D'abord, je doute qu'on trouve à l'époque classique de la littérature latine le mot ex ainsi employé. Certes, il servait à exprimer cette situation, mais il ne cessait pas pour cela de signifier hors de, pour s'entendre d'autrefois, et il s'appliquait à la fonction et non à la personne. On ne disait pas ex-consul, mais e consulatu, e prætura : « Cotta, dit Cicéron (3), e consulatu profectus in Galliam. » En second lieu, en ce qui touche notre action, cette manière d'entendre le mot exhibere est inadmissible. Nous verrons par la suite que celui-là qui exhibe une chose ne

(1) L. 3, § 8, D. 43-29.
(2) Œd. Menag. in *Amœnitatib. juris civ.*, caput xxxviii, p. 284.
(3) Brut. 92, 318.

cesse pas pour cela de l'avoir (1). L'étymologie que je
propose offre au contraire de grands avantages. En par-
faite harmonie avec le premier usage de notre action,
elle cadre également bien avec les différentes applications où, par suite des progrès de la doctrine, cette action a été successivement étendue. Exhibere indique
donc le fait d'avoir dehors, l'acte de mettre à part, au
jour, une chose qui se trouvait au milieu de plusieurs
autres. Paul (2) dit en effet : « Gemma inclusa auro
alieno, vel sigillum candelabro, ut excludatur, ad exhibendum agere potest, » et ailleurs (3) : « Ad exhibendum
agere potest ut separentur quæcumque aliis adjuncta sive
adjecta accessionis loco cedunt. » Ainsi exhibere, c'est
mettre à part un objet confondu jusque-là au milieu
d'autres, et cette exhibition entraînera fatalement la séparation, et avec elle, dans l'hypothèse que prévoit le jurisconsulte, l'anéantissement du titre en vertu duquel la
chose était entre les mains du défendeur. Nous verrons
en effet bientôt (4) que deux dispositions de la loi des
Douze Tables, les plus anciens témoignages de l'existence de notre action, réglementaient les conséquences de
la désunion de l'objet à représenter d'avec ceux auxquels
il était joint, résultat nécessaire de l'exhibition.

§ 2. — Mais, mettre dehors, séparer, détacher un
objet englobé dans un autre, c'est par cela même mettre
cet objet en vue, l'exposer en public. Cette conséquence
du fait d'*exhibere* présentant à elle seule de grands avan-

---

(1) Voir infra, chap. III, sur la loi 5, § 1, Dig. h. t.
(2) L. 6, Dig. h. t.
(3) L. 23, § 5, Dig. 6-1.
(4) Voir infra, chap. II.

tages fut, par la suite, considérée comme le principal but de l'exhibition, et le mot exhibere, perdant sa signification primitive, a voulu dire mettre la chose en vue, l'offrir en exposition. Ainsi, exhiber un homme, c'est, suivant Labéon : præstare ejus, de quo agitur, præsentiam (1). Exhibere tabulas, c'est, selon Ulpien (2) : materiæ ipsius deprehendendæ copiam facere. Gaius (3) définit exhibere : corporis præsentiam facere, et Paul, dans notre titre (4) : exhibere est in publico facere potestatem ut ei qui agat, experiundi sit copia. Tel est aussi le sens qu'adoptent Noodt et Doneau (5), et tel est celui que l'on retrouve dans les fragments écrits en grec ou les traductions grecques d'ouvrages latins, notamment les *Baisliques* et la paraphrase de Théophile, où l'exhibition est appelée tantôt démonstration, ἐπίδειξις, tantôt représentation παράστασις, tantôt même restitution ἀποκατάσατσις et l'action ad exhib. ἀποκαταστικὴ, mais plus souvent, au dire de Cujas, παραστασικὴ, et les interdits exhibitoires παραστατικά, suivant Reitz, præsententia. Le rapprochement de ces différentes définitions d'un même mot, établissant toutes que le but de l'exhibition est de soumettre à l'inspection de nos sens l'objet litigieux, précise, à mon avis, la signification des derniers mots du fragment de Paul, *experiundi sit copia.* La majorité des interprètes entend experiri dans son acception la plus fréquente dans la langue juridique, de poursuivre devant les tribunaux,

(1) L. 246, Dig. 50-16.
(2) L. 3, § 8, Dig. 43-5.
(3) L. 22, Dig. 50-16.
(4) L. 2, Dig. h. t.
(5) Noodt, Com., t. II, p. 190; Doneau, com., p. 1176.

d'agir en justice (1). Einert (2) rejette cette opinion,
parce que, suivant lui, Paul n'a pu écrire « ut ei qui
agat, agendi sit copia. » Critique peu fondée, car l'une
des applications les plus usitées de notre action est de
préparer une autre action, ce qui est « agere ut agendi
sit copia. » Je crois cependant qu'experiri ne signifie pas
ici agir en justice. Il me semble, en effet, que lorsqu'on
fait une définition, tous les mots qu'on emploie doivent
eux-mêmes être pris dans leur sens propre : or, experiri
veut dire au propre éprouver par les sens, connaître en
essayant : « experiendo magis quam discendo cognovi, »
dit Cicéron. Or ce but, éprouver par les sens, s'assurer
de la nature et des qualités de la chose par un examen
attentif est précisément celui qu'Ulpien, Labéon et Gaius
assignent à notre action (3). Ensuite il serait d'une mauvaise interprétation de s'appuyer sur une expression douteuse pour restreindre à une hypothèse particulière celle
où notre action sert de préliminaire à une autre, la définition que Paul veut évidemment donner de l'action
entière, préparatoire ou définitive,

§ 3. — Exhibere signifie donc, au propre, mettre une
chose à part, l'isoler de celles au milieu desquelles elle
était. Cependant dans maint endroit du Digeste, dans ce
titre même (4), on rencontre ce verbe employé dans des
acceptions bien éloignées, ou remplacé par des mots
d'une synonymie douteuse. C'est que les meilleurs jurisconsultes ont souvent oublié, ici comme ailleurs, qu'une

---

(1) Voir notam. Don. loc cit., p. 1180.
(2) Einert, *De ad exh. actione.*, p. 4, note 12.
(3) L. 3, Dig. 33-5.
(4) L. 11, § 1. in fine, Dig. h. t.

science n'est certaine qu'autant qu'elle s'appuie sur une langue précise, définie, et sur une terminologie sans équivoque. De là la nécessité, lorsqu'on veut déterminer la portée exacte d'un mot, de rechercher les différences qui le distinguent de beaucoup d'autres, mis souvent à sa place : travail d'analyse bien délicat et presque impraticable, si, sur beaucoup de points, la voie ne m'était déjà ouverte par Cujas.

§ 4. — Ainsi Cujas (1) indique la différence, topique à mon avis, qui sépare exhibere de edere, lorsqu'il dit : « Nimirum edimus ad intellectum, exhibimus corporis præsentiam faciendo. » Dans nombre de textes ces deux expressions semblent confondues, et le plus souvent l'équivoque à laquelle se prête le nom de la chose à exhiber est la cause de cette apparente confusion. Ainsi, il semble que l'on puisse dire indistinctement edere ou exhibere rationes. Il n'en est pourtant rien. Chacune de ces façons de dire a sa signification propre, mais le mot rationes s'entend aussi bien des tablettes elles-mêmes où les comptes sont écrits, que des comptes, fruits d'un travail intellectuel. Or, le mot exhibere est réservé à l'exposition matérielle d'un objet physique, le mot edere indique l'évocation en justice d'une chose intellectuelle. Ainsi on appelle edere rationes (2) non produire le livre où ces comptes sont rédigés, mais en faire publiquement l'exposé et indiquer les preuves que l'on veut en tirer. On ne dit pas exhibere actionem, mais edere, car il s'agit là d'une indication et non d'une production matérielle.

(1) Cujas, *Obs.*, liv. **X**, cap. ix, in fine.
(2) L. 4, Dig. 2-13, l. 19, Dig. h. t., l. 1, Cod. 2-1.

C'est edere que de donner le nom de son mandataire, exhibere que de le présenter en personne (1).

§ 5. — Si Cujas nous explique quelle différence sépare exhibere et edere, il se dispense en revanche de rechercher s'il en existe une entre exhibere et sistere. « Plus esse exhibere quam sistere, et illa verba invicem quidem se significant (2). » Maints passages en effet nous montrent ces deux expressions placées côte à côte et se relayant l'une l'autre pour éviter des répétitions trop fréquentes (3) du même mot. Deux points également certains me paraissent cependant se dégager d'une étude plus attentive. D'abord, l'exhibition comprend aussi bien les choses que les personnes, tandis que l'obligation de sistere a pour objet seulement une personne. C'est probablement à cette différence que fait allusion la première partie de la phrase de Cujas : « Plus esse exhibere quam sistere. » En second lieu, toute personne peut être l'objet de l'exhibition ; en est-il de même dans l'obligation sistendi? Le seul texte, qui oppose ces deux mots, ne donne, au dire des interprètes, aucune lumière. Pomponius (4) y reproche à Labéon d'avoir écrit : « Exhibet, qui præstat ejus, de quo agitur præsentiam, nam etiam, qui sistit, præstat ejus, de quo agitur, præsentiam, et qui mutum, aut furiosum, aut infantem exhibet non potest videri ejus præstare præsentiam, nemo enim ex hoc genere præsens satis apte appellari potest. » A mes yeux, ce texte contient un renseignement précieux : pour remplir

(1) L. 2, § 5, et l. 24, Dig. 49-14.
(2) Cujas, sur le tit. *De verb. signif.*, Dig. 50-16.
(3) L. 4, Dig. 2-6, l. 4, Dig. 2-8, l. 45, § 3, Dig. 17-1.
(4) L. 246 pr., Dig. 50-16.

l'engagement de sistere aliquem in judicio il faut que la personne soit présente au jugement non-seulement de corps, mais d'esprit, double condition comprise dans le mot præsentia. Aussi Pomponius critique l'emploi du mot præsentia à propos de notre action, puisqu'en exhibant un furiosus ou un infans on fait une représentation utile, et cependant on amène à l'audience des personnes dont l'esprit n'y est point présent, qui ne sont pas entièrement présentes. Il y a là une observation très-juste : la promesse de faire ester (stare, sistere in judicio) quelqu'un en justice ne peut porter que sur une personne capable de prendre sa part aux actes qui y seront accomplis, c'est-à-dire sur un homme libre et jouissant de l'entier usage de ses facultés mentales. A l'inverse, un fou, un sourd-muet aussi bien qu'un père de famille peuvent faire l'objet d'une demande en représentation, sans que leur incapacité absolue ou partielle modifie en rien le sort de l'instance. Telle me paraît être la différence que Pomponius relève, différence qui découle forcément du but de l'une et de l'autre procédure, mais dont les jurisconsultes ont rarement tenu compte.

§ 6. — Le mot restituere a le singulier privilége d'être très-souvent mis en opposition à exhibere, et très-souvent aussi employé comme son synonyme (1). Gaius (2) indique cependant nettement la différence : « exhibere est præsentiam corporis præbere, restituere est etiam possessorem facere. » Nous verrons, en effet, par la suite que la représentation ne déplace jamais la possession propre-

----

(1) L. 22 et 246, § 1, Dig. 50-16; l. 8, Dig. h. t.; l. 9, § 5, *ibid.* et alias; contra, l. 5, § 1 et 6; l. 7, § 3, 4, 5, 6, 7; l. 9, § 7, h. t., et alias.
(2) L. 22, Dig. 50-16. *Voir* infra, chap. III.

ment dite : elle enlève tout au plus, dans certains cas, à l'un la détention pour la remettre à l'autre. Comment comprendre alors que dans certains textes restituere soit employé comme synonyme d'exhibere. Einert (1), qui blâme d'abord l'explication donnée par Cujas sur ce point, la reproduit ensuite et essaye de s'en attribuer l'invention. Pour moi, Cujas a parfaitement démêlé la pensée des jurisconsultes. Ainsi, en expliquant notre titre il dit, à propos d'un texte de Julien : « Le défendeur doit dans cette action faire une représentation telle que s'il voulait renoncer à se défendre dans l'action réelle (2). » En effet, dans tous les textes où le mot restituere prend la place d'exhibere, on voit qu'il ne s'agit de déterminer ni la nature, ni les effets, ni les conditions d'existence de notre action ; mais bien de fixer ce que doit comprendre l'exhibition obtenue comme préliminaire d'une revendication. Nous verrons qu'il y a une grande ressemblance entre les prestations qu'entraîne l'exécution du jussus judicis dans les deux actions (3). C'est pour indiquer cette ressemblance, ou peut-être involontairement, confondant à leur insu à ce point de vue les deux genres d'actions, que les jurisconsultes ont presque toujours employé le mot restituere, lorsqu'il s'agit de préciser le mode et l'étendue de la représentation.

§ 7. — Si différentes expressions empiètent sur le domaine du mot exhibere, en revanche souvent celui-ci prend la place d'autres mots. Ainsi parfois il est syno-

---

(1) Einert, §§ 6, 7, loc. cit.
(2) Cujas, t. VII, sur la loi 5, § 1, h. t.
(3) Voir chap. III.

nyme (1) de cedere. On le rencontre encore pris dans des acceptions très-éloignées de son sens primitif ; je les signalerai au cours de ce travail.

SECTION DEUXIÈME

Détermination des différentes applications de l'action ad exhibendum et des caractères particuliers de chacune de ces applications.

SOMMAIRE : § 1. Les **deux** formes de notre action sont dénotées par les deux acceptions du mot *exhibere*. La première forme de notre action se divise en deux applications. — § 2. De l'action *ad exhib. ut tollere liceat*. Elle n'est accordée qu'à celui qui est propriétaire de la *res in alienum fundum delapsa*. — § 3. Elle est définitive et non pas préparatoire. Théorie de Doneau. — § 4. De l'action *ad exhib. ut separare liceat*. A quel état de choses est-elle appelée à remédier. — § 5. Elle n'a lieu qu'exceptionnellement en cas de mélange. — § 6. Elle n'a pas lieu si ce n'est comme action pénale en cas de spécification. — § 7. Sa véritable application se produit donc en cas d'accession. — § 8. Deux sortes de restrictions apportées à son exercice. Impossibilité physique, impossibilité juridique. *Tignum junctum œdibus vineœque, ferruminatio*, pierres employées dans la construction d'un tombeau. — § 9. Pour être accordée, cette application de notre action nécessite la preuve de la propriété. Dans la plupart des cas elle est définitive, elle aussi. Ces deux premières applications sont les plus anciennement connues. — § 10. De l'action *ad exhib.* préparatoire. Son utilité à l'égard des actions réelles. — § 11. Ne prépare-t-elle que ces actions. Théorie d'Einert. Sa réfutation. — § 12. Notre action sert de préliminaire à certains interdits.

§ 1. — Ainsi se trouve déterminé le sens exact du mot exhibere : c'est accomplir un acte au moyen duquel

(1) L. 35, § 4, Dig. 18-1, et Inst. § 3, III-23.

une chose est mise à part, en dehors de celles avec qui elle était confondue. Cet acte entraîne deux conséquences. En premier lieu, il consomme la séparation de la chose d'avec celles au milieu desquelles elle était placée. Ce résultat, d'une importance considérable dans certains cas, me semble avoir été, dans le principe, l'unique but de l'action ad exhibendum. Toujours est-il que l'on rencontre, dans les plus anciens monuments du droit romain, la trace bien marquée de cet emploi de notre action, tandis qu'il faut remonter jusqu'à l'époque classique pour qu'il soit question d'une autre application. Voici les deux hypothèses où, par suite du rapport qui existe entre la chose qui doit faire l'objet de la représentation et celles au milieu desquelles elle est placée, la séparation, résultat immédiat de l'exhibition, aura une importance capitale. Votre chose a perdu son existence propre en devenant l'accessoire de la mienne; la représentation n'est possible qu'en brisant le lien de cohésion, c'est-à-dire en rendant à la chose son individualité; ou bien, votre chose a été transportée par un accident quelconque sur mon terrain. Certes, elle n'est pas devenue l'accessoire de ce fonds, et cependant elle s'y trouve emprisonnée, en quelque sorte, par suite de mon droit de propriété qui me permet de vous empêcher de la reprendre chez moi. Or, si vous obtenez que votre chose soit mise en dehors de celles qui l'entourent, vous aurez par là même renversé le seul obstacle juridique qui s'opposait à son enlèvement. Dans les deux cas, la propriété du demandeur, reconnue sans conteste par son adversaire, n'était qu'une stérile prérogative jusqu'à l'exhibition; grâce à elle, elle recouvrera toute son énergie.

Mais, si le résultat est le même, la forme de la représentation est différente. Dans la première hypothèse, en effet, on exige du défendeur l'acte de séparation (1) : c'est que, dans la plupart des cas, il aura lui-même, par un acte de sa part, donné naissance au phénomène juridique de l'accession ; s'agit-il, au contraire, de choses jetées sur le terrain d'autrui par accident, comment exiger un acte du défendeur qui ne s'est exposé par aucun fait antérieur à la nécessité de faire cesser l'état de choses existant. Ainsi, acte dans le premier cas, l'exhibition n'est qu'une abstention dans le second.

Exhibere, en second lieu, c'est, ainsi que je l'indiquai naguère, exposer publiquement l'objet litigieux. Cette production offre par elle-même de grands avantages. Pour ne citer qu'un exemple, elle permet au demandeur sur le point d'intenter la revendication de s'assurer, par une procédure rapide et facile, que son adversaire est réellement détenteur, et de ne se lancer qu'en connaissance de cause dans la preuve de sa propriété, preuve si ardue aux yeux de nos anciens interprètes, qu'ils l'appelaient *diabolica probatio*. Ces avantages sérieux d'une exposition publique amenèrent un usage très-fréquent de l'exhibition comme préliminaire d'une autre action, alors que l'exhibition n'offrait d'autre utilité que la faculté d'examiner la chose. Ulpien l'atteste au début de notre titre : « Maxime propter vindicationes inducta est. » Re-

---

(1) Doneau soutient que la représentation doit toujours avoir lieu devant le juge, et il se fonde sur la loi 2 de notre titre. Mais cette loi ne parle que de l'action ad exhib. préparatoire d'une autre action, et ne prévoit nullement notre hypothèse, régie par la l. 5, §§ 2 à 6, et l. 9, § 1, h. t.; Doneau, cap. IX, p. 1175 et suiv.

marquons ce verbe *inducta est* : ne semble-t-il pas déceler le travail du jurisconsulte qui étend, par suite d'une analyse scientifique, par induction, une disposition légale à de nouvelles hypothèses? N'y a-t-il pas là la preuve que l'action *ad exhib.*, créée pour rendre sa force au droit de propriété paralysé par suite de l'absorption de son objet dans une autre chose, et indispensable dans cette hypothèse et dans d'autres du même genre, a été transportée par la doctrine dans des cas où elle n'était qu'utile et où le législateur ne l'avait pas établie.

L'exhibition a donc deux résultats qui, suivant les circonstances, offrent chacun de sérieux avantages. De là, on le voit de suite, deux applications de notre action, annoncées d'ailleurs toutes deux par les acceptions différentes du mot *exhibere*. Reprenons-en l'étude détaillée.

§ 2. — La première application de notre action se rencontre dans deux hypothèses, et j'ai déjà indiqué la différence principale et, suivant moi, la seule qui les sépare : dans l'une, l'acte de l'exhibition est à la charge du défendeur, et dans l'autre, il est à la charge du demandeur. Étudions d'abord cette dernière hypothèse. Le demandeur, pour reprendre sa chose placée sur le terrain d'autrui, veut obtenir la faculté de pénétrer sur ce terrain malgré le refus du propriétaire. Ulpien (1), dans notre titre, en donne de nombreux exemples ; dans chacun d'eux on sous-entend toujours que la propriété de ces objets n'est point contestée au demandeur. — Le jurisconsulte dit en effet : « Glans ex arbore *mea...* » « materia *tua,* » ce qui suppose que ce premier point

____

(1) L. 5, § 2 à 6, et l. 9, § 1, Dig. h. t.

est hors de doute. D'ailleurs, en dehors de ce titre,
d'autres textes démontrent clairement que, si la propriété
n'est pas constante, l'action ad exhib. n'est pas é livrée
Une récolte a été vendue; avant d'accorder ou de refuser
notre action, Julien (1) recherche si la tradition a été
faite, c'est-à-dire si le demandeur est ou non devenu
propriétaire. Si, après la tradition, on empêche l'acheteur d'enlever les raisins cueillis, celui-ci, au dire de
Julien, devenu propriétaire par suite de la tradition et du
payement du prix, aura, comme *tout propriétaire qui rem
suam tollere prohibetur, droit à notre action.* Vous m'avez
autorisé, dit Pomponius (2), à extraire de votre champ
de la craie, et puis vous vous opposez à ce que je l'enlève : j'ai l'action ad exhib., car je suis devenu propriétaire de cette craie par suite du consentement que vous
avez donné à son extraction, véritable quasi-tradition
quia mea facta est cum voluntate tua exempta est. Telle
est aussi la décision d'Ulpien (3) lorsque, suivant une distinction fort juste qu'il indique ailleurs, la craie ou la roche
fouillées chez autrui sont passées en votre domaine.
Une donation (4) faite entre époux est nulle et sans effet, une chose donnée par la femme au mari est encore
entre les mains de celui-ci; cette femme a certainement
le droit de reprendre sa chose. De ces exemples, que je
ne veux pas multiplier inutilement, il ressort bien clairement que l'action ad exhib. ut tollere liceat n'est ouverte
qu'autant que la propriété est parfaitement établie chez

(1) L. 25, Dig. 19-1.
(2) L. 16, Dig. 19-5.
(3) L. 34, Dig. 4-3 et l. 6, Dig. 39-5.
(4) L. 9, § 3, in fine, Dig. 23-3, adde l. 15, Dig. h. t.

le demandeur. D'ailleurs, dans les conditions normales, comme je le disais plus haut, elle ne sera pas l'objet d'un débat. Le demandeur ne prétend pas, en effet, que son adversaire méconnaisse ou lèse injustement son droit de propriété ; il invoque l'équité que blesse l'injuste obstination du défendeur à interdire l'accès de son héritage. Il soutient que, par un coupable abus du droit de propriété (*jus prohibendi*), sa chose est injustement détenue par le défendeur. Telle sera toujours la question principale que tranchera cette instance. Certes, la propriété du demandeur pourra être contestée, mais ce sera là un incident de procédure et non le fond du procès. Disons de suite que, dans ce cas, la propriété devrait être établie alors d'une façon complète, et *non au moyen d'une enquête sommaire* (1).

§ 3. — Entraîné par l'esprit de système, Doneau (2), ayant admis que l'action ad exhibendum est toujours préparatoire, enseigne que, même dans cette hypothèse, elle n'est que le prélude de la revendication et n'a d'autre utilité que de déterminer l'état de la chose à cette époque. Sur ce point sa théorie n'a pas fait école, et elle ne méritait pas cet honneur. Il faut reconnaître qu'il y a là une action personnelle qui, dans la pensée des jurisconsultes, est destinée à remplacer assez souvent la revendication. Elle dût même rendre à cet égard de grands services. Nous verrons, en effet (3), que pendant longtemps le possesseur civil fut seul passible de la revendication. Or, le défendeur ici est un simple détenteur

(1) Voir infra, chap. III.
(2) Donell. enucl., cap. IX, ad h. t.
(3) Infra, chap. III.

qui, jusqu'à Ulpien, eût échappé à l'action réelle. Et d'ailleurs les textes indiquent formellement le caractère définitif de cette application de notre action. Ainsi, votre fumier, vos fruits, votre récolte sont-ils placés sur le terrain d'autrui; vous obtenez, au dire d'Ariston, de Pomponius et d'Ulpien (1), la faculté de les enlever « consequitur ut tollat ». Souvenons-nous du principe posé par Julien (2), grâce à notre action, tout propriétaire dont la chose a été placée sur l'héritage voisin a la faculté d'enlever cette chose. Maintenant que cette chose a été retirée des mains du défendeur, qui d'ailleurs n'a jamais prétendu à aucun droit direct sur elle, pourquoi recourir, ainsi que le veut Doneau, à la revendication? Si on doutait encore du caractère définitif de notre action dans cette hypothèse, qu'on la compare à deux interdits, établis dans un but analogue et dont le résultat sans conteste est définitif, les interdits de « glande legenda «(3) et de «inundatione Tiberis(4).» Le premier permet de pénétrer tous les trois jours (5) sur le fonds d'autrui pour y recueillir les fruits qui y sont tombés d'arbres

---

(1) L. 14, § 3, Dig. 19-5; l. 9, § 1, Dig. h. t. *Voir* chap. III.

(2) L. 25, Dig. 19-1.

(3) L. 9, § 1, Dig. h. t., et l. uniq. au Code 43-28. Notons le § 1 de cette loi : « *glandis nomine omnes fructus continentur.* »

(4) L. 9, § 1, Dig. 39-2.

(5) La grande glose et beaucoup d'auteurs, entre autres Duaren, p. 947, et Cujas, tom. VII, col. 618, entendent que l'on a pendant trois jours le droit de recueillir les fruits; pour eux *quoque* est l'adverbe, il signifie même le troisième jour et est synonyme d'*etiam*. Le doute vient de ce que les Basiliques portent ἐφ ᾧ συναγαγεῖν τὸν καρπὸν ἐπὶ τρεῖς ἡμέρας. Fab. t. II, p. 236, n° 9, § 1. Thibaut et Einert pensent avec raison que *quoque* est l'adjectif et veut dire chaque troisième jour. Autrement à chaque fruit qui tomberait il y aurait une nouvelle prescription. En ce sens, l. 1, § 22, Dig. 43-20, Einert, § 54.

voisins. On a considérablement discuté sur la nature et
la portée de cet interdit, discussion sans issue bien certaine à cause du silence à peu près absolu des textes à cet
égard. Je n'ai pas heureusement à donner un avis quelconque sur cette question. J'indiquerai seulement deux
différences certaines à mes yeux entre l'interdit et l'action. L'interdit n'est point donné contre celui qui dolo
desiit possidere. En second lieu, pour l'obtenir, il suffit
que l'on soit à l'époque de la chute des fruits. Aussi le
préteur dit-il, « glandem quæ ex illius fundo in tuum ca-
dat (et non, ceciderit), quominus legere liceat, vim fieri
veto;» tandis qu'il faut prouver la chute du fruit pour
obtenir l'action. L'imagination des interprètes a donné
naissance à beaucoup d'autres conjectures sur cet interdit; je n'ai pas à les reproduire ici (1). L'interdit de
inundatione Tiberis nous est encore moins connu; un
seul texte le mentionne. Il suppose qu'une inondation
du Tibre a emporté jusque dans les demeures d'autrui
des choses qui vous appartiennent; il vous permet de
pénétrer non-seulement sur le terrain mais même dans le
domicile d'autrui, décision bien remarquable : car, dans
le droit civil, le domicile est inviolable. Nous verrons (2)
enfin que dans une des dernières lois de notre titre, il
est question d'un interdit particulier (interdictum de tollendo thesauro necdum moto) au moyen duquel le propriétaire d'une somme d'argent cachée sur le terrain d'autrui a le droit de procéder à des fouilles sur ce terrain

(1) *Voyez* encore Cujas, pour qui cet interdit est prohibitoire, et
Doneau, pour qui il est *adipiscendæ possessionis*. Com., lib. **XV**,
cap. **XXXVII**, p. 814, n. 30, B; Voet ad h. t.
(2) L. 15, Dig. h. t.

pour retrouver cet argent et l'enlever. Ces trois interdits ont certes un résultat définitif, et ce résultat est indiqué par les mêmes mots que dans notre action, ils font obtenir la faculté d'enlever (*jus tollendi*). Il faut donc admettre, ce qui aujourd'hui n'est plus contesté, que notre action est définitive dans cette hypothèse.

Le demandeur, grâce au *jussus judicis*, aura donc la faculté de reprendre sa chose. Par le résultat, l'action ad exhib. présente donc une frappante analogie avec la revendication. De notables différences cependant les séparent. En étudiant les caractères de notre action, nous verrons en effet qu'elle est personnelle, a pour base unique l'équité, et ne porte que sur les choses corporelles et, parmi ces choses, sur les meubles seuls.

§ 4. — La représentation offre, ai-je dit, un avantage considérable lorsque la chose du demandeur est devenue l'accessoire de celle du défendeur, en ce que le défendeur ne peut exhiber sans opérer lui-même la désunion des deux choses, et faire revivre ainsi le droit de propriété de son adversaire. Votre chose a été réunie à la mienne, et entre elles une cohésion telle s'est produite que l'une a perdu son individualité, sa forme distinctive, est devenue une dépendance, une partie intégrante de l'autre, qui se l'est assimilée tandis qu'elle conservait elle-même son existence propre. « Mea res, comme dit Paul (1), per prævalentiam, alienam rem trahit, meamque efficit. » La propriété et la revendication, qui est sa sanction, ne portent que sur un objet distinct, déterminé.

____

(1) L. 23, § 4, Dig. 6-1.

Or la chose n'est plus déterminée, elle est confondue, absorbée dans une autre ; le demandeur ne peut plus la montrer et dire : hæc res mea est. Il n'y a pourtant pas là perte définitive à son préjudice ; la propriété n'est pas morte, elle est paralysée, et elle ressaisira toute son énergie sitôt que l'adhérence entre les deux choses aura cessé au moyen de notre action. Ce phénomène juridique de l'attraction de la chose accessoire, par la chose principale, ne se produit que lorsque trois conditions concourent. Si l'une d'elles fait défaut, l'accession proprement dite n'aura pas lieu, nous aurons ou le mélange ou la spécification, et dans ces hypothèses, si nous retrouvons l'action ad exhib., elle sera, sauf dans un cas particulier, transformée en action pénale avec une portée et des caractères nouveaux.

§ 5. — Étudions chacune de ces conditions (1). A. — Il faut d'abord qu'il y ait extension de propriété chez le maître de la chose principale accrue par l'adjonction de l'accessoire, et, d'autre part, perte au moins momentanée de la propriété de la chose accessoire chez le demandeur. S'il n'y avait point perte de la propriété chez le demandeur, nous nous trouverions dans l'hypothèse du mélange. Le mélange, selon la nature des objets sur lesquels il porte, présente l'un des quatre aspects suivants : 1° ou il transforme les deux corps en une chose unique, ayant une nature et une qualification nouvelles : alors, s'il est fait sciemment, il constitue une véritable spécification, au moins dans l'opinion qui, au dire d'Ulpien, aurait prévalu entre les jurisconsultes (2), ou

____

(1) Pellat, *Propriété*, p. 211 et suiv., édit. de 1853.
(2) L. 5, § 1, Dig. 6-1; Pellat, *Propriété*, p. 128 et suiv.

s'il est le résultat d'un accident, il crée une propriété commune entre les parties ; 2° ou il porte sur des choses qui, quoique conservant après le mélange leur substance propre, ne peuvent plus être séparées, comme du cuivre et de l'or (1) : la revendication pro parte ou l'action ad exhibendum, devant une séparation impraticable, ne sont plus données que comme actions pénales, s'il y a dol, contre un défendeur qui s'est volontairement mis dans l'impossibilité de représenter, sinon l'action communi dividundo les remplace. 3° Le mélange, en troisième lieu, a rapproché entre eux différents objets : les brebis de deux troupeaux, ou deux métaux, du plomb et de l'argent (2), qui, pouvant être désunis, n'ont pas formé une masse commune. L'action ad exhib. obligera alors le défendeur à représenter la chose séparée, c'est-à-dire à rétablir l'état de choses antérieur. C'est là la seule hypothèse où, lorsqu'il s'agit de choses mélangées ensemble, l'action ad exhib. n'ait pas le caractère d'action pénale. 4° Enfin, et c'est là le caractère le plus fréquent, le mélange a confondu ensemble des objets qui, sans former un corps nouveau, d'une nature différente, se sont absorbés l'un dans l'autre au point de former une masse homogène : par exemple mon argent a été fondu avec le vôtre. Le demandeur aura l'action communi dividundo ou la revendication pro parte, suivant que sa propriété sera ou ne sera pas reconnue ou judiciairement constatée. Si le défendeur coupable de dol, en fondant ensemble ces deux lingots d'argent, a détruit la

(1) Voir l'explication de M. Pellat, p. 130, note, sur la prétendue indissolubilité de l'alliage du cuivre et de l'or.
(2) Inst. § 28, II-1, et l. 3, § 1, Dig. 6-1.

chose pour éviter que son adversaire ne l'eût, il est passible de l'action ad exhib. pénale, qu'il possède ou non cet argent. S'il y a vol, il est tenu de l'action furti (1). Mais dans cette hypothèse, où la représentation est matériellement impossible, l'action ad exhib., si elle naît, est toujours pénale.

§ 6, B. — La seconde condition de l'accession proprement dite est qu'il y ait accroissement dans la propriété de la chose principale et non pas création d'une chose nouvelle; autrement nous serions en présence de la spécification. On se souvient de la fameuse querelle qui partagea les deux écoles sur l'attribution qu'il convenait de faire de la propriété de cet objet nouveau (2). Les proculéiens, persuadés qu'au point de vue juridique la substance d'une chose consiste dans sa forme, observaient que la matière avait péri en perdant sa forme primitive pour renaître sous sa nouvelle forme, et que cette création nouvelle était acquise au spécificateur par suite des règles de l'occupation : quia quod factum est autea nullius fuerat. La matière, pour les sabiniens, est l'élément constitutif, l'essence de la chose ; elle subsiste sous toutes les formes, et, façonnée ou non, elle continue d'appartenir au même propriétaire; d'ailleurs, sine materia nulla species effici potest. Un système mixte, enseigné par Paul (3) et consacré plus tard par Justinien, conciliait ainsi ces deux opinions. La théorie des sabiniens était adoptée dans les deux hypothèses suivantes : si l'ob-

(1) L. 3, § 2, l. 4 et l. 5, Dig. 6-1; Pellat, p. 124 et suiv.

(2) Gaius, Inst. II, § 79, et l. 7, § 7, Dig. 41-1; Noodt, t. II, p. 193 et suiv., Cujas, *Pauli ad edictum*, t. V, p. 378.

(3) Paul, l. 12, § 3, Dig. h. t., et l. 26 pr. Dig. 41-1. Adde, Inst., § 25, II-1. *Voir* Pothier, *ad Pandectas*, sur la l. 9, § 3, et la l. 12, § 3.

jet nouveau pouvait être remis dans son état primitif, ou bien, alors même que cette seconde transformation aurait été impossible, si le spécificateur avait été de mauvaise foi. Au contraire, l'opinion de l'autre école obtenait gain de cause si la spécification faite de bonne foi avait amené une métamorphose irréparable. Ainsi s'explique deux fragments d'un même auteur absolument contradictoires au premier coup d'œil. En effet, Paul attribue la propriété d'un vêtement fait avec la laine d'autrui à l'ouvrier, dans la l. 26, au titre de rer. div. au *Digeste*, et au maître de la laine, dans la loi 12, § 3, de notre titre. C'est que, dans cette dernière loi, il suppose, de plus, que dans la loi 26 le spécificateur est de mauvaise foi, et il décide qu'il est passible à deux chefs de notre action : d'abord comme ayant cessé de posséder frauduleusement la matière, ensuite comme détenant l'objet nouveau qui est la propriété du demandeur, *quia quod re nostra fit nostrum esse verius est*. Ainsi, celui qui, avec la matière d'autrui, fait sciemment une espèce nouvelle, n'en devient pas propriétaire, il est réputé l'avoir faite *alieno nomine*, pour le compte d'autrui. C'est la seule explication honorable qu'il puisse donner de son action (1). Ainsi donc, même

(1) M. Demangeat, dans son Cours de droit romain, décide que le spécificateur, fût-il possesseur de mauvaise foi, n'en sera pas moins propriétaire de la *nova species*. Cette assertion, qu'aucun texte ne justifie, est en complet désaccord avec le passage de Paul, l. 12, § 3, Dig. 10-4. Il est vrai que M. Demangeat déclare que c'est « perdre son temps que de chercher à concilier les textes entre eux. » J'ai préféré suivre l'opinion présentée par Cujas (*Pauli ad edictum*, t. V, p. 378 et suiv.), Noodt (t. II, p. 193 et suiv.), et Pothier (*ad Pandectas*, sur la l. 12). Outre l'autorité qui s'attache naturellement à une opinion professée par Cujas et Noodt, et l'incroyable facilité avec laquelle M. Demangeat se débarrasse des textes qui le contredisent, ce qui me fait admettre cette

dans le système éclectique qu'adoptent les Institutes, il n'y a rien ici qui ressemble à une acquisition par accession, et l'action ad exhib., lorsqu'elle est appelée à y jouer un rôle, n'intervient jamais pour rendre l'existence à la propriété d'une chose accessoire devenue partie intégrante d'une chose principale en brisant le lien d'adhérence qui enlève à l'un des objets son individualité.

§ 7, C. — En troisième lieu, pour qu'une chose s'absorbe dans une autre au point de cesser d'exister par elle-même, il faut que la chose principale, corps homogène comme une statue ou composée de parties adhérentes comme un navire, ait une forme et une destination déterminées, une dénomination spéciale (1). La réunion de deux lingots de métal brut, de quelque façon qu'elle ait lieu, n'opère aucun changement dans la propriété respective de chacun de ces lingots (2).

§ 8. — Moyennant ces trois conditions, se produit ce phénomène juridique de l'absorption d'une chose dans une autre, auquel, au dire de Paul et d'Ulpien (3), notre action est destinée à mettre un terme. Mais, même alors qu'il y a réellement accession, notre action, avec le ca-

manière de voir, c'est que Gaius, dans la l. 7, § 7, Dig. 41-1, suppose, avant d'attribuer la *nova species* à son auteur, que celui-ci l'a faite *suo nomine*. Il serait oiseux de dire que s'il l'avait faite pour autrui, elle ne lui appartiendrait pas. Le jurisconsulte, ayant en vue le cas où l'ouvrier est de bonne foi, et voulant indiquer qu'il ne traite que de cette hypothèse, dit : si quelqu'un a confectionné un ouvrage nouveau *pour son compte;* or, à moins de déclarer qu'il a voulu voler la matière d'autrui (déclaration qui ne serait pas reçue en justice), le spécificateur qui savait que la matière appartenait au demandeur, ne peut dire qu'une chose, c'est qu'il agissait ainsi pour le compte d'autrui.

(1) Pellat, *Propriété*, p. 214, 215.
(2) L. 27 pr., et § 2, Dig. 41-1.
(3) L. 6, l. 7 pr., §§ 1 et 2, Dig. h. t.

ractère d'action rei persecutoria, n'est pas toujours applicable, soit par suite d'une impossibilité physique, soit par l'effet d'une impossibilité juridique.

Si la séparation devait amener la destruction complète de l'une des deux choses ou des deux, ou produire des débris informes et sans utilité, ut detractum nullius usus esse possit (1), le remède serait pire que le mal et l'action ad exhib. ne prendrait naissance que si, par suite du dol du défendeur, elle devenait pénale. Ainsi l'écriture était à Rome (2) l'accessoire du parchemin où elle était tracée. A l'inverse, par suite d'une distinction assez en vogue à l'époque où écrivait Gaius (3) pour que ce jurisconsulte l'admît, tout en avouant qu'il n'en voyait pas bien la raison, distinction qui, repoussée au temps de Paul, fut consacrée législativement par Justinien, la toile était l'accessoire de la peinture. Il est évident que la séparation est ici impossible et que notre action n'atteindrait le peintre que s'il était de mauvaise foi. Faut-il dire également que si des fils de pourpre appartenant à autrui ont été tissés avec la laine de mon vêtement (4), il s'est produit une union tellement indissoluble que notre action doit s'arrêter devant cette impossibilité matérielle? Beaucoup d'auteurs le soutiennent (5) ; je l'ai même entendu professer. Justinien dit, en effet, que la pourpre est *res extincta*, n'existe plus. Grave erreur de Justinien, au dire

(1) L. 63, Dig. 24-1.

(2) Inst. § 33, II-1.

(3) L. 9, § 2, Dig. 41-1, Gaius, *Com.* II, § 78; l. 23, § 3, Dig. 6-1; Inst. de Just. § 34, II-1. *Voir* Pellat, *Propriété*, p. 210.

(4) Inst. § 26, II-1; et l. 7, § 2, Dig. h. t.

(5) Demangeat, cours de droit Romain, t. I, p. 461 et 462, M. Gide, à son cours.

de **M. Du Caurroy** (1), la pourpre peut être détachée du vêtement. Pour mon compte, j'avoue franchement que j'ignore si, par un procédé quelconque, la pourpre peut être rendue à sa forme primitive ; je remarque seulement qu'Ulpien ne distingue nullement cette hypothèse d'autres espèces qu'il cite et où, sans conteste, la séparation est possible (2).

A côté de cette impossibilité physique, il convient de placer trois restrictions apportées par la loi ou la doctrine à l'exercice de notre action.

Les bâtiments sont une dépendance du sol : omne quod solo inædificatur, solo cedit (3) ; la maison élevée sur un terrain appartient donc au propriétaire de ce terrain, et les matériaux qui y sont employés ne se distinguent plus de la construction qu'ils forment et font ainsi partie intégrante de la propriété du sol. Leur situation est à tous égards semblable à celle de la roue attachée à la voiture d'autrui, ou des planches qui ont servi à confectionner une armoire (4). Aussi, d'après les principes, sans distinguer si le constructeur est de bonne ou de mauvaise foi, ils feraient l'objet d'une demande immédiate en représentation, afin que la démolition de l'édifice, conséquence inévitable de cette procédure, leur rendît leur individualité. Une disposition de la loi des Douze Tables, dans un intérêt d'édilité, s'est opposée à ce que, sur cette demande, le propriétaire fût obligé de dé-

(1) Du Caurroy, *Inst. expliq.*, t. I, p. 245, n. 363.
(2) Comparez l. 26, § 3, Dig. 41-1, où la pourpre sert de teinture à la laine.
(3) § 29 pr; Inst. II-1.
(4) L. 7, § 1, Dig. h. t.

truire sa maison (1). D'ailleurs, l'exercice de notre action n'est pas interdit, il est simplement suspendu jusqu'à l'époque où le temps amènera la chute naturelle de l'édifice. Même, après la décision des décemvirs, notre action n'en continue pas moins de jouer encore dans cette hypothèse un rôle important. Pour bien faire saisir ce rôle, je vais exposer, d'après l'opinion la plus répandue, par quels moyens le demandeur exproprié sera indemnisé. Une première distinction domine toute la théorie: ou les matériaux ont été volés (tignum furtivum), ou ils ne l'ont pas été. Dans chacune de ces deux hypothèses, il faut rechercher si le constructeur est de bonne ou de mauvaise foi. Supposons qu'il s'agisse de matériaux volés. Le constructeur est-il de bonne foi, il devient passible d'une action créée par la loi des Douze Tables et qui est toujours au double, l'action de tigno juncto; mais ici la condamnation contient deux éléments: le prix de ces matériaux que le défendeur est réputé acheter, d'une part, et d'autre part la peine de la faute qu'il a commise à ne pas s'enquérir de l'origine de ces matériaux. Aucune autre action ne viendra plus inquiéter ce constructeur, ni actuellement l'action ad exhib. pénale, ni la revendication lors de la chute de l'édifice.

Le paiement du double de la valeur des matériaux a pleinement réparé le préjudice causé au demandeur et la faute commise. Le constructeur, au contraire, est-il de mauvaise foi, l'action de tigno juncto devient pénale pour le tout, et n'empêche pas le propriétaire des matériaux d'agir en revendication aussitôt la chute de l'édi-

(1) L. 6, Dig. h. t.; l. 7 pr. *ibid.*; l. 1, Dig. 47-3 ; l. 23. § 6 et 7, Dig. 6-1.

fice, ou avant même cette époque d'intenter l'action ad
exhib. afin de fixer sous serment le montant de la perte
qu'il a éprouvée. Si, au contraire, les matériaux n'ont
pas été volés, une action in factum vient ici, comme dans
les deux autres hypothèses où notre action est refusée,
indemniser le demandeur aux prises avec un possesseur
de bonne foi. Si son adversaire était de mauvaise foi,
notre action serait à sa disposition, puisqu'elle atteindrait
alors une personne quæ dolo desiit possidere (1).

Il existe deux moyens de réunir entre eux deux fragments d'un même métal : ou ces fragments juxta-posés
seront joints ensemble au moyen de l'interposition d'un
autre métal qui, doué d'une force de cohésion plus grande,
comme le plomb, le cuivre, déterminera l'adhérence
entre les pièces qu'il assemble ; ou la rupture disparaîtra
entièrement, sans l'immixtion d'un corps étranger, par
suite de la fusion qui s'opérera entre ces deux parties
d'une substance homogène amollies au feu et battues
ensemble. Le premier procédé est une soudure (plumbatura); il s'applique aussi bien que les fragments soient d'une
même matière ou de deux matières différentes. Le second, appelé par les Romains ferruminatio, n'est possible
que s'il s'agit de cassures d'un même métal. Grâce à lui,
le métal entier, la statue d'airain, par exemple, est dans
la même situation que si elle avait été coulée d'une seule
pièce ; et le bras ou le pied, qui lui ont été attachés de
cette manière, alors même qu'ils sont la propriété d'au-

---

(1) L. 1, § 2, Dig. 47-3. *Voir* sur ce point Hieronymus Elenus, *Dia-
trib. ad jus civ.*, p. 1427; *Thesaur. jur. Rom.;* Cujas, *Com.*, t. VII,
col. 611 et suiv., Pellat, *Propriété*, p. 217 et suiv., et alii; contra,
Demangeat, t. II, p. 468.

trui, lui sont irrévocablement incorporés, et participent au souffle dont, pour ainsi dire, elle est animée, uno spiritu continentur. Si, par un accident nouveau, ce bras était détaché du corps, ce ne serait pas l'ancienne fracture qui se rouvrirait, mais une nouvelle qui se produirait. Aussi ce bras ne recouvrerait pas son individualité primitive et ne redeviendrait pas la propriété de son premier maître, puisque vis-à-vis de lui il a cessé définitivement d'exister. L'action ad exhib. n'est donc d'aucun secours à ce maître exproprié, mais il reçoit du préteur une action in factum pour obtenir une indemnité. Au lieu de créer ainsi l'homogénéité entre la statue mutilée et le bras qui lui est rapporté, en fondant ensemble les deux pièces du même métal, la plumbatura rapproche deux fractures qui, quoique juxta-posées, restent éternellement disjointes. La séparation, alors obtenue par notre action, en faisant disparaître l'adhérence entre les deux parties, les remettra de tous points dans leur état primitif. Ainsi notre action n'est interdite que lorsqu'il y a ferruminatio (1).

Voici la troisième hypothèse où l'action ad exhibendum ne peut être exercée. Les pierres qui servaient à la construction d'un tombeau étaient considérées à Rome comme consacrées aux divinités inférieures (2). Elles n'étaient donc plus dans le commerce, et alors qu'elles auraient appartenu à un tiers, elles ne pouvaient faire

(1) L. 23, § 5, Dig. 6-1; l. 7, § 2, Dig. h. t.; Cujas, *Com.*, t. VII, c. 606 à 609; Pellat, *Propriété* , p. 212 et suiv., Einert, § 59, blâme énergiquement cette distinction, qui découle cependant de la nature des choses.

(2) L. 43, Dig. 6-1. *Voir* Cujas, Com., t. VII, p. 281 et 314, et Pellat, *Propriété*, p. 287 et suiv.

l'objet d'une revendication, que le monument fût encore debout ou ait été démoli. Il ne s'agissait plus d'un empêchement temporaire semblable à celui que la loi des Douze Tables avait établi à l'égard d'un bâtiment profane, obstacle qu'une destruction volontaire ou par l'effet du temps eût levé, mais d'une perte de propriété tellement irrévocable, que si les matériaux étaient détachés de la tombe pour servir à la reconstruction d'une nouvelle sépulture ou pour toute autre destination même profane, ils ne retourneraient pas à leur premier maître. Mais il faut qu'il y ait eu consécration du caveau; si bien que si avant qu'un mort y soit déposé ce caveau était démoli par accident, le propriétaire des matériaux aurait notre action. Une action in factum dans les autres cas venait l'indemniser, sans qu'il fût besoin d'attendre la démolition de l'édifice. Ainsi, dans la première des trois exceptions apportées à l'exercice de notre action, cet exercice est simplement suspendu; dans les deux autres, il est définitivement interdit.

Nous avons vu que pour obtenir l'action ad exhib. ut tollere liceat, il faut être propriétaire de l'objet que l'on veut reprendre sur l'héritage voisin ; cette qualité est également exigée lorsque vous désirez faire briser le lien de cohésion en vertu duquel votre chose s'est absorbée dans la chose d'autrui, En effet, les textes mentionnent toujours cette condition : Is qui materiæ *dominus* fuerat... (1) si rotam *meam* vehiculo aptaveris (2), si quis ex *meis* uvis mustum fecerit..., et *qui dominus* fuerit (3)

____

(1) Inst. § 29, II-1.
(2) L. 7, § 1, Dig. h. t.
(3) L. 12, § 3, Dig. h. t.

purpuræ... (1), si quis rei *suæ* alienam rem ita adje-
cerit... (2) In omnibus igitur istis casibus in quibus *mea*
res per prævalentiam, *alienam* rem trahit *meamque* efficit. Je m'arrête, sans m'amuser, comme dit Montaigne,
à un plus long registre, car dans tous les passages où il
est question de cette application particulière de notre
action, si on ne trouve pas le pronom possessif, la construction de la phrase témoigne clairement que le demandeur est propriétaire de l'accessoire. Dailleurs Justinien
le dit expressément : « Celui qui était propriétaire des
matériaux compris dans le bâtiment d'autrui n'en reste
pas moins propriétaire malgré la construction, et, n'était
la loi des Douze Tables, il aurait l'action ad exhib. pour obtenir la reprise de ses matéraux après la démolition de
l'édifice. » Enfin, pour quel motif l'ancien propriétaire du
bras ajusté par la ferruminatio à une statue mutilée ou
des pierres employées à élever un tombeau ne peut-il,
même après la séparation, agir en représentation, si ce
n'est qu'il en a perdu la propriété, et c'est pour cela
qu'au lieu de notre action qui n'appartient qu'au propriétaire, on lui donne une action in factum pour obtenir une indemnité. Il y a là une différence considérable entre cette première application de notre action
(ut tollere aut separare liceat) et la seconde , dont
le but est d'obtenir simplement l'exposition publique
d'un objet à raison duquel on veut exercer une autre action. Alors, en effet, il suffit de justifier d'un intérêt légitime, mais il n'est pas nécessaire de se dire propriétaire
et de le prouver. « Qui ad exhibendum agit non *utique*

(1) Inst. § 26, II-1.
(2) L. 23, § 2, 3, 4, 5, etc.

dominum se dicit nec debet ostendere : quum multæ sint causæ ad exhib. agendi (1). Remarquons ces mots multæ ad exhib. agendi, et utique. Placés dans un texte qui traite de l'action ad exhib. en général, ils font une allusion indirecte aux hypothèses où, par exception, la preuve de la propriété est exigée. Ce n'est pas d'ailleurs la seule particularité qui, en réunissant ensemble ces deux applications de la première forme de notre action, la distingue de la seconde. Nous savons déjà que le mot exhibere a dû être détourné de son sens étymologique pour comprendre la seconde application de notre action, et que le développement plus tardif de cette application était dénoté par deux preuves décisives. Il n'en était point parlé, en effet, dans la loi des Douze Tables (2), tandis que cette loi permettait la récolte des fruits tombés sur l'héritage d'autrui, et, tout en admettant en principe la séparation de la chose accessoire d'avec la principale, la prohibait dans certains cas. Enfin ces mots d'Ulpien : Maxime propter vindicationes inducta est (3), témoignent que notre action avait été étendue plus tard à des hypothèses qu'elle ne régissait pas à l'origine. Il me paraît donc à peu près certain que cette forme dût précéder l'autre, qui, bien qu'adoptée plus tard, devint d'un usage infiniment plus fréquent. Enfin, l'action ad exhib. ut tollere liceat est déclarée définitive par tous les auteurs modernes, tandis que la seconde forme de notre action, à moins, bien entendu, qu'elle ne soit pénale, est toujours préparatoire. Mais l'action ad exhib. ut separare liceat n'est-elle pas, elle aussi, définitive? Elle

(1) L. 3, § 1, Dig. h. t.
(2) Voir infra, chap. II.
(3) L. 1, Dig. h. t.

est simplement préparatoire aux yeux de la presque unanimité des interprètes du Droit romain (1), et il faut
avouer que la construction grammaticale de beaucoup de
phrases, où il en est question, paraît au premier coup
d'œil ne laisser aucun doute sur la question. En présence de ces textes si affirmatifs que la discussion semble
impossible, et quelque défiance légitime que j'éprouve à
contredire ces auteurs, j'ose proposer la thèse contraire et
soutenir, que non pas nécessairement, mais au moins dans
la plupart des cas, cette forme de notre action entraîne un
résultat définitif.

Certes, son intention n'est pas ut reus restituat,
mais bien ut exhibeat ; or exhiber, dans l'espèce, c'est
séparer ; et cette exhibition amènera fatalement le plus
souvent la restitution. Il en doit être ainsi pour deux
motifs. Le propriétaire de la chose principale n'a, pour
retenir la chose accessoire, d'autre raison que celle-ci :
res sua per prævalentiam alienam rem trahit suamque efficit (2). Il se prétend propriétaire uniquement de la chose
principale qui comprend actuellement l'accessoire, mais
il ne se prétend pas du tout propriétaire de l'accessoire
considéré isolément, abstraction faite du principal. Cette
prétention, d'ailleurs, serait repoussée par la doctrine una-

(1) Cujas, *Com.*, t. VII, col. 600, 602, 604 et 605. *Pauli ad edictum.*
t. V, col. 373 et suiv. Ici Cujas, comme Doneau, n'admet l'action ad exhib.
que lorsqu'elle a lieu vindicandi causa. Doneau, caput ix, p. 1177 et
suiv.; Noodt, t. II, p. 191; Voet, *ad Pand.*, t. I, p. 584 et suiv.; Lauterback, *ad Pand.*, t. I, p. 489; Sam. Stryckius, t. I, p. 369; Mülhenbruch, *Doctr. Pandect.* § 458; Pothier, *Pandect.* in n. ord. exp. ad h.
t. pr. Pellat, *Propriété*, p. 213 et alias; Vinnius, *Grande glose* et alii ;
contra, Verlohner, *Comm.*, t. II, p. 370 ; Einert, § 44 et 57.

(2) L. 23, § 4, Dig. 6-1.

nime des jurisconsultes, aux yeux de qui il détient seulement l'objet accessoire considéré en lui-même, tandis que le maître de l'accessoire en reste propriétaire, sans même avoir à redouter l'usucapion (1), tant que dure l'adhérence. C'est, d'ailleurs, ce que dit Justinien : Nec tamen ideo is qui materiæ dominus fuerat desinit dominus ejus esse (2). Or, la cohésion a été brisée par la production, devant le juge, de la chose accessoire : le seul droit en vertu duquel le défendeur détenait la chose s'est évanoui, car la chose ainsi détachée a recouvré son individualité et, avec elle, son premier maître (3). D'autre part, le demandeur, pour obtenir la séparation, a dû faire la preuve de sa propriété ; il est établi que c'est bien là sa chose, et, par suite de l'exhibition, le seul obstacle, qui s'opposait à l'exercice de son droit, a disparu : Ubi probavit rem meam esse necesse habet reus qui non objicit aliquam exceptionem, eam restituere (4). Les rôles sont alors changés, la preuve retombe à la charge du défendeur s'il veut reprendre cette chose actuellement placée sous les yeux du juge. A lui d'établir qu'il a ce droit en vertu d'un autre titre, sinon il ne peut s'opposer à ce que, la séparation faite, le demandeur enlève sa chose.

Certes de nombreux textes disent comme la loi 23, § 5, Dig. R. V., quamdiu cohærent, dominus vindicare non potest, sed ad exhib. agere potest ut separentur et tunc vindicentur. M. Pellat, qui, dans maint endroit, suit

(1) § 7, ejusd. legis.
(2) § 29, Inst. II-1.
(3) L. 59, Dig. 6-1.
(4) L. 9, *ibid.*

sans hésitation la thèse qui m'est contraire, traduit ainsi
ce passage (1) : « Mais il peut agir en représentation,
afin de les faire séparer et de les revendiquer *ensuite*. »
Quel que soit le respect que je professe pour la manière
de voir de notre regretté et savant doyen, je ne puis admettre que *tunc* veuille dire ensuite. Il signifie : alors,
dans ce moment, ce qui est l'antithèse d'ensuite. Véritablement le jurisconsulte dit : afin qu'elles soient séparées et alors, en ce moment-là, revendiquées. Et, en effet,
elles seront alors revendiquées. Pour obtenir la séparation, le demandeur a dû commencer par prouver sa
propriété; aujourd'hui que la désunion des deux choses
a fait revivre son droit de propriété, ce droit se trouve
établi indirectement par le procès dans lequel il vient
d'obtenir gain de cause; il y a eu une revendication im-
plicite, concomitante de notre action dans ce fait d'avoir,
en anéantissant le titre sur lequel se fondait la possession
du défendeur, fait la preuve complète de la propriété du
demandeur. D'ailleurs, pendant longtemps la revendication véritable n'eût pu être intentée contre ce défendeur
qui, après comme avant l'exhibition, n'était que détenteur de l'objet accessoire envisagé isolément. L'action ad
exhib., à cette époque, devait remplacer la revendication,
et non préparer une procédure impraticable.

Enfin, le texte d'Ulpien est le plus défavorable à ma
thèse; les autres se concilient plus facilement avec elle.
Qu'on lise sans prévention le passage des Instituts que
je citais plus haut : « Nec tamen ideo is qui materiæ
dominus fuerat, desinit dominus ejus esse, sed tantisper

(1) Pellat, *Propriété*, p. 211.

neque vindicare eam (materiem) potest neque ad exhib. de
ea re agere. N'y a-t-il pas là l'indication de deux moyens
distincts, refusés l'un et l'autre, mais pour des motifs différents : la revendication, parce que la chose est anéantie
par l'accession, l'action ad exhib., en vertu de la disposition de la loi des Douze Tables. Paul (1), supposant qu'une
femme a donné à son mari des matériaux pour construire
une maison, décide que, par suite de la nullité de la donation, la revendication appartiendra à la femme après
la démolition de l'édifice. Ce texte ne m'est nullement
contraire ; car du moment que les pierres sont détachées,
soluta re, l'action ad exhib. devient inutile et la revendication peut être intentée, puisque la propriété de la
demanderesse a repris toute sa force. Mais il y a plus ;
le même jurisconsulte dit dans notre titre (2) : « Gemma
inclusa auro alieno vel sigillum candelabro, vindicari
non potest, sed, ut excludatur, ad exhib. agi potest. Il ne
dit pas, ainsi qu'il devrait le dire dans l'opinion que je
combats, non continuo vindicari potest, sed ut excludatur ad exhib. agi potest, ita ut exclusa postea vindicetur.
D'ailleurs, dans le texte d'Ulpien, le mot vindicare a-t-il
bien le sens précis qu'on lui attribue ? Qui ne sait que
ce mot n'est pas toujours employé par les jurisconsultes
pour désigner la revendication, mais qu'il est pris bien
souvent comme synonyme de apprehendere, asserere rem,
sibique habere. Nous avons vu que l'action ad exhib. ut
tollere liceat tenait lieu de revendication dans beaucoup
de cas, or, à mon avis, le jurisconsulte, dans ce pas-

(1) L. 63, Dig. 24-1.
(2) L. 6, Dig. h. t.

sage, témoigne qu'il en est ainsi de l'action ad exhib. ut separare liceat. Dans les deux cas, la propriété du demandeur n'est pas contestée, elle est reconnue en principe par le défendeur, mais un obstacle juridique s'oppose à l'exercice de cette propriété : ici, c'est le refus du voisin qui arrête l'enlèvement de l'objet litigieux placé sur son terrain ; là, c'est l'absorption de cet objet dans la chose du défendeur ; dans les deux cas, notre action lève cet empêchement de droit. L'origine est commune, les conditions sont les mêmes, la procédure est semblable, pourquoi créer une différence dans le résultat, pourquoi dire que l'une est préparatoire quand l'autre est certainement définitive ?

Enfin, par leur résultat même, ces deux premières applications de notre action sont nécessairement définitives. Que l'on obtienne, en effet, l'enlèvement d'un objet placé sur l'héritage voisin ou la séparation de la chose accessoire, si l'action qui a produit ce résultat n'est que préparatoire, dans quelle situation déplorable n'aura-t-on pas mis le défendeur, privé de sa chose dans le premier cas, et de son droit dans le second ? Faudra-t-il, pour aggraver encore sa malheureuse position, transporter ici et la faculté d'obtenir l'exhibition sans établir un droit de propriété, mais sur la simple présomption d'un intérêt légitime, et la faculté d'enquête sommaire du juge, apanages ordinaires de l'action préparatoire ? Ainsi, à quelque point de vue que l'on se place, on est toujours amené à reconnaître le caractère définitif de ces deux applications de notre action.

§ 10.—La seconde forme de notre action est mentionnée en première ligne par Ulpien au début de notre titre.

Son usage, devenu journalier au temps de ce jurisconsulte, se comprend, surtout, comme nous le verrons bientôt, lorsqu'on se reporte aux actions de la loi, où la présence de la chose était une des conditions de cette procédure sacramentelle, et où la prétention du demandeur s'affirmait par la saisie symbolique de l'objet litigieux.

Bien que cette exigence arbitraire disparût avec le système qui l'avait établie, le rôle de notre action n'en continua pas moins d'être très-important à raison des avantages incontestables d'une production en public de l'objet litigieux. Selon Ulpien, l'utilité de notre action se fait sentir surtout lorsqu'il s'agit d'ouvrir la voie aux actions réelles. Je dis actions réelles bien que le texte porte « vindicationes » : c'est que ce pluriel transforme ce mot en un nom générique ; d'ailleurs, quelques lignes plus bas, le même auteur dit que notre action appartient à qui veut agir « *qualicumque in rem actione* » (1). Entre ces deux manières d'exprimer la même idée, celle qu'Ulpien a employée d'abord est la moins inexacte ; car, la nature de notre action ne se prête pas à servir de préliminaire à toute espèce d'action réelle. D'une part, en effet, elle ne porte, ainsi que nous le verrons bientôt (2), que sur les meubles déterminés : ce qui la rend inapplicable à la pétition d'hérédité, et d'autre part, à mon avis, elle n'atteint que les choses corporelles (3), ce qui restreint considérablement son usage dans toutes les actions réelles, et le rend absolument impossible dans l'action confessoire d'une servi-

(1) **L.** 1 et l. 3, Dig. h. t., et l. 2, Dig. **47-19.**
(2) **Infra,** chap. II.
(3) *Ibid.*

tude prédiale. C'est avec ce tempérament essentiel apporté aux termes trop vagues de notre texte, qu'il faut entendre ce qu'il dit de l'action hypothécaire et de l'action confessoire d'un usufruit (1). Pomponius, d'ailleurs, reprend l'énumération de chacune de ces actions : revendication, confessoire, publicienne, action hypothécaire, et suppose que, pour les préparer, quatre demandes en représentation sont faites simultanément à propos d'un même esclave. Ce texte contient une décision remarquable à deux égards. D'abord, il suppose qu'il s'agit d'une chose mobilière, ce qui confirme ma manière de voir ; ensuite il déclare que ce défendeur, poursuivi par toutes les procédures imaginables, est obligé de répondre en même temps à toutes. Or, s'il avait seulement affaire à deux revendications (2), il aurait le droit d'exiger de celui de ses adversaires qui aurait obtenu le premier gain de cause, de s'engager à prendre sa place dans la seconde instance. C'est qu'ici, l'exécution de l'ordre du juge amène la perte de la possession chez le défendeur, et partant l'inefficacité de la seconde contestation, tandis que la représentation laisse la chose entre les mains du défendeur, qui, pour l'avoir exhibée à l'un, n'en a pas moins la faculté de l'exhiber à l'autre. Au nombre des actions réelles que prépare l'action ad exhib., j'espère démontrer que l'assertio in libertatem doit être rangée (3).

§ 11. — Mais l'action ad exhib. est-elle réduite à n'ou-

---

(1) L. 3, § 4, Dig. h. t. Aucune remarque semblable n'est à faire sur l'action servienne, puisqu'elle ne porte que sur les meubles, les *invecta et illata a colono*, § 4, inst. de act.

(2) L. 57, Dig. 6-1. *Voir* Pellat, *Propriété*, p. 328 et suiv.

(3) Voir chap. III

vrir la carrière qu'aux actions réelles? Cujas et Doneau (1) soutiennent ce système restrictif, Pothier (2)
ajoute les actions personnelles in rem scriptæ. En présence d'Ulpien (3), qui accorde notre action à qui veut
agir en réparation du délit d'un esclave, ou à qui veut
exercer un droit d'option, ou faire mettre à la torture
des esclaves accusés d'un crime pour leur arracher le
nom de leur complice ; en présence, dis-je, de ces passages bien contraires à leur doctrine, ces deux grands
interprètes du Droit romain imaginent une espèce de
transaction entre les textes qui les contredisent et leur
système. Dans toutes ces hypothèses il y aurait un résultat analogue à la revendication. Ainsi : « La victime
« du délit d'un esclave, dit Cujas, emmènera cet es-
« clave, si son maître ne paye pas la condamnation, et
« ainsi, l'action ad exhib. sera donnée en quelque sorte
« vindicandi causa. » Mais ce maître n'était pas tenu
d'une obligation alternative « decem aut noxæ dedere
condemnatus, dit Ulpien, judicati in decem tenetur : facultatem enim noxæ dedendæ ex lege accepit (4). » Or,
cette sorte de dation en paiement, qu'on nomme facultas solutionis, n'a jamais modifié le caractère de l'action.
De même, Cujas explique ailleurs que notre action,
bien que préparatoire des seules actions réelles, soit donnée en cas de legs d'option, « parce que l'option est léguée per vindicationem et l'action en revendication est

_____

(1) Cujas, *Com.*, t. VII, col. 601 et suiv., et Pauli ad ed., t. V, col.
373 e suiv. ; Don., loc. excit.
(2) Pothier, *Pand.* in nov. ord. exp. sur le livre XI. tit. 1 pr.
(3) L. 3, § 6 et 7, et l. 20, Dig. h. t. ; adde l. 1, Cod. 3-42.
(4) L. 6, § 1, Dig. 42-1.

donnée de suite à raison du legs. » Certes, une fois l'option faite, le légataire aura la revendication non-seulement contre l'héritier, mais contre toute personne, quoniam, res continuo ejus fit simul ac si dixerit eam sumere (1). Certes, le legs d'option est souvent rédigé comme un legs per vindicationem, mais le testateur n'a pu investir le légataire d'une propriété qui porterait sur un objet indéterminé ; il lui a légué la propriété sous condition suspensive, si optaret. Bien plus, dans l'ancien droit, cette faculté de choisir ne se transmettait pas aux héritiers du légataire (2), différence avec le legs de genre (3). Aussi, avant que l'option ait déterminé l'objet, la revendication n'appartient pas au légataire, il n'a que le choix entre l'action ex testamento et notre action pour obliger l'héritier à le mettre à même de réaliser la condition de la disposition faite à son profit. Il n'est donc pas vrai de dire que l'action ad exhib. soit donnée à raison de la revendication, puisque, comme le dit Ulpien, la revendication ne naîtra qu'après le choix : Si Titio sit sic legatum, quem Seius eligerit, et Seius post electionem decesserit : locus est vindicationi *semel acquisitœ* (4). Il y a plus, si les objets sur lesquels le choix doit porter sont entre les mains d'un tiers, d'un dépositaire par exemple, ainsi que le suppose Pomponius (5), il est impossible de dire, comme le veut Cujas, que le légataire aura contre ce tiers, ou même contre l'héritier,

(1) L. 20, Dig. 33-5.
(2) § 23, Inst. II-20.
(3) L. 12, § 7 et 8, Dig. 36-2.
(4) L. 12, § 8, Dig. 36-2.
(5) L. 8, § ult., Dig. 33-5. *Voir* infra, chap. II, l'explication de ce texte; adde l. 12, § 2, Dig. h. t.; l. 1, Cod. 3-42; l. 80, § 2, Dig. 47-2.

la revendication, puisque le jurisconsulte donne contre le
premier notre action, et contre le second l'action ex
testamento. Cujas pense que cette proposition, qui sert
de base à sa théorie, à savoir que l'action ad exhib. est
donnée pour préparer les actions réelles et celles dont
le résultat est analogue à celui des actions réelles, suffit à expliquer les autres textes qui sont contraires à sa
thèse, notamment la dernière loi de notre titre, qu'il cite
sans la commenter. Plus scrupuleux observateur des
textes, Doneau avoue qu'il y a là une exception. Il est,
en effet, impossible de dire que, lorsqu'on se fait représenter des esclaves pour les soumettre à la torture, on
prépare une action réelle (1). Ainsi donc, les textes ne se
concilient en aucune façon avec le système beaucoup
trop restrictif de Doneau et de Cujas ; ils témoignent au
contraire de cette vérité, que notre action sert également
de prélude aux actions personnelles. D'ailleurs,
comme le remarque Noodt (2), en dispensant le demandeur de prouver sa propriété, par cette considération
que « multæ sunt causæ ad exhib. agendi (3), » Ulpien
annonce bien que l'action ad exhib. n'est pas uniquement
préparatoire d'instances où un droit réel est en jeu.
La majorité des interprètes s'est rangée du côté de
Noodt (4).

Se jetant aussitôt dans un excès contraire, Einert,

(1) L, 20, Dig. h. t. ; adde, l. 2, Cod. 3-42.
(2) Noodt, loc. excit.
(3) L. 3, § 1 et 9, Dig. h. t.
(4) Lauterback *Ad Pand.*, t. 1, p. 489 et suiv.; Voet, t. I, p. 585;
Vinnius, *Comm. des Inst.*, livre IV, tit. 17, p. 879 ; Verlohner, *Com.*,
t. II, p. 389. *Tractatus de act.*, p. 433, 42 et seq. ; Einert, § 29 et 30,
et alii.

qui repousse avec raison la théorie de Doneau et de Cujas, décide que lorsqu'elle a pour résultat l'exécution d'un legs d'option, notre action n'est pas préparatoire. Certes, dans la plupart des cas, le procès s'arrêtera à cette période, et l'héritier, après cet échec, reconnaissant le droit du légataire, lui livrera de lui-même, et sans que la justice intervienne de nouveau, l'objet choisi. Mais il ne faut pas dire avec Einert que l'action ad exhib., principale dans cette hypothèse, ferait à elle seule obtenir au légataire l'objet qu'il a choisi. Une analyse plus rigoureuse du but et du résultat de la représentation révèle qu'il y a là une confusion. Si j'ai soutenu que, lorsqu'on demande l'accès sur le terrain d'autrui ou la séparation d'une chose devenue l'accessoire d'une autre, notre action devient principale, c'est que, par suite de ce débat, d'une part, le demandeur était déclaré propriétaire de l'objet litigieux, et que, d'autre part, le défendeur n'avait plus aucun titre pour détenir la chose. Cette instance unique, fondée sur une propriété préexistante, ne laissait plus après elle de place à une nouvelle contestation. Ici, au contraire, la propriété chez le demandeur n'existe ni avant le procès, ni même après. Cette procédure n'aura amené qu'une chose : l'exhibition publique de différents objets, mais l'héritier est resté propriétaire de ces objets; il y a plus, il n'en a même pas perdu la possession (1). Un acte postérieur, rendu possible par cette production en justice, mais qu'il ne faut pas confondre avec elle, et qui peut être exécuté même par un tiers (2), va, en fixant le legs sur un objet déterminé,

(1) L. 5, § 1, Dig h. t.
(2) L. 3, § 10, Dig. h. t.

créer au profit du légataire la propriété et la revendication. Ce choix fait, à moins que l'héritier n'acquitte volontairement le legs, il faudra intenter la revendication pour obtenir l'objet choisi. Ulpien (1) indique d'ailleurs ces deux phases de l'exécution d'un legs : « Item si optare velim servum vel quam aliam rem, cujus optio mihi relicta est, ad exhib. me agere posse constat, ut ex exhibitis possim vindicare. Pour que l'action ad exhib. eût été principale, il aurait fallu qu'en anéantissant le titre en vertu duquel le défendeur détient la chose, elle eût prouvé la propriété du demandeur ; or ici elle ne peut prouver une propriété qui n'existe pas alors qu'on l'intente, qui n'existera pas alors qu'elle aura donné tout son effet. Quelle différence y a-t-il d'ailleurs entre cette hypothèse et celle du paragraphe suivant : On demande la production de tous les esclaves d'un même maître, afin de reconnaître parmi eux celui qui, par suite de son délit, va devenir l'objet d'une action noxale. Il y a toujours là la même situation ; le succès obtenu par cette première instance a rendu possible l'exercice d'une autre action, mais ce premier procès ne remplace pas, ne préjuge même pas le second. Car, remarquons-le bien, l'option ne fera pas toujours, ainsi que le suppose Einert, cesser la résistance de l'héritier. A la revendication il opposera, par exemple, que le choix ne devait pas porter sur tel objet, moyen de défense inapplicable dans l'action ad exhib., car il repose sur un fait qui n'a pas encore eu lieu.

Ainsi donc, cette seconde forme de notre action sert de prélude aux actions personnelles aussi bien qu'aux ac-

(1) L. 3, § 6, Dig. h. t. ; adde, l. 20, ejusd. tit., et l. 2, Cod. 3-42.

tions réelles ; bien plus, elle prépare la voie des interdits autres que ceux qui, comme elle, tendent à une représentation (1). J'espère même établir au cours de ce
travail que, sauf dans une ou deux hypothèses absolument incertaines à raison du silence des textes, il n'y a
jamais concours entre l'interdit exhibitoire et l'action. Je
dois avouer cependant que, dans nombre de cas, cette
manière de voir m'est personnelle. Parmi les interdits
prohibitoires et restitutoires, ceux-là seront inapplicables
qui auront trait à une universalité de meubles (quorum
bonorum, par exemple), ou suivant moi, à des immeubles
(uti possidetis, unde vi, lorsqu'il s'agit du fonds lui-même).
Cujas (2) décide que notre action ne peut non plus servir de préliminaire, ainsi que le voulait Accurse, à l'interdit de precario, décision trop absolue, sans doute,
mais qui ne méritait pas les critiques amères dont elle
fut l'objet (3). Ce n'est, en effet, qu'assez tard que le
precarium, né à l'occasion des concessions de terre
faites par les patriciens à leurs clients, s'étendit aux
meubles (4). Or, si Cujas a commis une erreur en
décidant sans distinction que cet interdit ne pouvait
être préparé par notre action, ses adversaires, qui tous,
sauf Verlohner et Einert, admettent que notre action
porte seulement sur les meubles, ont également tort en
soutenant sans distinction la thèse contraire. Véritable-

(1) Machelard, *Interd.*, p. 24.
(2) Cujas, *Com.*, t. VII, col. 601 et suiv., et Pauli ad edict., t. V.
col. 378.
(3) Doncau, loc. excit. ; Harpprechti, t. IV, p. 909; Samuel Cocceius,
Jus. civ. contr., p. 99 et suiv. ; Voet, Verlohner, Lauterback, loc. cit. ;
Einert, § 30.
(4) Machelard, *Interdits*, p. 262 et suiv.

ment il en sera de notre interdit ainsi que de l'interdit unde vi; le secours de notre action lui sera refusé si son objet est immobilier.

La première partie de ma tâche est terminée. Les différentes applications de l'action ad exhib. nous sont connues; il ne me reste plus qu'à déterminer l'origine et les caractères communs de cette action, et les règles générales de la représentation.

CHAPITRE II.

CARACTÈRES GÉNÉRAUX DE L'ACTION AD EXHIBENDUM.

---

§ 1. — L'origine de notre action est très-controversée. La loi première de notre titre, seul texte qui contienne quelques renseignements sur cette question, porte que « hæc actio maxime propter vindicationes *inducta est* ; » expression amphibologique qui, au dire de Cujas (1), s'appliquerait également aux trois sources du droit : les lois, la doctrine, les édits. De là bien des systèmes. Les uns attribuent cette action à la législation prétorienne, les autres aux jurisconsultes. Noodt (2) essaye une conciliation et indique à la fois l'une et l'autre source : « Eam actionem æquitas cum disputatione fori tum edicto prætoris induxit. » La majorité des auteurs (3)

---

(1) Cujas, *Comm. du dr. civ.*, t. VII, col. 600.
(2) Noodt, t. II comm., p. 190.
(3) Verlohner, t. II, p. 386 ; Einert, § 25 et suiv., Lauterback, t. I, p. 489 ; Cujas, loc. excit. et col. 618 C, et alii.

rattache au droit civil la naissance de notre action. C'est là, suivant moi, la vérité.

Heineccius (1), Westenberg, Noodt et Thibaut, non contents d'attribuer au préteur cette action, en rétablissent la formule (2). Leur principal argument est celui-ci : Notre action est généralement préparatoire; or, de nombreuses actions, soit préparatoires, soit exhibitoires, d'une nature analogue, sont proposées dans l'album ; une fin et un usage semblables dénoteraient une commune origine. Ce raisonnement touche Favre (3) : « Ego nolim negare prætoriam esse actionem, qui video tam multa alia remedia de exhibendo a prætore introducta esse... » Développant cette thèse, il nous fait connaître, en la réfutant, la singulière argumentation que voici. Cette action serait prétorienne : « Quod a directis judiciis distinguitur in l. 3, § 2, Dig. h. t. quasi non sit ipsa ordinarium judicium et directum, sed *utile et extraordinarium* (4). »

Certes, le texte oppose bien l'action directe à l'action ad exhib., mais il emploie le mot direct non pas comme antithèse d'utile, mais bien de préparatoire. D'autre part, à ce compte notre action ne serait pas même prétorienne, car, ainsi que le remarque Ant. Favre, « ea demum extra-

(1) Heineccius, *Elem. jur.*, t. V, § 1148, Westenberg, *Princip. jur.*, lib. X, t. IV, § 2; Noodt, t. II, p. 190.

(2) Voici la restitution d'après Westenberg : ad exhib. si agatur ab eo cujus interest, neque res arbitratu judicis exhibeatur, adversus eum qui possidet, aut dolo malo fecit quominus possideret, quanti ea res erit, judicium dabo.

(3) Favre, *Error. prag.*, t. II, p. 600.

(4) Einert, § 25 pr., prétend qu'Antoine Favre est l'auteur de cette grossière erreur, et il emploie, pour le réfuter, sans en changer la forme, les arguments que celui-ci avait imaginés pour combattre l'opinion qu'on lui attribue.

ordinaria judicia appellamus quæ non more et ritu ordinario judiciorum, id est, apud datos judices et pedaneos expediuntur, sed apud prætorem ipsum nec tam actione data quam cognitione prætoria.» Malheureusement, après avoir observé avec sagacité qu'il serait inconcevable que la loi des Douze Tables, en instituant la revendication, n'eût pas organisé en même temps le préliminaire nécessaire à son exercice, ce même auteur, au lieu de se prononcer franchement pour l'origine civile de notre action, imagine un moyen terme aussi inadmissible que le système qu'il attaque: « Posse in ea re non male fortassis distinctionem adhiberi eamdem quam adhibere placuit cum ex noxalibus actionibus quæritur, an prætoriæ sint, an civiles. Scilicet utrum ex civili causa competant an ex prætoria... Sic enim actio ad exhib. aliquando civilis, aliquando prætoria dici potest. » Ainsi, l'action ad exhib. serait civile ou prétorienne suivant qu'elle précéderait une action civile ou prétorienne. A cela plusieurs objections: d'abord, la comparaison avec l'action noxale n'est ni claire, ni juste ; une action pénale devient noxale parce que l'auteur du délit est un esclave, mais cette circonstance ne change pas l'origine de l'action, tandis qu'avec ce système notre action découlerait ou de la loi ou de l'édit du préteur, selon la source de l'action principale.

D'ailleurs, s'il fallait admettre avec Favre que notre action est civile, si elle sert de prélude à une action civile, et prétorienne dans le cas inverse, il faudrait user de ce critérium pour reconnaître la nature et le caractère de toutes les actions préparatoires. Or, les actions interrogatoires, qui sont toujours préparatoires, et l'action de edendo sont prétoriennes (1) ; l'interdit de tabulis exhibendis l'est aussi, et cependant il prépare l'action ex testamento et la revendication, actions civiles par excellence.

En dernier lieu, l'action ad exhib. n'est pas toujours préparatoire. Comment reconnaître alors son origine? Favre ne le dit pas.

Ainsi il est impossible de rattacher à l'édit l'origine de notre action ; il y a plus, des textes bien certains témoignent qu'elle est civile. Je n'invoquerai pas en faveur de ma thèse qu'Alfenus déclare que demander sans intérêt légitime notre action, c'est *jus civile* calumniari (2). Cette expression de *jus civile* n'est ici, je le reconnais, déterminée d'aucune façon, et l'on m'objecterait peut-être qu'elle s'entend quelquefois même de la législation prétorienne. J'ai heureusement à ma disposition des preuves plus précises. Dans trois textes différents (3), Pomponius, Ariston et Ulpien, commentant tous trois le livre de Sabinus sur le droit civil, opposent notre action, qu'ils qualifient d'action *legitima* ou *juris civilis*, aux actions prétoriennes in factum ou de dolo. Pomponius compare les deux hypothèses suivantes : vous m'avez permis d'extraire de la craie de votre terrain, ou bien vous m'avez autorisé à ensemencer votre champ, et, dans les deux cas, vous m'empêchez d'enlever le fruit de mon travail ; dans le premier, j'aurai notre action par suite de la quasi-tradition résultant de l'extraction de la craie faite de votre plein gré ; dans le second, vous êtes resté propriétaire de

(1) L. 22, Dig. 11-1, et l. 4, Dig. 2-13.
(2) L. 19, Dig. h. t. *Voir*, chap. III, l'explication de ce texte.
(3) L. 16, Dig. 19-5; l. 14, § 3, *ibid.*; l. 9, § 1, Dig. h. t.

la moisson, aussi Pomponius dit-il : Nullam *juris civilis*
actionem esse, Aristo ait, an in factum dari debeat deli-
berari posse, sed erit de dolo. Sur une hypothèse analogue, Ulpien cite à son tour Ariston. Il s'agit de savoir
quelle action donner au propriétaire de fruits tombés sur
le champ du voisin et qui y ont été consommés par un
troupeau : « Aristo scribit, dit Ulpien, non sibi occurrere
legitimam actionem qua experiri possim... itaque in factum
erit agendum. » Or, pourquoi n'y a-t-il pas lieu à notre
action ? C'est que dans l'espèce le défendeur, ignorant la
chute des fruits, était de bonne foi. Si, au contraire, il a,
dans l'intention de nuire au demandeur, fait paître ces
fruits par son troupeau, il sera tenu de notre action quia
dolo desiit possidere suivant Ulpien, qui reproduit, en le
complétant par cette décision nouvelle, le commentaire
d'Ariston et de Pomponius sur le livre de Sabinus. Les
mots d'Ariston : non sibi occurrere actionem legitimam,
décèlent que la pensée du jurisconsulte s'était d'abord
portée sur notre action, qui, selon lui, est une action
civile. Cette comparaison entre notre action et une action
prétorienne, si soigneusement soulignée par les trois
commentateurs de Sabinus, ne me paraît pas permettre
de douter davantage de l'origine civile de notre action.

Mais à quel monument du droit civil notre action doit-
elle le jour? J'ai déjà été amené par la discussion à
décider que les deux premières applications de notre action avaient, sans aucun doute, précédé la loi des Douze
Tables puisque celle-ci les avait réglementées.

Nous avons vu, en effet, que les décemvirs, par des
raisons d'édilité, avaient dans une hypothèse particulière,
celle de la construction faite au moyen de matériaux

appartenant à autrui et employés de bonne foi, prohibé l'usage de notre action, qui eût obligé le propriétaire de l'édifice à le démolir pour représenter les matériaux. D'autre part, Pline le naturaliste (1) nous apprend que cette législation primitive avait pourvu par une disposition spéciale « ut liceret glandem in alienum fundum procidentem colligere. » Or, c'est au moyen de notre action qu'on enlèvera ces fruits : « si glans exstaret nec patieris me tollere, dit Ulpien, ad exhib. teneberis (2). » La loi des Douze Tables avait donc prévu et réglementé cette seconde application de notre action. Mais cette disposition était-elle réduite à n'autoriser que la récolte des fruits, ou bien, plus large en sa rédaction, ne permettait-elle point de reprendre sur le sol voisin tout objet qu'un accident quelconque y avait transporté : question que le silence des textes rend à peu près insoluble. Les termes dont Pline se sert n'étaient pas évidemment ceux de la loi des Douze Tables. On a recherché à reconstituer la formule primitive. Je n'ai pas la prétention de juger du mérite de ces recompositions, encore moins d'en proposer une nouvelle. Toutes se valent précisément parce qu'aucune n'est certaine (3).

La dernière considération que j'invoquerai en faveur de ma manière de voir est celle-ci : Quand on se reporte aux actions de la loi et à la procédure, primitive, et qu'on la compare avec les modes de translation de propriété qui

(1) Pline, *Hist. nat.*, lib. XVI, cap. v.

(2) L. 9, § 1, Dig. h. t.

(3) On reconstitue ainsi le texte : Jacob. Gothof. in fragm. XII tab : Si glans EM caduca sciet, domino legere jus esto; Marping. p. 103, Si glans endo emem caduca siet domino legere jus esto. Einert, § 27, propose ou glandis procidentis lectio esto, ou res eis quorum interest, exhibitor.

n'en étaient souvent que l'imitation ; quand on se rappelle les idées des Romains sur la possession, on est frappé de la façon étroite et énergique à la fois dont ils exerçaient le droit de propriété. La possession n'était conservée qu'autant que la volonté de posséder était manifestée par un usage journalier; l'aliénation n'était possible qu'autant que la chose était présente ou au moins figurée par un symbole ; l'actio sacramenti n'était intentée que si l'affirmation de propriété s'accentuait par la saisie de l'objet revendiqué. On comprend, dès lors, que si jamais la revendication a eu besoin pour s'exercer de la représentation de la chose, ce doit être surtout à une époque où la procédure n'était possible qu'en présence de la chose, et où la prétention du demandeur se traduisait par l'appréhension matérielle de l'objet même de sa demande. Favre le dit très-bien : « Est-il concevable qu'alors que la revendication a été introduite par la loi des Douze Tables, cette loi ait oublié d'en rendre l'exercice possible quand l'objet litigieux se trouve caché et qu'en son absence on ne peut pas prononcer les paroles sacramentelles : hanc rem meam esse aio ex jure Quiritium ! Certes cette omission, si elle a eu lieu, aura été vite comblée par les jurisconsultes, qui tanquam necessarium antecedens *induxissent* hanc actionem (1). »

D'autres arguments ont été appelés à l'appui de mon système, je ne m'en suis pas servi, parce qu'ils ne me semblent pas concluants. Je ne parlerai que de deux seu-

____

(1) Favre, loc. excit., p. 601, Cujas semble indiquer cette idée : lire sur la repré-entation des choses incorporelles dans l'in jure cessio; Machelard, *Dist. admis..* p. 36 et 37.

lement (1). Cujas (2) croit avoir trouvé dans la loi 9 § 6
in fine un argument d'un grand poids. Ulpien, auteur de
ce texte, suppose qu'au cours des débats l'usucapion s'est
accomplie au profit du défendeur. Aujourd'hui que l'action principale est éteinte, le défendeur sera-t-il absous
en procédant seulement à une exhibition désormais inutile
pour son adversaire? Non, dit le jurisconsulte, il devra
s'engager en outre à soutenir l'instance et à restituer les
fruits : nisi paratus sit intentionem repetita die suscipere,
ita ut fructus secundum legem æstimentur, absolument
comme si l'événement juridique qui a anéanti le droit de
son adversaire ne s'était pas produit. Cette décision est
la conséquence logique du principe posé au paragraphe
précédent : le demandeur doit obtenir tout ce qu'il aurait
eu si l'instance s'était terminée le jour même où elle a été
commencée. Mais quelle est cette *intentio* que le défendeur
devra s'engager à supporter pour être absous dans notre
action? Celle de l'action préparatoire, selon Cujas ; et le
jurisconsulte, en nous parlant de l'estimation des fruits
suivant la loi décèlerait la trace de notre action dans la loi
des Douze Tables : « Nam cùm legem dicimus, legem XII
Tab. intelligimus. » Certes cette loi contenait une disposition spéciale relativement aux fruits : « Si vindiciam fal-
sam tulit, fructus duplione dammum decidito. » Mais l'intentio dont parle Ulpien n'est nullement celle de l'action
préparatoire. Cette action produit tout son effet du mo-

(1) Verlohner, *Comm.*, t. II, p. 386 et suiv., se fonde sur cette remarque que, dans tout le titre, il n'est dit nulle part que le préteur ait
introduit cette action, ce qui a toujours lieu pour les actions qui pro-
viennent de l'édit; observation juste, mais d'une force probante douteuse.

(2) Cujas, *Comm.*, t. VII, col. 601.

ment que le défendeur, en s'engageant à ne pas invoquer l'usucapion, a fait une représentation utile. D'ailleurs, comment comprendre que le défendeur s'oblige à supporter de nouveau l'action ad exhib., pour arriver à quel résultat ? A celui que l'on a obtenu actuellement : la possibilité de la revendication. L'intentio qui, si on n'avait pas effacé le temps écoulé, était perdue, celle qui est recouvrée par suite de cette promesse du défendeur moyennant laquelle il est absous, c'est l'intentio de la revendication ; et c'est à elle que ces mots : « ita ut fructus secundum legem æstimentur », se rapportent. Ils n'offrent donc aucun argument en faveur de mon système (1).

Einert (2) s'appuie sur une observation qui me paraît bien peu fondée. Il remarque que dans une foule de textes, d'une manière à peu près uniforme le mot *interest* revient comme le criterium dans la question de savoir si notre action doit ou non être accordée par le magis-

---

(1) D'ailleurs Doneau, Noodt, p. 250, Pothier et Cujas lui-même, admettent que ces mots peuvent s'entendre d'une promesse formelle. Ma critique de Cujas me semble confirmée par la l. 18, Dig. 6-1, et par l'interprétation qu'en donne M. Pellat, *Propriété*, p. 194 et suiv. Il s'agit également de l'usucapion accomplie pendant l'instance, seulement ici il s'agit d'un procès en revendication. « Ainsi donc, dit M. Pellat, lorsque la sentence va être prononcée, le défendeur a acquis la propriété de la chose revendiquée et le demandeur l'a perdue. Mais le juge doit remettre les choses dans l'état où elles se seraient naturellement trouvées s'il lui eût été possible de prononcer son jugement au commencement du procès. Il déclarera donc que la propriété de la chose appartenait au demandeur lors de la litis contestatio, et ordonnera au défendeur qui l'a acquise depuis de la retransférer au demandeur... » Le juge, pour empêcher le défendeur d'obtenir un succès injuste, ne fait donc pas, ainsi que le veut Cujas, recommencer l'action intentée et qui va être jugée ; ici la revendication, là l'action ad exhib., mais il se borne à effacer l'usucapion accomplie.

(2) Einert, § 27.

trat (1). Ce mot, selon lui, à l'intelligence et à l'interprétation duquel les jurisconsultes ont apporté un soin et une sollicitude qu'ils n'accordent pas aux termes de l'édit, aurait une force légale, un caractère sacramentel que le droit civil imprime seul. Les Basiliques, sur la l. 19, semblent confirmer cette manière de voir οὐ πρὸς τα ῥήματα τοῦ νόμου δεῖ νοεῖν. Cette argumentation me semble recherchée de trop loin, fort douteuse et même fausse sur un point. Nous savons déjà que dans les deux premières applications de notre action on exige du demandeur, outre la preuve de son intérêt, celle de sa propriété. Einert admet ailleurs cette nécessité, ce qui le met ici en contradiction avec lui-même.

Je ne veux pas oublier, en finissant l'examen de cette controverse, de dire que Théophile (2) paraît indiquer qu'il était mention de notre action dans la loi des Douze Tables, et « cela a été établi par la loi des Douze Tables afin qu'on n'agît ni *in remi* ni *ad exhib.* » Il est vrai que sur ce point il s'écarte complétement du texte de Justinien.

§ 2. — On discute au moins autant pour déterminer le fondement de notre action que pour découvrir son origine. Quatre opinions extrêmes se trouvent aux prises. Les uns décident que notre action découle d'un quasi-délit, les autres d'un quasi-contrat. Doneau et ses disciples, dans la croyance que notre action est réelle, lui assignent pour fondement un droit réel méconnu. Enfin un grand nombre d'auteurs la font dériver directement d'une obligation ex lege.

---

(1) L. 3, §§ 9, 10 et 12, Dig. h. t.; l. 19, l. 13; l. 7, § 7, *ibid.*
(2) Paraphr., lib. II, tit. 1, § 29.

Afin d'établir que notre action a pour base un quasi-délit on raisonne ainsi. Il y aurait l'apparence d'un délit dans le refus du possesseur qui, averti de la demande, négligerait de procéder à la représentation, ce qui, selon Bussius, contient une « injusta rei suppressio (1). A cet argument Hilliger (2) répond très-bien : « Et si fraudem inde æstimare velis, quod denunciatione conventus, non ultro exhibuit, actio tamen habetur antequam ad judicium eatur. » Il est, en effet, inadmissible que l'action prenne naissance avant que le fait illicite qui doit lui donner le jour ait existé. C'est un cercle vicieux. Aussi Doneau (3) est-il irréfutable lorsqu'il dit : « Multoque minus bona fide possidendo quidquam in eo deliquit aut quasi deliquit. » Il faut donc abandonner ce premier système.

Doneau ne s'en tient pas là, et, après avoir établi que notre action n'a pas pour base un délit ou un quasi-délit, pour prouver qu'elle est réelle, il passe en revue les autres sources des obligations et, partant, des actions personnelles. Il a facilement raison des auteurs qui, pour démontrer que notre action s'appuie sur un quasi-contrat, n'invoquent guère d'autre argument que celui donné par Meyer (4) : « Cum personalis sit hæc actio, nec ex contractu vero, neque quasi ex maleficio, eam esse ex quasi contractu oportet. » Noodt n'en recherche pas d'autre. Or, si l'on demande aux nombreux

(1) Paul Buss. *Ad univ. Pand.*, *Comm.*, liv. X, tit. 4, p. 418, adde Joannes Corasius, *Miscellanea*, lib. I, cap. xxii, n. 10. Hubert Gifanus, ad leg. 25, de oblig. et act.

(2) Donell enucl, l. 20, caput ix, p. 683, Einert, § 21.

(3) Doneau, loc. excit., p. 1175 et suiv.

(4) Meyer, Colleg. Argent., t. I, tit. ad exhib., § 3, Noodt, loc. excit.

défenseurs de l'opinion que combat Doneau quel est au juste ce quasi-contrat, ou ils sont très-embarrassés, ou ils indiquent tout autre chose que ce que Doneau appelle quasi-contrat.

C'est, en effet, pour s'être mal entendu sur ce mot, si difficile d'ailleurs à définir, que les derniers systèmes se sont mis en lutte. En somme, il ne reste plus à prendre que l'un des trois partis suivants: ou embrasser la théorie de Doneau, théorie que je réfuterai plus loin, ou décider que notre action est personnelle, et opter alors entre le quasi-contrat ou l'obligation ex lege.

Zélé partisan de l'obligation ex lege, Einert voit un adversaire dans tout auteur qui se prononce pour le quasi-contrat. En réalité, il a moins de contradicteurs qu'il ne croit, et la discussion, en définitive, n'est guère, comme le dirait Montaigne, qu'une dispute grammairienne. A côté de deux sources bien déterminées, le contrat et le délit, les Romains se trouvaient en présence d'une foule d'obligations qu'ils ne classèrent jamais (1) qu'à un point de vue spécial, celui de leurs effets. Pour déterminer ces effets, ils les assimilèrent aux effets connus des contrats ou des délits. C'est à cette situation que Gaius (2) fait allusion : « Obligationes aut ex contractu nascuntur, aut ex maleficio, aut proprio quodam jure ex variis causarum figuris. » La cause de l'obligation était-elle licite, c'était un quasi-contrat ; illicite, un quasi-délit.

La notion du quasi-contrat, d'après le Code civil, est celle-ci (3) : Tout fait licite et volontaire de l'homme qui,

(1) M. Machelard, à son cours.
(2) L. 1 pr. et § 1, Dig. 44-7.
(3) Art. 1370 et 1371.

en dehors de toute convention, l'engage vis-à-vis d'autrui
et quelquefois autrui vis-à-vis de lui, est un quasi-contrat; ce qui exclut entièrement les obligations ex lege. En
était-il de même à Rome? Des auteurs français et la majorité des juristes d'outre-Rhin réservent l'expression de
quasi-contrat pour les obligations qui naissent dans des
situations juridiques telles, que l'on peut les ramener à
un contrat déterminé, spécial pour chacune ; ainsi, l'in-
division se rapproche de la société, le paiement de l'indu
du mutuum, la gestion d'affaires du mandat. Justinien (1)
dit : Celui qui a reçu ce qui ne lui était pas dû, perinde
obligatur ac si mutuum ei daretur, ou bien, ac si mutuum
accepisset. Mais, à côté, se trouverait une foule d'obligations qu'il serait impossible de rapprocher de l'un des
types si étroitement définis des contrats et qui n'aurait
d'autre base que la volonté de la loi fondée sur l'équité:
ainsi la dette alimentaire, la dette des frais funéraires,
l'obligation de fournir la caution legatorum servandorum
causa, l'obligation de doter les filles, l'action de edendo,
si semblable à notre action, ainsi enfin l'action ad exhib.
Il est, en effet, impossible de trouver ici, dans la situation du défendeur vis-à-vis du demandeur, rien qui rappelle un contrat quelconque, et de dire, avec la l. 33
Dig. de cond. indeb., que le défendeur aliquid in hoc
ipso negotii gessit.

Mais la majorité de nos anciens auteurs et beaucoup
d'interprètes modernes n'entendent pas ainsi *le quasi-
contrat*. Il comprendrait, suivant eux, le fait volontaire et
licite duquel découlent une ou plusieurs obligations et les

(1) Inst., § 6 in fine, III-27.

engagements qui résultent de l'autorité seule de la loi (1).
Or, il serait bien difficile, excepté dans une hypothèse
peut-être, celle de l'accession, de dire que le défendeur
à notre action est tenu par suite d'un fait licite et volontaire de sa part. On retrouve donc toujours, comme base
de notre action, une obligation de la loi. Mais les uns
comprennent, sans en nier nullement l'existence, l'obligation ex lege dans le mot de quasi-contrat ; les autres
l'en excluent. Ils s'entendent sur la base de l'action sans
s'entendre sur la dénomination qu'il convient de donner
à cette base.

Disons donc que c'est une obligation appuyée sur l'é-
quité, découlant d'une façon directe, en dehors du fait de
l'homme, de la volonté de la loi, qui est le fondement
de notre action, ou bien disons avec Oldendorp, dont le
style s'épure à mesure que la pensée grandit : « Anxie
quærunt de causa materiali seu obligatione ex quâ nas-
catur hæc actio, et quidam putant irregularem esse sed
errant totâ viâ, nam habet hæc actio magnam obligatio-
nem ex summa æquitate (2). »

Jusqu'ici j'ai laissé de côté l'opinion de Doneau : je
vais l'examiner maintenant, en recherchant si notre
action est réelle ou personnelle.

§ 3. — Voici les arguments de Doneau (3) :

(1) Demangeat, *Dr. Rom.*, t. II, p. 355. Du Courroy, l. II, p. 235 et suiv.
C'est aussi, si je l'ai bien comprise, la théorie de M. Machelard à son
Cours. On fait remarquer que Justinien classe dans les quasi-contrats
la tutelle et l'obligation de l'héritier, véritables obligations ex lege.

(2) Oldendorp., *Tract. de act.*, 3, act. 1, n. 2, et trac. de act., p. 433,
§ 42. Adde Westenberg, *Princ. juris*, liv. II, p. 216, § 5; Lauterback,
Ad Pand., t. I, p. 489; Heinneccius, *Elem. jur.*, t. V, § 1148. Samuel
Stryckius, t. I, p. 369; Verlohner, t. II, p. 386 et suiv.

(3) Doneau, *Comm.*, p. 1175 et suiv., lib. **XX**, caput ix; Bacchow,

1° La loi 25 au Digeste 44-7 définit l'action réelle :
« Actio per quam rem nostram, quæ ab alio possidetur,
petimus et semper adversus est eum qui possidet, » Or,
notre action est toujours intentée contre le possesseur (1),
elle rentre donc dans la définition de l'action réelle.

2° Le second argument nous est déjà connu : Toutes
les actions personnelles découlent d'un contrat ou quasi-
contrat, délit ou quasi-délit. Or, le défendeur qui possède de bonne foi n'est tenu par aucun de ces principes
des obligations.

3° En troisième lieu, le défendeur à une action personnelle n'obtient d'être absous d'aucune autre façon que
par le payement, alors qu'il aurait perdu la possession
de la chose (2). Bien différente est la situation du défendeur à l'action ad exhib.: s'il cesse de posséder l'objet
litigieux, sans dol si la perte est antérieure à la litis contestatio, ou sans faute depuis, il est absous (3).

4° Enfin, les actions personnelles passent activement
et passivement aux héritiers du moment qu'elles ne sont
point pénales (4). L'action ad exhib. est rei persecutoria (5), et cependant elle n'atteint pas l'héritier comme
héritier, mais comme possesseur (6).

Ainsi, dit-il, notre action présente tous les caractères

Tract. de act., diss. 11, thes. 24; Petr. Gudelinus, _De jure novis._,
lib. III, cap. XIII, p. 158.
(1) L. 3, § 15, Dig. h. t.; l. 5, Cod. 3-42; adde l. 36, Dig. 6-1.
(2) L. 23, Dig. 45-1.
(3) L. 7, § 5, Dig. h. t.
(4) Iust. IV-12; l. 7, § 2, Dig. 13-1.
(5) L. 35, Dig. 44-7.
(6) L. 12, § 6, Dig. h. t.

d'une action réelle ; comment se fait-il alors qu'Ulpien (1) l'appelle personnelle ? C'est que ce mot a deux sens : tantôt il s'entend d'une action dirigée contre la personne, tantôt il signifie tout ce qui est exclusivement attaché à la personne, qui naît et s'éteint avec elle (usufruit, usage, bénéfice) (2). Or, « in ambigua legis voce ea significatio accipienda est quæ vitiis caret (3), » tout résiste au premier sens, il faut donc adopter le second.

Cette interprétation du mot *personalis* a soulevé contre son auteur des critiques très-violentes. Elle ne me semble pourtant pas mériter les reproches amers qu'on lui a prodigués. On peut admettre sans donner un démenti à Ulpien, comme le croit Gluck, ou sans être hérétique, n'en déplaise à Bacchow, que personnel signifie attaché à la personne; mais ici ce sens n'est guère admissible : l'action ad exhib. n'est pas exclusivement attachée à la personne, comme on le dit de la querela inofficiosi testamenti.

Telle est la théorie de Doneau ; peu d'arguments sérieux y ont été ajoutés. On a invoqué la loi première de notre titre qui dit : « Maximè propter vindicationes inductaset », et fait remarquer que les prestations auxquelles aboutit cette action sont à peu de chose près les mêmes que celles de la revendication; donc elle devrait avoir la même nature, ayant le même résultat (4).

Examinons la démonstration de Doneau. Tout son

(1) L. 3, § 3, Dig. h. t.
(2) L. 7, Cod. 8-56; l. 8, § 3, Dig. 34-3, et l. 13, Dig. 24-3.
(3) L. 19, Dig. 1-3.
(4) Sam. Cocceius, *Jus civ. controv.*, p. 99. Adde Bacchow., *Tract. de act.*, diss. 11, thes. 24; Gluck Th. 11, p. 190.

système, sauf le second argument déjà réfuté sur la précédente question, repose sur une confusion. Il nie l'existence des actions personnelles in rem scriptæ et relevant les différences qui séparent ces actions de celles in personam scriptæ; il arrive à les faire rentrer parmi les actions réelles, dont elles se rapprochent précisément par tous les caractères qui les distinguent des actions in personam scriptæ. Il dit, en effet : Le défendeur a l'action ad exhib., comme le défendeur à toute action réelle, sitôt qu'il a cessé de posséder sans faute‘ est libéré. Donc notre action est réelle. Il y a là une double erreur. D'abord, pour qu'il en fût toujours autrement dans les actions personnelles, il faudrait que la litis contestatio mît nécessairement en demeure. Doneau écrivait à une époque où la fausseté de cette thèse n'avait pas été démontrée. Mais, si à cet égard il échappe ainsi à tout reproche, comment se fait-il qu'en comparant les autres textes qui traitent d'action in rem scriptæ, il n'ait pas découvert les caractères particuliers de ce genre d'actions. Ulpien (1), par exemple, nous dit que l'action quod metus causa, action personnelle sans aucun doute, atteint même le tiers innocent du moment qu'il a profité de l'acte fait sous l'empire de la crainte, à moins que la chose n'ait péri sans sa faute (2), si « hæc (res) in rebus humanis non est, sine dolo malo (ejus), aut si servus in fuga est, absolvendus est, æque si caverit judicis officio se, si in potestatem suam pervenerit, restituturum (3). » Même décision, tirée d'ailleurs du même ouvrage dans notre titre :

(1) Gaïus, *Com.* IV, § 77, l. 14, § 3, Dig. 4-2, et l. 16, § 1, *ibid.*
(2) Voir infra, chap. III.
(3) L. 5, Dig. 4-2.

« Item si quis facultatem restituendi non habeat, licet possideat, tamen ad exhib. non tenebitur, ut puta si servu sin
fuga sit; ad hoc plane tenebitur ut caveat se exhibiturum
si in potestatem suam pervenerit (1)... » Ainsi, sauf l'auteur de la violence toujours responsable de son délit, dans
l'action metus causa, comme dans notre action, le défendeur est absous s'il ne possède plus la chose sans faute
de sa part, et cependant l'action quod metus causa est
personnelle de l'aveu même de Doneau. Il n'y a donc
pas dans cette libération résultant de la perte accidentelle un signe caractéristique de l'action réelle.

Cette observation renverse également le dernier argument de Doneau. Si l'héritier n'est point passible de notre
action comme héritier mais comme possesseur, ce n'est
pas parce que l'action est réelle, c'est parce qu'elle est in
rem scripta. Je reviendrai d'ailleurs plus tard sur les
règles de transmissibilité active et passive de notre action.

Né d'une confusion, le système de Doneau s'évanouit
donc devant un examen attentif, et laisse le champ libre
à ses adversaires. Mais il y a plus que cette preuve négative pour établir le caractère personnel de notre action,
il y a une considération dont je dirais volontiers ce que
Doneau dit des arguments dont il est l'auteur, qua melius vix inveniri potest.

La nature réelle ou personnelle d'une action se détermine par la prétention du demandeur (2). Or, dans l'action ad exhib. le demandeur ne dit pas : cette chose ou
ce droit réel m'appartient, mais, comme le dit Verloh-

---

(1) L. 5, § 6. Dig. h. t.
(2) L. 25, Dig. 44-7 et l. 3 pr. *ibid.*, § 1, Inst. IV-6.

ner (1), « intendit reum aut facere, id est exhibere, aut dare quanti ea res erit, oportere, quod personalium actionum proprium est ; » en d'autres termes, le but de notre action est d'obtenir de notre adversaire un fait ou une abstention. Toute représentation de quelque nature qu'elle soit est un acte. Dès lors, bien qu'elle ait souvent pour motif un droit réel, son but est une prestation in faciendo aut in patiendo. Notre action est donc personnelle.

§ 4. — Cette discussion m'a obligé d'indiquer d'avance un nouveau caractère de notre action, celui d'action in rem scripta. Quelques-unes des conséquences de ce caractère nous sont déjà connues, je vais en déterminer la nature et faire connaître les autres conséquences.

La notion générale de l'action in rem scripta est celle-ci : c'est une action personnelle par laquelle on peut atteindre même un tiers avec lequel on n'a pas contracté, ou qui ne s'est pas engagé vis-à-vis de vous par un acte unilatéral de volonté. L'exemple le plus fréquemment cité est celui de l'action quod metus causa, qui, à la différence de l'action de dolo in personam scripta, atteint le tiers qui, bien qu'innocent, a profité de l'acte fait sous l'empire de la crainte (2). En ce qui touche notre action, Cujas (3) écrit : « sciendum est actionem ad exhib.

(1) Verlohner, *Comm.*, t. II, p. 387 ; adde Noodt, *Com.*, t. II, p. 190 ; Hilliger, Donel. en ucl. loc. excit. ; Samuel Stryckius, t. I, p. 369 ; Cujas, *Recit. sol.*, t. VII, col. 601, et *Pauli ad edict.*, t. V, col. 382 ; Einert, § 23 ; Westenberg, liv. II, p. 216, § 5 ; Lauterback, t. I, p. 489 ; Machelard, à son Cours ; Pellat, *Propriété*, p. 319, *Grande glose* sur la l. 3, h. t. ; Heineccius, t. V, § 1146, note ; Pothier, t. V, p. 106 ; Voet, ad h. tit., *Tract. de act.*, p. 433 et suiv., et alii.

(2) L. 9, § 8, Dig. 4-2 ; Favre, *Err. prag.*, t. II, p. 602.

(3) Cujas, *Pauli ad edict.*, col. 382, t. V ; compar. Cujas, t. VII, col.

esse quidem in personam, ut ait l. 3 § 3, **Dig.** h. t., vis ci-
licet ipsa, effectu ipso, non etiam scriptura. **Nam** uti
hæc actio scribitur et concipitur, in rem scribitur non in
personam. » Qu'on lise en effet avec attention les textes
qui traitent de notre action, on y verra toujours revenir
deux idées essentielles : notre action, bien que personnelle, naîtra en dehors de tout contrat et le plus souvent
de tout délit entre deux personnes aux prises seulement à
l'occasion de la chose, ensuite le défendeur détiendra la
chose, ou s'en sera dessaisi par fraude (1). Ainsi l'héritier est tenu, non comme successeur des obligations
contractées par son auteur, mais parce qu'il a la faculté
d'exhiber. Partout on voit que cette action in rem scripta
atteint le défendeur, uniquement à raison de ce fait,
arrivé le plus souvent en dehors de sa volonté, qu'il détient la chose. Certes ce défendeur sera libéré sitôt que
la chose sera passée sans faute de sa part entre les mains
d'un tiers, mais vis-à-vis de ce tiers le fait seul de la
possession créera, comme il avait créé vis-à-vis de lui,
un engagement personnel.

Cette différence théorique entre l'action personnelle
in personam scripta, qui n'atteint que la personne avec
laquelle on a contracté ou qui s'est engagée vis-à-vis de
vous par un acte unilatéral de volonté, et l'action in rem
scripta, se traduit, au dire de certains auteurs (2), en

---

602 C et col. 604 A. Ajoutez Westenberg, Noodt, Voet, Lauterback,
Heineccius, locis excit., *Tract. de act.*, p. 305, *Grande glose*, sur la l. 3
§ 3, h. t.; Verlohner, t. II, p. 386; Mülhenbruch, *Doctrina Pandectarum*,
§ 458, Pothier, loc. excit.

(1) L. 9, § 8, Dig. 4-2; l. 12, § 6. Dig. h. t.; l. 3, § 15, *ibid.*,
et alias.

(2) M. Machelard indique cette controverse à son Cours.

une différence pratique. Comme dans l'action réelle, le
nom du défendeur ne se rencontrerait pas dans l'intentio. On conçoit, certes, qu'il en soit ainsi dans l'intentio
d'une action réelle, car il s'agit d'un rapport direct entre
l'homme et la chose, et ce ne sera qu'après que ce rapport aura été établi que découlera, comme conséquence,
la nécessité pour tout possesseur de restituer la chose
qui est maintenant la propriété certaine du demandeur.
Ici, au contraire, le demandeur ne dit pas : hæc res mea
est, ou in ea re jus exhibitionis habeo, il prétend que
l'équité, en considération d'un droit personnel ou réel
existant à son profit et paralysé sans la représentation, met
à la charge de son adversaire le devoir d'exhiber. Or, on
ne peut exiger un acte sans indiquer de qui on l'exige.
Rudorff (1) a parfaitement compris ce caractère particulier de l'action in rem scripta. En effet, il restitue ainsi
la formule in factum de l'action ad exhib. : « Judex esto :
quantæ pecuniæ paret A^i A^i interesse rem, de qua agitur, sibi exhiberi, si ea res penes N^m N^m est, dolove
malo N^i N^i factum est quominus penes esset, neque arbitratu tuo A^o A^o res exhibeatur, tantam pecuniam, judex N^m N^m A^o A^o condemnato, si non paret, absol-
vito (2).

Ce caractère d'action in rem scripta entraîne deux
conséquences très-importantes, lorsqu'il s'agit de déterminer à quel moment le défendeur doit détenir la
chose pour être soumis à notre action, et quelle sera, s'il

---

(1) Rudorff, *De jur. edict.*, p. 97.
(2) Gaius nous indique de quelle façon était rédigée la condemnatio de
'action ad exhib., *Com.* IV, § 51; cette partie de la formule n'est donc
pas douteuse.

meurt, la situation de ses héritiers. La solution de ces deux questions se présentera plus naturellement lorsque nous traiterons du demandeur et du défendeur à l'action ad exhibendum (1).

Ce droit de suite, prérogative de l'action in rem scripta, explique, suivant moi, pourquoi les jurisconsultes ont conservé, en cas de legs d'option, à côté de l'actio ex testamento (2), avec laquelle elle semble faire double emploi, l'action ad exhibendum. Il ne faut pas croire, ainsi que de nombreux passages semblent l'indiquer (3), que ces deux actions ont toujours été confondues ensemble. Certes, dans la plupart des cas, elles auront le même résultat et le choix entre elles sera possible ; mais supposons que les objets entre lesquels le choix doit se fixer soient entre les mains d'un tiers, qui n'est point tenu vis-à-vis du demandeur par sa qualité d'héritier, il ne reste plus pour l'atteindre que notre action in rem scripta (4). Pomponius (5) fait ressortir d'une façon frappante, à mon avis, le contraste entre l'action ad exhib. qui atteint un tiers détenteur, et l'actio ex testamento qui

(1) Infra, chap. III.

(2) L. 3, § 6, Dig. h. t.

(3) Notamment dans la l. 2, § 1, Dig. 33-6. Cette loi paraît confondre ensemble ces deux actions ou n'indiquer entre elles d'autre différence que celle-ci : l'action ex testamento ferait obtenir la représentation effective, nécessaire pour opter, l'action ad exhib. aboutirait, en place de représentation, à des dommages-intérêts. Mais le bon sens résiste à cette interprétation. Si on admet que l'exhibition est une des obligations qui dérivent du legs, l'action ex testamento obligera aussi bien l'héritier à réparer le dommage causé par son dol ou sa faute, qu'à exhiber. Cette loi prévoit donc le concours des deux actions. En ce sens, Einert, § 43.

(4) § 4, Inst. II-20, l. 14, § 2, l. 30, § 6, Dig. de leg. 2.

(5) L. 8, § ult., Dig. 33-5.

ne s'adresse qu'à l'héritier : « Si rerum depositarum electio sit et ad exhib. cum eo apud quem depositæ sint (le tiers détenteur) agere potero et cum herede ut is, depositi agendo faculta temmihi eligendi præstet (cum herede agere, ce doit être par l'action ex testamento, car l'héritier ne possède pas, neque dolo desiit possidere). » C'est donc la possibilité d'atteindre un tiers qui fit conserver notre action à côté de l'actio ex testamento.

§ 5. — Le caractère d'action arbitraire est formellement reconnu à notre action par Gaius et Justinien (1). Ainsi, la condamnation sera soumise à une double condition, la preuve de la prétention du demandeur, l'inexécution de l'ordre du juge. En étudiant les règles générales sur la représentation, je ferai remarquer les conséquences qui découlent de ce fait. Mais je veux, dès à présent, réfuter une singulière opinion qui restreint dans notre action les effets ordinaires d'une action arbitraire.

On sait la fameuse controverse qui a partagé les esprits sur la question de l'exécution manu militari du jussus judicis. L'examen de cette discussion ne rentre pas dans le cadre déjà trop large de ce travail. Je n'aurais donc point parlé de cette question, si deux auteurs considérables, Favre et Zimmern, ce dernier surtout, zélé défenseur de l'emploi de la force publique lorsqu'il s'agit de restitution, n'avaient, sans motif bien sérieux, déclaré qu'elle était inapplicable aux jugements d'exhibition. Favre (2) dit, en effet : « Nam in vindicatione quidem « potest adhiberi distinctio illa *tribonianea*. An qui conve- « nitur facultatem habeat rei restituendæ, an dolo autem

----

(1) Gaius, Côm. IV, § 163, Inst. § 31, 4-6; l. 3, § 13, Dig. h. t.
(2) Favre, *Error prag.*, t. II, p. 602.

« fecerit ne haberet. Ut priore casu possessio manu mili-
« tari transferatur in victorem, posteriore vero condem-
« nandus omnimodo sit reus... At in actione ad exhiben-
« dum nullus huic distinctioni locus esse potest... (quia
« in duobus casibus) nullus manus militaris usus esse
« potest cum exhibitam rem et præsentem esse oporteat,
« ad hoc ut ejus possessio manu militari ab eo transferri
« possit. » Voici la théorie de Zimmern (1) qui, pour
être moins étrange, n'en est pas mieux fondée : « Quant
« à l'arbitrium ad exhib., rien ne prouve que l'exécution
« en ait été forcée, cela n'était pas nécessaire ; en
« effet, l'exhibition par elle-même ne produisait aucun
« résultat immédiat, il suffisait donc que le défendeur
« fût condamné à des dommages-intérêts résultant de la
« non-exhibition. »

Ant. Favre, en parlant ici de *distinctio tribonianea*,
fait allusion à une loi célèbre (2), parce qu'elle est l r
seul texte où cette manus militaris soit formellement
mise à la disposition du juge pour l'exécution de ses
sentences. Il enseignait (3), comme l'enseignent de nos
jours Heimbach et Savigny, que c'est par suite d'une
interpolation de Tribonien que, sous le système formulaire, une autre issue est indiquée au jugement que la
condamnation à des dommages-intérêts ou l'absolution.
M. Pellat (4), dans son ouvrage sur la propriété, a démontré que ce texte n'avait subi aucune altération et a

(1) Zimmern, *Traité des act.*, trad. d'Etienne, p. **202**.
(2) L. 68, Dig. 6-1.
(3) Favre, *Conject.*, XVI-17.
(4) Pellat, *Propriété*, p. 366 à 376, édit. de 1853. Je n'indique pas
ici une distinction proposée par M. Demangeat, t. II, p. **589**.

su rallier, par des arguments nouveaux, au système de l'emploi de la manus militaris, sous la procédure formulaire, la majorité des commentateurs modernes. Mais pour notre éminent doyen (1), comme, je crois, pour tous les autres auteurs, la force publique s'emploie aussi bien pour amener la représentation d'une chose que pour permettre d'entrer en possession. Ce procédé n'est possible, ainsi que l'a fait remarquer M. Pellat, et qu'on l'observe depuis (2), qu'autant qu'il s'agit d'un obstacle de fait, « et non d'un acte juridique qui exige le concours de la volonté du défendeur. » Mais l'exhibition est un fait de nature à être accompli même par un tiers ; alors, pourquoi faire ici, à une théorie générale qu'on admet, une exception absolument arbitraire ? Où Zimmern prend-il que l'action ad exhibendum ne produit aucun résultat immédiat ? Qu'on lise les paragraphes 2 à 5 de la l. 5 (3), on y verra que l'exhibition produit un résultat tellement immédiat, que le procès est terminé et qu'aucune instance ultérieure n'est nécessaire. Qu'on lise la l. 6, on y verra que l'exhibition amènera cette conséquence énorme, la fin de l'accession et la résurrection de la propriété au profit du demandeur. Mais ouvrir la carrière à une action principale entravée jusque-là, n'est-ce donc pas un résultat immédiat de l'action ad exhibendum préparatoire (4) ? Pour

---

(1) Voir notamment Pellat, p. 376, loc. excit. Je sais bien que les Romains avaient posé en principe l'inviolabilité du domicile, l. 18, Dig. 2-4, mais il s'agit ici de choses placées, *in fundo, vel area, vel ripa rei.*

(2) Demangeat, loc. excit., p. 588, MM. Labbé et Machelard, à leurs cours, et alii.

(3) L. 5; add. l. 9, § 1, Dig. h. t.

(4) L. 3, § 5, 6, 10, et alias.

reconnaître une exception, il n'y a donc pas là un motif sérieux, et ce motif, je ne le rencontre pas davantage dans la théorie de **Favre**. Pourquoi n'admettre l'usage de la force publique que lorsque la chose est sous les yeux du juge, et, après avoir avoué qu'elle opérait alors le déplacement de la possession, ne pas reconnaître à fortiori qu'elle peut servir à enlever, comme dans les exemples donnés par la loi 5, § 2 à 5, une chose qui n'a jamais été en la possession du défendeur ; alors surtout que le préteur, encore au dire d'Ulpien (1), assurait per manum militarem l'entrée en possession fideicommissi servandi causa ? En présence d'assertions aussi peu fondées, il me semble plus sûr de nous tenir à la règle générale.

§ 6. — L'action ad exhib. de sa nature est généralement rei persecutoria, et tend à rétablir l'intégralité du patrimoine (2). Elle ne devient pénale que par suite d'un fait accidentel, le dol du défendeur, qui, actionné en représentation et redoutant la sentence, s'est, pour l'éviter, dessaisi de la possession. L'action ad exhib., devenue le châtiment du défendeur, revêt les caractères suivants : elle est donnée contre une personne qui ne possède pas; le montant de sa condamnation, devenue désormais inévitable, est fixé sous la foi du serment par le demandeur, et cette somme, considérée comme la peine de la manœuvre frauduleuse, est, ainsi que le dit **M. Pellat** (3), payée en son propre nom par le défendeur, et non à la décharge

---

(1) L. 3 pr., Dig. 43-4, et l. 5, § 27, Dig. 36-4.
(2) Inst. IV-6, §§ 16 et 17; G. Com. IV, §§ 5 et 6.
(3) Pellat, *Propriété*, p. 138. L. 27, § 3, Dig. 6-1.

du vrai possesseur. La théorie que je viens d'exposer et que j'étudierai avec plus de soin dans le chapitre suivant (1) repose tout entière sur cette maxime, répétée tant de fois sous des formes différentes : Dolus enim pro possessione est (2). Les jurisconsultes romains ne tiennent aucun compte d'un déplacement frauduleux de la possession.

Sur ce point, la comparaison entre notre action et la revendication se présente naturellement à l'esprit ; la théorie est la même, sauf la différence suivante : on signale au titre *De Rei Vindicacione* une seconde personne atteinte également par une revendication purement pénale à son égard ; c'est elle, au dire de Gaius (3), quæ liti se obtulit. C'est ce défendeur qui, pour permettre au véritable possesseur d'achever l'usucapion, se présente au demandeur comme possesseur de l'objet litigieux, et le traîne dans les lenteurs d'un procès inutile (4). Cette fraude est également possible dans l'instance en représentation, et cependant aucun texte de notre titre ne la prévoit. Je ne m'explique cette différence que de la façon suivante : dans les actions réelles, le défendeur donnait la caution judicatum solvi, dont la dernière clause était de ne point commettre de dol ; or, égarer ainsi dans sa poursuite, le propriétaire, c'est commettre un dol et attirer sur soi, par l'inexécution de l'un des engagements pris au début de l'instance, une condamnation méritée.

(1) Voir infra.
(2) L. 131, Dig. 50-17; adde *ibid*; l. 150. l. 9 pr. et § 3, l. 14, Dig. ad exh. 10-4 ; l. 5, Cod. ad exh. 3-42. l. 25, Dig., de rei vind. 6-1, et alias.
(3) L. 4, § 1, Dig. 4-7.
(4) L. 7, Dig. 6-1, et surtout l. 45, *ibid.*

Le défendeur à l'action personnelle ne donnait point cette caution ; il était donc impossible de punir cette fraude sans avoir recours à une autre action, celle de dol par exemple. Telle est, suivant moi, la raison de cette différence qui, par suite des progrès de la jurisprudence, avait, je n'en doute pas, disparu bien avant l'apparition de la procédure extraordinaire (1).

§ 7. — Quelle est la nature des objets sur lesquels porte la demande en représentation ? Nous savons déjà que le mot *exhibere* est réservé à la production matérielle d'un objet physique, tandis que le verbe *edere* s'applique aux choses intellectuelles. « Nimirum edimus ad intellectum, dit Cujas (2), exhibimus corporis præsentiam faciendo. » De plus, deux lois (3), au titre *De Verb. sign.*, nous indiquent que la représentation est l'exposition matérielle d'un corps mis sous nos yeux, à la portée de nos mains. Enfin la lecture de notre titre amène cette conviction, que l'exhibition ne porte que sur un objet corporel.

Les choses incorporelles échappent donc par leur nature au domaine de notre action (4).

Les Romains avaient divisé en trois grandes classes les choses corporelles. Pomponius (5), dans une loi célèbre, résume la théorie générale. En premier lieu se plaçaient les corps ayant naturellement une existence individuelle

(1) Voir Pellat, *Propriété*, p. 222 et suiv. Adde Lauterback, *Ad Pand.*, t. I, p. 489.

(2) Voir supra, chap. i, Cujas, *Observ.*, liv. X, cap. ix, in fine, l. 4, Dig. 2-13 ; l. 19, h. t. ; l. 2, § 5, et l. 24, Dig. 49-14.

(3) L. 22 et l. 246, Dig. 50-16.

(4) Voir Einert sur ce point, § 5. et Doneau, loco excitato.

(5) L. 30 pr., Dig. 41-3. *Voir* Cujas, *Com. du droit civil*, col. 607 et suiv., et M. Pellat, loco excit., p. 118 et suiv., auquel j'emprunte, en le résumant, le commentaire de ce texte.

quod continetur uno spiritu, comme un cheval, une
poutre. L'action ad exhib. s'applique sans conteste à
cette première classe, au moins lorsqu'il s'agit de
meubles. S'applique-t-elle de même aux immeubles ?
question que j'aborderai sous le paragraphe suivant.
En second lieu, quod ex contingentibus constat, c'est-
à-dire les corps composés de l'assemblage de plusieurs corps adhérents entre eux, comme une maison, un
navire; ici l'action ad exhib. sert à une double fin. Elle
permet, sans aucun doute, d'obtenir ceux de ces corps qui
sont meubles, lorsqu'ils sont réclamés collectivement
sans être désunis (1) ; elle est aussi ordinairement donnée
pour obtenir la séparation de ces corps, et faire renaître
la propriété. Enfin, le jurisconsulte indique les corps
composés de la réunion de plusieurs corps qui, tout en
restant distincts, prennent une dénomination commune,
par exemple un troupeau, universitas rerum. Je fais ici,
en ce qui touche l'emploi de l'action ad exhib., la même
remarque que sur la précédente hypothèse. Mais, de
même que la revendication, notre action ne s'étend pas
aux universitates juris (2). Notre titre nous offre de nombreux exemples de l'emploi de notre action vis-à-vis de
ces universitates rerum, en cas d'option ou d'action
noxale (3).

§ 8. — Plusieurs auteurs, au nombre desquels Lauterback et Einert (4), ont soutenu que notre action s'étendait
même sur les immeubles. Pour eux, il ne s'agit pas de

(1) L. 5, § 4, Dig. 10-4.
(2) Voir Pellat, *Propriété*, p. 117 et suiv. sur l. 2, R.V.
(3) L. 3, §§ 6, 7, 10; l. 20, Dig. 10-4.
(4) Lauterback, *Ad Pandect.*, t. I, p. 491, Einert, § 4 et coroll.

faire produire en justice un immeuble, production matériellement impossible, mais d'obtenir l'accès sur cet immeuble pour s'assurer de ses qualités et de ses défauts,
examen souvent insuffisant lorsqu'il est fait de l'extérieur.
Certes, un immeuble ne se prête guère de sa nature à
être dissimulé, et il se montre de lui-même, satisque per
se, se exhibet, comme dit Westenberg (1). Certains cependant sont, par leur position même, placés loin de
notre vue, et du dehors il est difficile de reconnaître leur
situation, encore moins leurs qualités. Vous avez le droit
de choisir entre plusieurs caves celle dont vous préférez
avoir l'usufruit. Comment opter, si vous ne pénétrez
point à l'intérieur, si vous ne visitez pas chacun des
bâtiments? L'inspection, l'examen de ces parties d'immeubles est certes fort utile; pourquoi décider alors
que notre action ne rend pas ce service? Sans aucun
doute ces hypothèses seront rares, et c'est précisément
pour cela que les jurisconsultes ne s'en sont point expli-
qués. Tels sont les principaux arguments de ce système,
qui s'efforce de concilier avec sa doctrine les nombreux
textes qu'on lui oppose, sans pouvoir en citer un seul à
son appui.

La majorité des auteurs (2) admet, avec raison, à
mon gré, que les meubles sont les seuls objets de

---

(1) Westenberg, *Princ. juris*, liv. II, p. 218, § 15.

(2) Cujas, *Pauli, ad edict.*, t. V, col. 373 et 376; Doneau, loc. excit.,
Noodt, t. II, p. 190 et suiv.; Westenberg, loc. excit.; Samuel Stryckius,
t. I, p. 369; Voet, *Ad Pandectas*, t. I, p. 584; Pothier, *Ad Pandectas*,
ad hunc tit. pr.; Johannis Harpprechti, *Comm.*, t. IV, p. 909, *Tractatus
de actionibus*, p. 442, § 53; Mulhenbruch, *Doctr. Pand.*, § 458, *Grande
glose*, ad hunc titul.; Vinnius, loc. excit..

notre action. En dehors des textes, cette seconde opinion invoque les considérations suivantes : 1° par leur nature, les immeubles sont en quelque sorte en une exposition permanente, immobiles vero res latere facile non possunt ; 2° ensuite les immeubles ne peuvent être déplacés, raison beaucoup plus logique à mon sens. Exhibere, en effet, c'est mettre une chose à part, l'isoler de celles qui l'entourent. Même dans l'hypothèse de l'action ad exhib. tollendi causa, il y a un acte, l'enlèvement de l'objet déposé sur le terrain d'autrui, acte qui serait ici matériellement impossible. Il y a donc contre-sens à appliquer exhibere, c'est-à-dire extra habere, à une chose qui ne se déplace pas. Cela explique encore mieux que la considération invoquée par Einert le silence des textes sur cette prétendue application de notre action.

Avant de m'engager dans la discussion des textes, je dois faire une concession qu'aucun commentateur n'a encore faite, et qui eût fourni un argument sérieux au système de mes adversaires (1).

Si notre action ne porte que sur les meubles, elle ne peut évidemment servir de préliminaire qu'à une action dont l'objet est mobilier. Or, la revendication, l'action hypothécaire, l'action confessoire d'un usufruit s'appliquent aussi bien à un immeuble qu'à un meuble. Et cependant, en citant ces actions au nombre de celles que prépare notre action, Ulpien (2) ne déclare en aucune façon qu'elles n'auront droit à ce préliminaire qu'autant que leur objet sera mobilier. Le même auteur, en accor-

----

(1) Forster, *De interpretatione juris*, thes. jur. Rom., t. II, p. 1004.
(2) L. 3, §§ 3, 4 et 5, Dig. h. t.

dant notre action à celui qui veut se servir d'un interdit
autre qu'un interdit exhibitoire, ne se préoccupe pas de
savoir si l'objet est immobilier ou mobilier. Il semble que
l'on doive inférer de cette confusion incompréhensible au
premier coup d'œil, que mon interprétation est fausse et
que les jurisconsultes n'ont fait aucune distinction, au
point de vue de notre action, entre ces deux classes de
biens.

Je m'explique qu'aucune règle n'ait été formulée sur
ce point par la raison suivante : La nécessité de poser
cette règle pouvait très-bien échapper à un critique Romain. Certaines choses, simplifiées par une pratique
constante et hors de doute, se dérobent facilement à un
jurisconsulte qui s'occupe seulement des points saillants
et des difficultés que présente son sujet; mais il sous-entend à son insu partout cette règle, tous les exemples
qu'il prend en témoignent, toutes les décisions qu'il donne
ne s'expliquent que par elle. S'il ne l'énonce pas dès le
début, il la commente, il l'applique à chaque instant :
c'est donc du milieu des textes qu'il la faut dégager, et
c'est là que j'espère renverser le dernier retranchement
de mes adversaires.

Trois textes (1) ont été cités à l'appui de mon système.
Tous trois, en comparant les différentes actions qui naissent au profit du demandeur de l'atteinte portée à ses
droits, n'énoncent l'action ad exhib. qu'en la restreignant
expressément au cas où il s'agit de choses mobilières :
« Adversus uxorem heredes mariti expilatæ hereditatis
« crimen intendere non possunt. Et ideo, dit Gordien, res

(1) L. 4, Cod. 9-32; l. 38, Dig. 5-1; l. 56, Dig. 3-3.

« quas per eamdem abesse quereris, competenti in rem
« actione, *vel si dolo malo fecerit quominus res mobiles*
« *possideret, ad exhib. persequere.* » Licinius Rufinus fait
une semblable réserve en accordant notre action : « Si
« autem per actionem in rem legatum petetur, etiam ibi
« debet peti, ubi res est, et si *res mobilis sit, ad exhib.*
« *cum herede agere poterit, ut exhibeat rem ; sic vindicari*
« *a legatario poterit.* » Enfin Ulpien décide que « *ad rem*
mobilem petendam datus procurator, ad exhib. recte
aget. »

Devant ce concours de preuves accablantes, Einert
n'abandonne pas son système, et il repousse tout argument tiré de ces lois, sous prétexte qu'elles sont entièrement étrangères à la question. Son raisonnement est le
même pour toutes les trois. Suivant lui, ces lois ne trai-
teraient que d'une application de notre action, dont, par
la nature même des choses, l'objet est mobilier, l'action
ad exhib. ut tollere liceat ; ainsi s'expliquerait cette restriction continuellement reproduite. A cette assertion
plusieurs réponses se présentent tout d'abord à l'esprit :
en premier lieu, il ne faut pas dénaturer l'action ad
exhib. ut tollere liceat en étendant, contrairement à la
pensée des jurisconsultes, son empire sur des hypothèses qu'elle ne peut pas régir ; ensuite, pour les faire
plier à sa manière de voir, Einert est obligé d'ajouter
singulièrement aux textes. Gordien dit, en effet : par suite
de l'impossibilité d'intenter le crimen expilatæ hereditatis, les héritiers du mari intenteront contre la veuve
ou la revendication, ou, s'il y a eu dessaisissement frauduleux d'un objet mobilier, l'action en représentation.
Certes, au temps de Gordien, que la possession ait été

conservée ou perdue frauduleusement par la veuve, la revendication serait admise, mais l'action ad exhib. est bien
préférable à raison de la facilité de sa preuve et de la
simplicité de sa procédure. Seulement, ajoute l'empereur,
ce procédé plus avantageux ne sera possible qu'autant
que l'objet litigieux sera mobilier. Il ne s'agit donc pas ici
de l'action ad exhib. tollendi causa; car, comment enlever
des choses qui n'existent plus? mais de l'action ad exhib.
pénale, qui, comme nous l'avons vu et le verrons mieux
par la suite, a de tout temps remplacé la revendication et n'a d'autre but que le payement de dommages-
intérêts. Le texte de Lucinius Rufinus résiste encore bien
plus à l'interprétation d'Einert. Ce jurisconsulte recherche en quel endroit l'objet légué doit être livré par l'héritier; et, après avoir examiné le cas où l'exécution de
la disposition testamentaire avait été demandée par l'action ex testamento, il passe à celui où on intente l'action
réelle. C'est alors à l'endroit où elle se trouve que la
chose sera demandée, « res ibi peti debet ubi est. » Tel
est le principe : principe d'une application aisée lorsqu'il
s'agit d'immeubles dont la situation n'est point douteuse,
mais qui, lorsqu'il s'agit de meubles, sans le secours
de notre action, est maintes fois impraticable. Aussi le
jurisconsulte dit-il : Le légataire se fera exhiber la chose
et, ainsi instruit de sa situation, il pourra revendiquer,
sic enim vindicari a legatario poterit. On le voit, la pensée du jurisconsulte est tout autre que celle que lui
attribue Einert. J'arrive au texte d'Ulpien. Suivant Einert, ce jurisconsulte ayant en vue l'hypothèse de l'action ad exhib. ut tollere liceat, a décidé que le mandat de
réclamer une chose mobilière donne le choix entre l'ac-

tion en représentation et la revendication ; autrement, ce serait une naïveté de dire que le mandat d'exercer une action comprend l'ordre d'engager toute procédure préparatoire nécessaire à son succès. Pour moi, prétendre qu'Ulpien s'occupe uniquement de cette application assez rare de notre action, me semble une assertion dénuée de tout fondement, et, d'autre part, la décision d'Ulpien conserve une grande utilité sans qu'il soit besoin de rien ajouter au texte. Avec les idées si étroites des Romains sur le mandat et surtout sur la représentation en justice, si longtemps interdite, il était très-intéressant de bien définir l'étendue de la procuration de re petenda.

Aussi l'interprétation d'Einert est repoussée par les textes, qui témoignent de la façon la plus expresse que notre action porte uniquement sur les meubles. Aux textes qu'invoquent les commentateurs dont j'ai suivi l'opinion, je me permettrai d'en ajouter un nouveau qui me paraît confirmer ma doctrine. Ulpien (1) décide que s'il y a eu vol de choses héréditaires, l'action furti ne prendra pas naissance ; car il ne pouvait y avoir furtum (2) relativement à une chose qui, comme une hérédité, n'était possédée par personne ; en revanche, le jurisconsulte accorde l'action ad exhib. pour préparer la revendication. Or, après quelques hésitations, on avait fini par admettre qu'il n'y aurait furtum qu'autant qu'il s'agirait d'un objet mobilier (3). Par conséquent, en donnant l'action ad exhib. pour remplacer l'action furti, le jurisconsulte décide implicitement que l'objet de l'action

(1) L. 2, § 1, Dig. 47-19.
(2) Paul, Sent. II-31, § 11.
(3) L. 38, Dig. 41-3; Inst., § 7, II-6.

en représentation doit être mobilier, puisque si la chose n'avait pas été héréditaire elle eût été l'objet de l'action furti qui ne porte que sur les meubles.

En finissant, je ne veux pas oublier de dire qu'en énumérant les différentes actions réelles auxquelles notre action sert de préliminaire, Ulpien ne parle pas de l'action confessoire d'une servitude prédiale. C'est qu'ainsi que le remarquent Cujas et Noodt (1), l'objet de cette action est nécessairement immobilier.

(1) Noodt et Cujas, locis excit.

CHAPITRE III.

RÈGLES GÉNÉRALES SUR L'EXHIBITION.

La méthode la plus simple, à mon avis, pour exposer les règles générales de la représentation, est de suivre dans sa marche l'action ad exhib. Chacune des phases du procès nous donnera l'occasion naturelle d'étudier les principes qui lui sont particuliers.

Supposons les parties arrivées devant le juge et l'instance commencée. La preuve, comme partout, est à la charge du demandeur; mais que doit-il prouver? Il établira d'abord qu'il a un intérêt légitime, il désignera ensuite l'objet de sa prétention.

§ 1. — A la première lecture des textes, obtenir l'exhibition semble la chose la plus aisée du monde. Il suffit, en effet, d'invoquer un intérêt quelconque et de l'établir, non sur une preuve entière, mais sur un ensemble de présomptions : « Datur omnibus quorum interest — « multæ sunt causæ ad exhibendum agendi — Judex « summatim cognoscere debet an ejus intersit, et sic ju- « bere exhiberi necne, — si plures ad exhibendum agere « volunt, omnibus hæc actio competit, si eorum inte- « rest (1). » Quoi de plus vexatoire, cependant, que cette nécessité d'obéir à la demande indiscrète du premier venu et de se voir exposé à chaque instant à la nécessité d'aller, à grands frais, en courant des dangers sérieux, produire en justice tel ou tel de ses biens (2)? Certes, la doctrine a su, par de sages précautions, rejeter sur le demandeur les risques et les frais de la représentation; mais elle n'a pu enlever entièrement ni les inconvénients matériels, ni le caractère pénible que cette atteinte à la liberté d'action du défendeur entraîne comme conséquence inévitable. Une honteuse spéculation, d'ail-

____

(1) L. 3, §§ 9 et 12, Dig. et alias. Conf., l. 3, § 10, Dig. 43-5, et l. 3, § 9, D g 43-29.
(2) Conf. Verlohner, loc. exc., p. 386.

leurs, ne suscitera-t-elle pas une foule de demandes en représentation, dans l'espoir que la crainte d'une exhibition, toujours désagréable et souvent périlleuse, n'amène le possesseur à transiger avec son audacieux adversaire? Et ce serait après avoir prétendu baser notre action sur la seule équité, que les jurisconsultes romains, avec une si coupable facilité, mettraient entre les mains du caprice ou de la spéculation un moyen judiciaire si désastreux pour le défendeur! Il n'en peut être ainsi, et cette première impression, née de la lecture trop rapide des textes, s'efface lorsqu'on pénètre plus avant dans la pensée qui les a dictés. On voit alors que ces éléments si divers, groupés dans les mots presque sacramentels, « quod interest ex justa et probabili causa », d'une définition de **Neratius** qu'Ulpien approuve, objets d'une recherche spéciale dans chaque espèce, étaient parfaitement définis dans l'esprit des jurisconsultes. Toute espèce d'intérêt n'éveillait pas leur attention, et ne méritait pas à leurs yeux indistinctement le secours de notre action : il fallait qu'on justifiât d'un droit sur l'objet de l'exhibition, dont l'exercice, sans le secours de notre action, fût impossible ; il fallait, en second lieu, qu'un intérêt privé fût seul mis en jeu. Reprenons l'examen détaillé de chacune de ces deux conditions, comprises toutes deux dans le mot *interest* et également essentielles à la délivrance de notre action.

A. — Notre action, je l'ai déjà dit, a pour base une raison d'équité reconnue par la loi; mais cette raison n'existe qu'autant qu'elle s'appuie sur d'autres droits en vue desquels nous demandons la représentation; en d'autres termes, l'action ad exhib. a été introduite pour vivifier des droits qui, sans elle, seraient injustement paralysés dans leur exercice. Le jurisconsulte, indiquant d'avance au magistrat la méthode à suivre dans la solution de cette question délicate, se demande chaque fois si la délivrance de notre action est commandée par l'intérêt sérieux de droits qui, sans elle, demeureraient stériles. La nécessité d'établir d'une façon probable l'existence d'un droit à son profit sur l'objet de l'exhibition est démontrée par les trois textes suivants. — Paul (1) décide que ni les recherches à faire dans un ouvrage curieux, ni même la lecture des comptes d'autrui, ne sont des causes suffisantes pour obtenir notre action, puisque le refus de représentation ne vous prive de l'exercice d'aucun droit existant à votre profit sur ces objets. — Ulpien (2) suppose que, par mon ordre, l'esclave de ma femme a écrit mes comptes sur les tablettes d'autrui. L'écriture était déclarée, à Rome (3), accessoire du parchemin où elle était tracée. Le demandeur ne possède pas ces tablettes et n'a dessus aucun droit ; aussi notre action lui est-elle refusée. Mais l'équité, à qui la nécessité d'un droit préexistant a retiré le secours de notre action, arrive par une autre voie, l'action in factum, à faire triompher la juste réclamation du demandeur. — En revanche, l'équité, dans l'espèce suivante, ne suscitera pas, à la place de l'action directe ad exhib. que l'absence de droit rend impossible, une action in factum. Le propriétaire (4) d'un objet que je lui ai pris me poursuit en représentation ; cette poursuite à elle seule n'est pas un

(1) L. 19, Dig. h. t.
(2) L. 3, § 14. Dig. h. t.
(3) Inst., § 33, II-1, et l. 9, § 2, Dig. 41-1.
(4) L. 3, § 11. Dig. h. t., Cujas, *Recit. sol.*, t. VII, p. 603.

motif suffisant pour faire naître à mon profit contre vous, qui détenez actuellement cette chose, l'action ad exhib.: autrement, celui qui se serait frauduleusement dessaisi de la possession, ou le voleur et le pillard, ainsi que le remarque Ulpien, prétendraient aussi à cette bienfaisante institution.

Ulpien dit (1) : Si quis, extra heredem, tabulas testamenti... exhiberi velit, dicendum est per hanc actionem agendum non esse, cùm sufficiant interdicta de ea re competentia. » Voici le commentaire de Doncau (2) : « Il « serait ridicule de dire qu'on agira en représentation « des tablettes, afin que ces tablettes déjà montrées une « fois, grâce à l'action, puissent l'être une seconde, grâce « à l'interdit. » Ce serait ridicule en effet, mais la difficulté n'est pas d'expliquer pourquoi il n'y a pas cumul de l'interdit et de l'action, mais pourquoi certaines personnes n'ont pas le choix entre ces deux moyens. Malgré la rédaction si claire du texte, Einert (3), argumentant des mots *quum sufficiant interdicta* et de deux lois au Code (4), veut établir qu'Ulpien, loin de refuser notre action aux légataires, leur indiquerait simplement la voie plus aisée des interdits. Le texte me semble ne pouvoir avoir d'autre sens que celui qui se présente à la première lecture, c'est-à-dire l'impossibilité absolue pour les légataires (5) d'intenter notre action.

(1) L. 3, § 8, Dig. h. t.
(2) Don., loc. excit.
(3) Einert, § 31 et 40, loc. excit.
(4) L. 4 et l. 6, Cod. h. t.
(5) Je dis légataires; il serait plus exact de dire : tous ceux qui aliquid sibi adscriptum habent: ainsi, par exemple, la loi unique au Code de tabulis exhibendis, 8-7, accorde cet interdit au substitué pupillaire.

Il y a deux choses dans les tablettes d'un testament : les tablettes elles-mêmes, document de famille, dont l'héritier est seul propriétaire (1) et dont seul, à ce titre, il a la revendication et l'action ad exhib. ; leur contenu, qui intéresse tout le monde, mais qui, comme le dit très-bien Cujas (2), appartient à tous et à aucun. Pour obtenir la lecture de ces tablettes, l'action ad exhib., suivant moi, est impuissante, car le légataire n'invoque aucun droit sur l'objet de l'exhibition ; il a seulement intérêt (3) à connaître l'étendue de la disposition faite à son profit, et c'est pour donner satisfaction à ce légitime intérêt que la voie des interdits lui est ouverte. « Il y a, dit encore « Cujas (4), cette différence entre l'action ad exhib. et « les interdits exhibitoires, que dans l'action nous de- « mandons une chose qui nous appartient.... et dans « l'interdit au contraire nous demandons des choses qui « ne nous appartiennent pas et que nous ne nous propo- « sons pas de revendiquer, comme les tablettes d'un tes- « tament où un legs est fait à notre profit. » En résumé, voici ma théorie: l'action ad exhib. n'est donnée qu'autant qu'un droit existe au profit du demandeur sur l'objet de la représentation. Le légataire a certes intérêt à connaître le contenu des tablettes, mais il n'a pas de droit sur l'objet de la représentation, c'est-à-dire sur les tablettes elles-mêmes ; il n'a donc pas notre action.

Einert répond : deux constitutions au Code accordent l'action en représentation des *instrumenta tui juris* ou *ad*

(1) L. 3, Dig. 29-3.
(2) Cujas, in lib. Cod., t. IX, col. 1167.
(3) L. 3, § 10, Dig. 43-5.
(4) Cujas, *ibid.* et *Recit. sol.*, t. VII, p. 602.

jus tuum pertinentia ; pour le légataire, les tablettes sont *instrumenta ad jus suum pertinentia,* donc il a le choix entre l'interdit et l'action. Il me semble cependant que lorsque mes comptes étaient écrits sur le parchemin d'autrui, ou lorsque je désirais prendre communication des livres de mon débiteur, ces comptes, ces livres étaient bien instrumenta ad jus meum pertinentia. Dans le premier cas, cependant, Ulpien ne délivrait que l'action in factum, et dans le second, Paul, plus sévère encore, sur l'avis d'Alfenus, refusait toute action. Il y aurait entre ces deux textes et les constitutions impériales une incroyable antinomie. En réalité, la théorie d'Einert repose sur deux erreurs : son point de départ est faux, son interprétation des lois 4 et 6 au Code l'est également. L'action ad exhib. n'est pas donnée par cela seul qu'on a intérêt à la production de titres de quelque nature qu'ils soient, comptes, livres, tablettes de testament; il faut être propriétaire de ces titres pour avoir notre action, sinon, suivant le degré de faveur qu'inspire votre demande, vous avez l'action in factum, l'interdit, ou tout moyen judiciaire vous est refusé. Ce principe est formellement établi par Ulpien. Un testateur perd les tablettes qui contiennent ses dernières volontés, il a, pour les recouvrer, notre action, précisément parce qu'il est propriétaire des tablettes, et que c'est un principe général, au dire du jurisconsulte, que l'action ad exhibndum appartient à tous ceux qui ont la propriété des titres: « *Quod in omnibus probandum est qui corpora sua dicunt instrumenta* (1). » Ce principe, qu'Einert a méconnu, et qui

(1) L. 3, § 5, Dig. 43-5. En ce sens, Pothier, *Ad Pandectas*, livre V, p. 112, note 2 ; Samuel Cocceius, *Jus civ. cont.*, p. 100, admettant à

nous fait comprendre pourquoi dans les l. 3 § 14 et l. 19 de notre titre le demandeur n'a pas notre action, fournit en même temps, en enlevant toute antinomie, l'explication la plus naturelle, à mon gré, des deux constitutions impériales.

La loi 6 au Code décide en effet qu'au cas où l'*autre partie se serait emparée des titres qui ont trait à votre droit*, « instrumenta ad jus tuum pertinentia, *partem diversam invasisse adseverans*, vous auriez le choix entre une procédure criminelle et l'action civile ad exhib. Or, comment comprendre ce mot invasisse et la possibilité d'une procédure criminelle, si le défendeur est propriétaire de ces titres? Ne faut-il pas, pour en rendre compte dans le système d'Einert, recourir à des suppositions étranges et dont le résultat serait le désaccord entre la doctrine du Digeste et celle du Code? La loi 4 dispose que si vous établissez que le défendeur a eu entre les mains les titres qui constatent votre droit, *instrumenta tui juris* (expressions qui confirment singulièrement mon opinion), et que par dol il a cessé de les posséder, il sera condamné à la somme que vous évaluerez. Mais si ce défendeur était propriétaire des titres, à quoi bon relever cette circonstance qu'ils ont été en son pouvoir, puisque même alors, au dire de Paul, l'action ad exhib. ne serait pas donnée contre lui. Les deux constitutions sous-entendent donc, comme les différents textes du Digeste, la propriété des titres chez le demandeur, qualité qui ne se rencontre pas

tort que l'action ad exhib. n'est préparatoire que des actions réelles, décide que si le légataire n'a pas l'action ad exhib., c'est qu'il invoque un droit personnel. Tout est faux dans ce raisonnement. Duaren, p. 941.

chez les légataires, et dont l'absence est cause que notre action leur est refusée (1).

Ainsi j'ai défini le premier caractère que doit revêtir, pour obtenir notre action, l'intérêt du demandeur ; j'arrive au second.

B. — A la première lecture, la loi 13 de notre titre semble indiquer bien clairement une seconde condition, un nouveau caractère que doit revêtir l'intérêt chez le demandeur, pour que notre action prenne naissance. Mais cette loi présente une double difficulté : 1° en ce que cette condition, indiquée à l'occasion d'une comparaison entre l'interdit de libero homine exhibendo et notre action, paraît inconciliable avec la décision de la loi précédente. Paul, en effet, dans la loi 12, admet que l'action ad exhib. peut précéder la *causa liberalis*, et dans la loi 13, Gaius décide que s'il s'agit de demander la représentation d'un homme libre, injustement retenu en esclavage, il y a lieu à l'interdit et non à l'action :

(1) C'est à la même idée que je rattache un texte d'Ulpien, que Cujas, *Com.*, t. VII, p. 621, a corrigé d'une singulière façon en s'appuyant sur la version des Basiliques. Il lit ainsi le texte, loi 18, h. t., solutione chirographo inani facto et pignoribus liberatis nihilominus debitor (au lieu de creditor), ut instrumenta ad eam contractum pertinentia ab alio quam *creditore* (au lieu de debitore) exhibeantur agere potest. Comment admettre que le débiteur ne puisse pas agir contre le créancier après le payement ? Ce serait inexplicable, et de plus en contradiction avec la loi 9, Cod. 3-42. Pothier me semble donner la véritable explication : « Quum penes ipsum debitorem sunt, non potest ad exhib. agere creditor nec ea vindicare. Nam debitor si ea non haberet, posset agere condictione sine causa adversus creditorem ut ea sibi redderet, multo magis potest debitor se exceptione tueri quum illa habet. Quod si apud alium sint, potest creditor ad exhib. agere et ea vindicare : ejus enim interest ut ea vindicare possit, quia ejus interest ea habere ut possit ea debitori reddere. »

« *quia hæc actio creditur ei competere cujus peculiariter*
interest.» Or, dans l'assertio in libertatem, n'y a-t-il pas,
dit-on, un intérêt public en jeu ? et cependant Paul, au
mépris de la règle donnée par Gaius, accorde l'action
ad exhib. 2º De plus, le mot essentiel de cette dernière
phrase se lit de deux façons différentes : on trouve dans
la Florentine *peculiariter*, et dans la Vulgate et les Basiliques *pecuniariter* ou χρηματικῶς.

Dans cette difficulté complexe, la question qu'il faut
résoudre la première, car sa solution domine toute la
matière, est celle-ci : Gaius, en motivant sa décision, a-
t-il posé un principe général de nature à régir l'économie entière de notre action? Il faudra découvrir alors
comment la loi 12, qui semble le contrepied de la loi 13,
n'est que l'application de la règle formulée par cette loi.
La version qu'on adoptera aura, dans ce cas, une influence
capitale sur le choix de l'explication à donner de cette
antinomie apparente. Faut-il au contraire supposer,
qu'entraîné par le désir de mieux faire ressortir le
contraste entre l'interdit et l'action, Gaius, après avoir
indiqué une première différence, s'est, pour la mieux
caractériser, et sans vouloir en désigner une nouvelle,
servi d'expressions qui ont dépassé sa pensée, et dire que
le principe se trouve dans la loi 12 et que la loi 13 ne
parle que d'une hypothèse particulière où l'application
du principe posé dans la loi 12 exige le refus de notre
action? Avec ce système, le choix entre les deux versions
perd bien de son importance, et l'on peut, comme Cujas,
se prononcer tantôt pour l'une, tantôt pour l'autre, et,
comme lui, blâmer chaque fois ceux qui ne partagent
pas votre opinion.

Cujas et Pothier partagent la dernière manière de voir. Pour eux Gaius a voulu dire que l'interdit était donné seulement lorsqu'il n'y avait point de contestation d'état ; que si au contraire, ainsi que le dit Ulpien (1), dubitat utrum liber an servus sit, vel status facit controversiam, recedendum erit ab interdicto, et agenda erit causa liberalis. Pour tous deux, la causa liberalis est une action populaire ; et, bien qu'un intérêt public soit seul en cause, l'action ad exhib. est donnée pour préparer cette sorte de revendication. Ainsi, dans son Commentaire du droit civil (2), après avoir dit que notre action n'est donnée qu'à ceux quorum *peculiariter*, id est propter rem familiarem, interest, Cujas remarque que l'on se servira de notre action pour revendiquer à la liberté un homme détenu en esclavage et dont l'état est contesté. De même, dans son Traité sur l'édit de Paul (3), où il suit la version de la Vulgate, il répète qu'en l'absence de tout intérêt pécuniaire, il y aura lieu à notre action propter assertionis *publicam* causam. Pothier (4) reproduit cette théorie.

Accurse et, après lui, Doneau (5), persuadés que Gaius a posé un principe général dans la loi 13, et adoptant tous deux la version des Basiliques, signalent deux hypothèses où l'action ad exhib. préparatoire de l'assertio in libertatem présenterait indirectement pour le demandeur un intérêt pécuniaire : acquisitions du fils de

(1) L. 3, § 7, Dig. 43-29.
(2) Cujas, *Comment.*, t. VII, col. 602.
(3) Cujas, *Pauli ad edict.*, t. V, col. 377 et 378, et adde ad Cod. t. IX col. 1167.
(4) Pothier, *Ad Pandectas*, liv. X, tit. 4, art. 1, not. ult.
(5) Donellus enucl., loc. excit.

famille pour le père, services de l'affranchi pour le patron. Accurse fait précéder son commentaire sur les lois 12 et 13, qui traitent pourtant d'espèces bien différentes de cette commune observation « quando pecuniariter interest, non alias. » Doneau ne confond pas les deux hypothèses, mais il présente la même explication de la loi 12 : l'action ad exhib. ne serait donnée comme préliminaire de l'assertio in libertatem qu'autant que le résultat de cette action présenterait un avantage pécuniaire pour le demandeur. Le texte de la loi 12 semble se prêter à cette thèse; il ne dit pas qu'il y a toujours lieu à notre action, mais qu'il peut y avoir lieu, « locus esse potest »; ce qu'il faudrait déterminer d'après cette distinction.

Telles sont les deux principales interprétations de cette loi. En réalité, nous nous trouvons en face de trois institutions différentes, les deux premières établies pour veiller à la liberté d'autrui, tuendæ libertatis causa, la troisième dans le but de régler une question de domicile. L'interdit de libero homine exhibendo (1), interdit populaire et dont l'exercice ne met aucun obstacle à l'accusation publique ex lege Fabia (2), suppose nécessairement qu'il s'agit d'un homme libre retenu par dol en esclavage et qu'aucune contestation n'est soulevée sur son état : « etenim recte placuit, tunc demum interdictum locum habere, quotiens quis pro certo liber est... sin contra, agenda erit causa liberalis. » En opposition à cet interdit, la loi 13 indique l'action ad exhib. préparatoire au dire de Paul, de la causa liberalis, et donnée seule-

______

(1) Liv. XLIII, tit. 29, Dig.
(2) L. 3 pr. et § 7, Dig. 43-29, et Cod. 9-20.

ment lorsque l'état d'homme libre est en litige. En dernier lieu se placent les interdits de liberis exhibendis (1) et de libertis exhibendis (2), semblables en tous points l'un à l'autre, sauf l'objet, au dire des jurisconsultes. L'interdit de liberis exhibendis est préparatoire de l'interdit de liberis ducendis, lequel amène la *ductio* (3). Une question de domicile y est seule engagée.

Peut-il y avoir concours entre ces différentes institutions? Le concours entre les deux interdits n'est pas possible; leur but est tout différent : l'un fait cesser une servitude de fait injustement prolongée (4), l'autre règle un débat sur la résidence; le premier n'est possible que s'il y a dol du défendeur, cette circonstance n'influe pas sur l'existence du second. Mais y a-t-il concours entre l'interdit de libero homine exhibendo et notre action? La loi 13 répond négativement, et sur ce point elle n'est pas en contradiction avec la loi 12. En effet, la loi 13 décide que s'il s'agit d'un homme libre sans conteste, l'interdit seul s'applique. La loi 12 en donnant l'action, parle d'un homme qu'on veut arracher à la servitude au moyen d'une assertio in libertatem. Il n'y a donc là aucune contradiction. Enfin le concours entre notre action et les interdits de liberis ou libertis exhibendis n'est pas plus possible. Cujas dit, en effet, que dans l'une la puissance paternelle est niée, et dans l'autre elle est reconnue. Einert

---

(1) Dig., liv. XLIII, tit. 30.

(2) L. 2, § 1, Dig. 43-1, § 1, Inst. IV, tit. 5, et Théophile, *ibid.*

(3) Einert, pense que l'interdit de libero homine exhibendo était préparatoire. M. Machelard le croit définitif; je n'ai pas heureusement à me prononcer sur ce point. Einert, §§ 40 et 41, Machelard, *Interdits*, p. 24.

(4) L. 6, Dig. 40-14.

déclare qu'il ne doute pas de la possibilité du concours;
mais comme il n'en indique aucune raison, il fera difficilement partager sa conviction.

Ainsi donc, l'action ad exhib. a son domaine parfaitement défini : elle sert à demander la représentation d'une personne dont l'état est contesté, et elle est le préliminaire de la causa liberalis. Mais faut-il, avec Accurse et Doneau, restreindre son application aux cas fort rares où l'action offre un avantage pécuniaire pour le demandeur; ou bien admettre, avec Cujas et Pothier, que l'action ad exhib., alors que publice tantum intererit, sera jointe à la causa liberalis, sans se préoccuper aucunement du principe posé par Gaius dans la loi 13?

Aucune de ces deux interprétations ne me paraît fondée. La théorie d'Accurse est certes ingénieuse, mais est-elle vraie ? La loi 12 ne dit pas tout ce qu'Accurse lui fait dire. Elle dit simplement quant à celui qu'on voudra revendiquer à la liberté, dont on voudra se porter assertor, il pourra y avoir lieu à notre action. Or le patron, qui n'a en vue que de s'assurer les services de son affranchi, intentera-t-il la causa liberalis? Écoutons Ulpien (1) : « Quotiens de hoc contenditur an quis libertus sit, sive operæ petantur, redditur præjudicium ; » c'est donc le præjudicium de libertinitate et non le præjudicium de libertate que le patron emploie; car l'assertio in libertatem ne remplirait nullement son but. Quant au père, il est vrai qu'il revendiquera dans toute la force du mot son fils (2), mais cette revendication n'est possible qu'avec une modification sur la teneur de laquelle les auteurs

(1) L. 6, Dig. 40-1.
(2) L. 1, § 2, Dig. 6-1.

d'ailleurs ne sont pas bien d'accord (1). Accurse et Doneau pensent-ils que la loi 12, qui semble poser une règle générale, réduite ainsi à n'offrir de secours qu'au père de famille, sous-entende pour lui être applicable cette modification si importante que, sans elle, la revendication ne puisse être donnée? Il est impossible de défigurer ainsi le texte.

D'autre part, il me paraît bien hardi de mettre de côté le motif indiqué par Gaius, et de dire que notre action, opposée par lui à un interdit populaire, est ouverte cependant, lorsqu'un intérêt public est seul en jeu.

Il me semble certes très-vrai de dire, avec Cujas et Pothier, que notre action, avant-coureur ordinaire de la revendication, ne l'abandonne pas lorsqu'elle revêt cette forme particulière qu'on appelle l'assertio in libertatem. La principale utilité, en effet, de l'action ad exhib. préparatoire de la revendication est de faire, au moyen d'une procédure simplifiée, connaître entre les mains de qui se trouve l'objet litigieux. Or, rien n'étant plus aisé que de dissimuler la possession d'une personne qu'on veut maintenir en servitude, l'absence de notre action serait inexplicable ici où elle devient indispensable. Et, d'autre part, on admet bien que la revendication ait pu se transformer en causa liberalis : pourquoi ne pas admettre qu'une semblable modification n'ait pas atteint son préliminaire ordinaire? Je crois d'ailleurs qu'on peut lier l'action ad exhib. à l'assertio in libertatem sans se mettre en contradiction avec le motif énoncé par Gaius. Qu'on lise

(1) Cujas, *Com.*, t. VII, col. 228 et seqq., Pellat, loc. excit., p. 112 et suiv.

avec attention les premières lois du titre *De liberali causa*, on verra que notre action n'est pas gouvernée comme
l'interdit de libero homine exhibendo, par ce principe
que nemo prohibendus est libertati favere, et, qu'à la
différence de cet interdit, elle n'est pas ouverte indistinctement à toute personne, mais seulement, suivant Ulpien, « quibusdam » (1). Le rôle d'assertor, pris spon-
tanément, n'est permis qu'aux personnes que les relations
de patronage ou un lien de parenté ou d'alliance rattache
au prétendu esclave. Ces personnes ont un intérêt, je ne
dirai pas pécuniaire, mais de famille (*peculiaris*) (2) à
arracher leur parent ou leur allié à la servitude; car,
ainsi que le dit éloquemment Gaius, « servitus eorum ad
dolorem nostrum, injuriamque nostram porrigitur. » Ce
qui prouve encore que la causa liberalis n'est pas populaire, c'est que, par exception, elle le devient si infans
aut furiosus sit, tunc non solum necessariis personis, sed
etiam *extraneis* hoc permittitur.

C'est donc seulement à ces personnes que les Latins
appelaient de cette belle expression, malheureusement
sans équivalent chez nous, de necessariæ personæ que
la causa liberalis est ouverte, à elles seules Paul et Gaius,
dans les lois 12 et 13, délivrent l'action ad exhib. C'est
aussi précisément parce qu'en règle générale la causa
liberalis, c'est-à-dire l'action principale, n'est donnée que
quibusdam personis, que Paul dit qu'il *peut* y avoir lieu
à l'action préparatoire.

---

(1) L. 1 pr.; adde l. 1, § 1 et 2; l. 2, 3, 4, 5 et 6, Dig. 40-12.

(2) **M.** Demangeat accepte l'une et l'autre version : pour lui, peculiaris veut dire pécuniaire. *Voir* Dem. *Cours de **Dr.** Romain*, t. II,
p. 676 et 677.

Je crois donc la version de la Florentine préférable, parce qu'elle permet de concilier deux textes inconciliables avec le texte des Basiliques, et je vois entre l'interdit de libero homine exhibendo et notre action trois différences :

L'interdit est populaire, et l'action est privée ; l'un suppose qu'il n'y a point de contestation d'état, l'autre prépare cette contestation; enfin, dans l'interdit, il n'est point question de cette enquête sommaire, apanage ordinaire de notre action (1).

§ 2. — L'intérêt, avec ces deux caractères essentiels, doit exister chez le demandeur à deux époques, au moment où l'instance est engagée, et au moment où la sentence est prononcée (2). Au début du procès, l'intérêt en est la cause; à l'issue, il sert de base à l'estimation des dommages : « Ut utilitates amissæ æstimentur, » comme dit Ulpien (3). A l'inverse, si le droit du demandeur prend naissance seulement au cours des débats, il n'est point compris dans cette instance : c'est ce que dit ailleurs Paul (4), à propos de l'ouvrage fait par le défendeur depuis que l'action aquæ pluviæ arcendæ a été intentée contre lui. Certes, le demandeur doit souffrir le moins possible des lenteurs inévitables de la justice; mais il ne doit pas non plus avoir un avantage qu'il n'aurait pas eu

(1) Adoptent la version des Basiliques, Noodt, *Com.*, t. II, p. 191. *Tractatus de actionibus*, p. 442; Verlohner, t. II, p. 388 et alii, adoptent la version de la Florentine; Westenberg, *Princip. juris*, liv. I, p. 216, § 3; Lauterbach, *Ad Pand.*, t. I, p. 489; Voet, sur ce titre. *Voir* Samuel Cocceius, *Jus civile, controv.*, lib. X, tit. 4, ques'. 2; Einert, § 40 et 41.

(2) L. 7, § 7, Dig. h. t.; Cujas, t. VII, c. 615 et suiv.; Pellat, *Propriété*, p. 226, texte et not.; Doneau, loc. excit.

(3) L. 9, § 8, Dig. h. t.

(4) L. 14, § 4, Dig. 39-3.

si le procès eût été terminé au moment même où il était engagé (1). Ce droit, non compris dans le litige actuel, fera l'objet d'une nouvelle instance à laquelle l'exception de la chose jugée ne sera pas opposable, non plus que l'exception dilatoire litis residuæ, si la préture est expirée au moment où le débat renaîtra (2). C'est d'ailleurs ce que Paul décide dans l'espèce suivante (3) : En vertu d'un legs d'option, vous avez intenté l'action ad exhib., et au cours du procès survient à votre profit une disposition du même genre, vous aurez encore le droit de renouveler votre demande en représentation.

§ 3. — Après avoir prouvé que sa prétention est fondée sur un intérêt légitime, le demandeur doit désigner l'objet qu'il désire se faire représenter. Ulpien dit en effet : « In hâc actione, actor omnia nosse debet et dicere argumenta rei, de qua agitur. » Ce texte a été commenté de bien des manières. D'une part il semble en désaccord avec le paragraphe 7 de la même loi. Au paragraphe 7, le demandeur, victime du délit d'un esclave, ne peut cependant intenter l'action noxale contre le maître actuel, car il ignore quel est le coupable. Dans ce cas toutefois où l'objet à exhiber n'est point défini, on accorde notre action. D'autre part, on fait le dilemme suivant : ou le demandeur connaît d'avance tous les caractères de la chose, condition exigée par Ulpien pour qu'il ait l'action ad exhib., et alors il n'intentera pas l'action préparatoire

---

(1) L. 23 et l. 35, Dig. 5-1. *Voir* sur ce point : Lauterback, *Ad Pand.* t. I, p. 490; Verlohner, *Comm.*, p. 389; Westenberg, *Princip. juris*, liv. II, p. 217, § 9.

(2) Gaius, c. IV, § 122 et 123; Fresquet, D. R., t. II, p. 469; Demangeat, D. R., t. II, p. 665; Machelard, à son cours.

(3) L. 12, § 1, Dig. h. t.

mais il se servira de suite de l'action principale, car l'utilité de l'exhibition eût été précisément de lui faire connaître ces caractères ; ou il ne les connaîtra pas, et il
ne pourra pas former sa demande en représentation
pour les connaître, car il doit « omnia nosse argumenta. »

Doneau (1), frappé de cette spécieuse argumentation,
abandonne entièrement l'idée que l'action ad exhib. sert
à déterminer l'objet de la demande principale : « Il faut
« avouer, dit-il, que pour ceux qui ont une action réelle
« déjà née, notre action n'offre pas l'avantage de déter-
« miner l'objet, car ils ont déjà dû fournir une désigna-
« tion complète de la chose pour obtenir notre action. »
Il imagine alors une théorie ingénieuse, mais qu'aucun
texte ne justifie, de l'utilité de notre action. La représentation permettrait de constater l'état de la chose au début
de l'instance, et empêcherait qu'on en enlève une partie
ou qu'on la détériore.

Pour se tirer de cette difficulté, van Bynkershœck (2)
corrige le texte et lit : omnia actor nosse debet et *discere*.
Explication de quelque utilité, si le mot nosse ne restait
pas, mais qui, avec ce verbe, met le demandeur dans
une position encore plus embarrassante, obligé qu'il est
de tout savoir et de tout apprendre. Une autre interprétation pourrait être proposée : la loi 1re et la loi 3e, ex-
traites toutes deux du livre 24 d'Ulpien sur l'édit, ont été
évidemment séparées par les compilateurs du Digeste,

---

(1) Doneau, loc. excit.
(2) Van Bynkershoeck, pref. ad IV libr. prior. Observ. J. R. Adde
Hoffmann, note sur notre texte. Cujas, *Recit. solemnes*, t. VII, col. 601 A,
suit cette version.

qui ont intercalé, au milieu d'une phrase d'Ulpien, une
définition de Paul. Dans l'original on lisait : « Hæc actio
per quam necessaria est, et vis ejus in usu quotidiano est,
et maxime propter *vindicationes* inducta est ; in hac actione, omnia actor nosse debet et dicere argumenta rei
de qua agitur. » Si bien que ces mots : *in hâc actione*, se
rapporteraient non à l'action ad exhib., mais à la revendication ; où, sans aucun doute, une description très-exacte
de la chose est exigée. Paul dit en effet (1): Si in rem aliquis agat, debet designare rem, appellatio enim rei, non
genus sed speciem significat. Ainsi on échapperait au dilemme que je signalais tout à l'heure, et on expliquerait facilement le paragraphe 7 de la loi 3°. On comprend, d'ailleurs, que le mot vindicatio ait été mis au pluriel. Il
résulte en effet de la lecture des premiers textes de notre
titre que le mot vindicatio est ici employé comme synonyme d'action réelle, et *in hâc actione* voudrait dire,
dans cette classe d'action.

Les Basiliques ne jettent guère de jour sur cette question: au lieu de « in hacactione » elles portent: Ὁ ἐνάγων —
ὁ ἐνάγων, ὀφέλει τὰ γνωρίσματα λέγειν τοῦ πράγματος; ce que
Fabrot (2) traduit ainsi : qui ad exhibendum agit...

Beaucoup d'auteurs se retranchent derrière cette règle
formulée par Ulpien (3), et que je citais au début de ce
chapitre : « Judex summatim cognoscere debet an ejus
(id est, actoris) intersit, » et imaginent une sorte de transaction entre ces deux textes : « Quæ autem indicia sufficiant, disent-ils, judicis arbitrio puto relinquendum

(1) L. 6, Dig. 6-1.
(2) Fabrot, t. II, p. 231.
(3) L. 3, § 9, Dig. h. t.

esse (1). » Ainsi, le demandeur devrait fournir les renseignements qu'il pourrait, et le juge apprécierait s'ils
sont suffisants.

Je ne crois pas nécessaire, pour rendre un compte
exact de la pensée du jurisconsulte, d'avoir recours à
aucune de ces suppositions. Je n'invoquerai pas non plus,
pour sortir du dilemme spécieux qu'on nous oppose,
cette faculté d'enquête sommaire dont Ulpien dote le
juge, parce qu'ainsi que le dit le texte, cette enquête sommaire ne porte que sur l'intérêt du demandeur, c'est-à-
dire sur le droit qui servira de cause à l'action principale, et dont la preuve entière ne doit être faite que dans
l'instance principale. Mais, dans le débat préparatoire, il
y a nécessité absolue d'indiquer nettement quel objet le
défendeur doit produire en justice, et pour faire cette
désignation, il est certain que le demandeur doit connaître la chose. Ulpien n'en exige pas davantage, et par là,
il ne rend en rien impossible l'exercice de l'action ad
exhib. C'est en effet une erreur de croire que l'objet de
l'action principale et celui de l'instance préparatoire
soient nécessairement le même. La victime d'un vol (2),
qui, avant d'intenter l'action furti, se fait délivrer notre
action, demande dans l'instance préparatoire la représentation de la chose volée, et dans l'instance principale
la peine du délit. Un droit d'option existe à votre profit :
vous demandez la représentation de tous les objets
entre lesquels vous êtes appelé à choisir, et l'élection
faite, l'objet de la revendication sera la chose que vous
aurez déterminée. L'exhibition porte donc sur plusieurs

(1) *Tract. de act.*, p. 442, § 57
2) L. 12, § 2, Dig. h. t.

objets pour amener la revendication qui portera sur un corps certain (1). S'ensuit-il qu'il y ait impossibilité de désigner le genre ? En aucune façon : ce qu'il serait absurde d'exiger, ce serait l'indication du corps certain dans la demande en représentation du genre. Ainsi donc, le paragraphe 7 de la loi 3ᵉ ne contient pas, quoi qu'en dise Noodt (2), une exception, et d'autre part, le dilemme qu'on nous oppose (3) s'appuie sur un raisonnement faux; il sera peut-être impossible au demandeur de dépeindre l'objet de son instance principale, alors qu'il lui sera très-aisé d'indiquer parmi quels objets il se trouve, ce qui est tout ce qu'Ulpien exige de lui pour lui donner l'action ad exibendum.

Lorsque l'action ad exhib. a pour but de permettre l'enlèvement d'une chose placée sur le terrain d'autrui, ou de faire cesser l'accession, on exige du demandeur une preuve plus complète, celle de sa propriété.

Nous avons déjà examiné ce point.

§ 4. — Le demandeur, qui a ainsi établi la légitimité de sa prétention et désigné l'objet qu'il désire se faire exhiber, peut avoir, avant d'obtenir gain de cause, à repousser certaines exceptions. Ulpien rapporte (4) sur ce point une décision de Pomponius, bien différemment commentée. « Judicem per arbitrium sibi ex hac actione commissum, etiam exceptiones æstimare, quas possessor objicit, et si qua tam evidens sit ut facile repellat agentem, debere possessorem absolvi, si obscurior, vel

---

(1) L. 3, § 6, Dig. h. t.; l. 3, § 2, Dig. 39-4.
(2) Noodt, loc. excit.
(3) Einert, § 30, in fine.
(4) L. 3, § 13, Dig. h. t.

quæ habeat altiorem quæstionem, differendam in directum judicium, re exhiberi jussa. De quibusdam tamen exceptionibus omnimodo ipsum debere disceptare, qui de ad exhibendum actione judicat, veluti pacti conventi, doli mali, jurisjurandi, rei quæ judicata est. »

Ainsi certaines exceptions seront appréciées de suite, l'examen des autres sera renvoyé à la discussion de l'instance principale. Mais d'après quel principe ce triage sera-t-il fait ? Accurse et Cujas (1) pensent qu'en définitive une question de temps fera prévaloir l'un ou l'autre parti. Dans la *Grande glose* (2) cette idée revient toujours, que l'exception ne sera jugée que si elle peut être appréciée de suite ; si elle contient une difficulté de fait ou de droit, l'étude en sera différée. En ce qui touche les quatre exceptions mentionnées par Pomponius, Cujas, d'accord avec Accurse, n'en admet la discussion que si elles ne soulèvent aucun doute : « Si sint obscuriores et quæ altiorem quæstionem habeant veluti procuratoriæ, quæ dicuntur de apicibus juris... eas judex differre debet in principale judicium. »

Telle est aussi sur ce dernier point la manière de voir de Meyer (3). Pomponius exigerait, suivant lui, l'examen immédiat de ces quatre exceptions, parce qu'il est toujours aisé de se prononcer dessus. Cette idée de Meyer me semble fausse. Ces exceptions offriront, suivant les circonstances, plus ou moins de difficulté que telle autre, et, d'autre part, ainsi que Gluck le remarque avec raison, omni modo n'est pas synonyme de simplici modo.

(1) Cujas, *Comm.*, t. VII, col. 607 et suiv.
(2) Gr. Gl. ad hunc tit.
(3) Meyerus, colleg. Argent, t. I, h. t., § 9, p. 673.

Einert (1) pense que Pomponius fait allusion, à la fin
de notre texte, aux exceptions qui ont trait à la demande
en représentation ; ce qui explique pourquoi, claires ou
non, elles devront toujours attirer l'attention du juge.
Il s'agirait d'un pacte, d'un serment, d'un dol ou d'un
jugement relatifs à l'exhibition. Il va de soi en effet que,
rejetées sur la demande principale, ces exceptions n'y auraient plus aucune efficacité.

Chacune de ces interprétations, si contradictoires,
contient cependant une observation juste et, suivant moi,
un des éléments de la vérité. Pomponius, traitant de
l'action ad exhib. préparatoire, avait en réalité deux exigences contraires à concilier : — la nécessité d'assurer,
par une étude sérieuse de la part du juge, la sécurité du
défendeur, que la curiosité, l'intrigue ou la spéculation
ne doivent pas contraindre à produire successivement
ses biens en justice, — et la nature de notre action, qui,
procédure préparatoire, doit être rapidement conduite,
et ne doit pas être entravée par la discussion approfondie
du droit du demandeur.

Pour résoudre cette difficulté, le jurisconsulte pose
trois règles : — afin de protéger le défendeur contre des
demandes mal fondées, il lui permet d'invoquer dès
l'instance préparatoire des exceptions dont la place naturelle est dans l'instance principale. Reculer, en effet,
leur examen jusqu'au litige principal, où elles feraient,
si elles étaient prouvées, rejeter définitivement la demande, ce serait laisser s'engager une procédure préparatoire vexatoire pour le défendeur, et sans fruit pour

(1) Einert, § 37.

le demandeur. Il est donc plus logique de simplifier, par
la discussion immédiate de ces moyens, la marche du
procès. Telle est la première idée de Pomponius, et c'est
là le principe. Mais, ainsi que le remarque très-bien Doneau (1), « il ne faut pas que notre action perde le caractère de procédure sommaire, conséquence naturelle
de ce qu'elle est préparatoire. » Or, s'il était permis au
défendeur d'invoquer toute espèce d'exception, l'action
ad exhib. se confondrait bien vite avec l'action dont elle
doit rester le préliminaire. Le demandeur a démontré
qu'il avait un intérêt légitime à la représentation, mais
il n'était tenu que d'établir d'une façon probable l'existence du droit à raison duquel son intérêt était devenu
légitime, et il se trouverait obligé, par la nécessité de
combattre l'exception, ou à faire la preuve entière de son
droit, ce qui serait contraire à ce que Neratius exige (2)
de lui, ou à opposer une réplique, et alors le procès tout
entier s'engagerait. — Pour éviter cet inconvénient,
Pomponius propose une règle fort équitable, de l'application de laquelle il rend le juge de notre action souve-
rain appréciateur. L'exception paraît-elle inattaquable
et son examen ne soulève-t-il aucune autre question, elle
devra être prise immédiatement en considération, ainsi
on évitera qu'à raison de sa juste résistance une personne soit traînée dans deux procès successifs. L'exception au contraire présente-t-elle au premier coup d'œil
de sérieuses difficultés, et sa discussion nécessite-t-elle
la connaissance de l'affaire entière, elle devra être diffé-

(1) Don., *Com. du Dr. civ.*, lib. **XX**, cap. ix, p. 1179.
(2) L. 3, § 11, in fine, Dig. h. t.

rée, et par provision l'exhibition sera ordonnée : ainsi seront sauvegardés les intérêts du demandeur.

— Reste à expliquer la troisième règle que Pomponius a posée dans la dernière phrase de notre § : « De quibusdam tamen exceptionibus omnimodo ipsum debere disceptare qui de ad exhibendum actione judicat. » Devant ce texte si affirmatif, il est difficile de dire avec Cujas, qu'alors qu'elles seraient douteuses, ces exceptions mentionnées à part seraient, elles aussi, renvoyées à l'instance principale. De plus, l'exemple qu'il prend des *exceptiones procuratoriæ* me semble bien mal choisi. Ces exceptions dilatoires e personâ, autrefois appelées cognitoriæ (1), me paraissent au contraire devoir être jugées de suite; car si, comme le dit Gaius, le demandeur « dissimulaverit eam et per cognitorem egerit, *rem perdit,* » et d'autre part la discussion de ce genre d'exceptions n'entraîne pas dans l'instance préparatoire le débat entier de la cause principale. C'est là une question spéciale, et parfaitement définie, dont la place naturelle est le début du procès (2). Doneau (3) donne à mon avis la véritable explication de notre texte. Ces exemples supposent tous les quatre un fait antérieur du demandeur par lequel il s'est privé d'avance de l'action principale : « Nascuntur ex facto actoris sibi ipsi futuri judicii causas præcidentis. »

Ainsi, l'exception pacti conventi est opposée à celui qui, après avoir promis de ne jamais réclamer la chose, prélude par notre action à la revendication. Il en est de

(1) Gaius, *Com.*, IV, § 124, in fine.
(2) *Ibid.*, § 125.
(3) Doneau, *ibid.*

même de l'exception de dol. Accurse remarque qu'il ne s'agit pas ici de l'exception générale de dol, mais de celle qui est fondée sur le dol commis dès le début dans le fait de réclamer la chose. Les deux dernières exceptions dénotent encore mieux, à mon avis, la pensée du jurisconsulte. Le demandeur, après avoir déféré le serment au défendeur, qui a juré *rem suam esse*, agit en représentation de cette chose, afin de la réclamer ensuite ; ou bien, avec le même défendeur, il a déjà perdu un procès sur la propriété de la même chose. L'action réelle, dans les idées romaines, une fois intentée, a épuisé toutes les causes alors existantes en vertu desquelles le demandeur peut être propriétaire, tandis que l'action personnelle n'a établi par son insuccès que l'inefficacité de l'une seulement des causes en vertu desquelles une chose peut nous être due. L'action ad exhib. étant personnelle, peut être reprise en invoquant une autre cause, sans se heurter contre l'exception de la chose jugée fondée sur la eadem causa petendi, tandis que l'action réelle qu'elle prépare n'est exercée qu'une seule fois : « Neque enim amplius quam semel res mea esse potest, sæpius autem deberi potest (1). » Pomponius permet donc d'invoquer dès l'action ad exhib. l'exception rei judicatæ qui, dans ces circonstances, serait de sa nature opposable seulement à l'action principale. C'est là une simplification considérable dans la procédure.

Ma théorie me semble confirmée par le texte suivant. Julien (2) enseigne que, *si ex eadem causa* la demande en

____

(1) L. 14, § 2, Dig. 44-2.
(2) L. 12, § 2, Dig. h. t. Suivant Cujas, *Com. du Dr. civ.*, t. VII, col. 377, obstaturam exceptionem est synonyme d'exception de la chose

représentation est renouvelée, une exception sera opposée
« obstaturam exceptionem, » c'est-à-dire l'exception de
la chose jugée, à moins, dit le jurisconsulte, qu'il n'y ait
de cause nouvelle, par exemple une acquisition, un legs
postérieurs à la litis contestatio, ce qui empêcherait que
l'exception rei judicatæ ne fît obstacle à la seconde instance en exhibition. Or, en indiquant la nécessité d'une
cause nouvellement acquise pour éviter l'exception dans
l'instance préparatoire, Julien consacre implicitement la
théorie d'Ulpien, en vertu de laquelle un moyen de défense, dont la place naturelle est dans l'action principale,
peut être transporté dans l'action préparatoire ; autrement, il se mettrait en contradiction avec la règle que
« eadem res sæpius nobis deberi potest, » en décidant que,
lorsqu'on a intenté déjà une action personnelle relativement à une chose en vertu d'une certaine cause, l'exception de la chose jugée arrêtera une seconde action fondée
sur une autre cause, si cette cause n'est point postérieure
au premier procès.

Dans toutes ces hypothèses, le demandeur ne peut se
plaindre de se voir opposer dès le début des exceptions,
invoquées habituellement dans une autre instance, puisque
c'est par son propre fait qu'il leur a donné naissance et
qu'il s'est privé d'avance du droit d'agir. D'ailleurs un
principe plus général domine cette matière. Le demandeur commet un véritable dol en agissant ad exhib. pour
préparer une instance dont il doit bien prévoir l'issue,
« dolo facit, dit encore Ulpien, quicumque id, quod qua-

<hr>

jugée. Einert pense au contraire que c'est une exception particulière
ex lege. Pourquoi créer cette exception spéciale? J'avoue que je ne le
vois pas. Einert, § 16 pr.

quâ exceptione elidi potest, petit (1)», et le défendeur pourrait invoquer, comme une exception ayant directement
trait à notre action, le dol que commet son adversaire à
réclamer une représentation inutile pour lui, puisqu'un
pacte, par exemple, ou un serment lui a déjà enlevé le
droit d'intenter l'action principale que cette représentation prépare. Ces considérations ont amené le jurisconsulte à décider que, claires ou non, les exceptions qui
prenaient naissance dans le fait même du défendeur devraient, bien que s'appliquant seulement à la demande principale, être jugées dès l'action ad exhib. C'est pour cela
qu'il fait en finissant cette restriction : « de quibusdam
autem exceptionibus », restriction incompréhensible si,
ainsi que le veut Einert, il décide que les exceptions relatives à la demande en représentation doivent être jugées
de suite. Il vient d'établir que les exceptions fondées sur
la demande principale ne pourront être invoquées pour
arrêter la procédure préparatoire qu'autant qu'elles
seront claires, et il ajoute : sauf le cas où elles découle-
raient du fait du demandeur et alors, claires ou non,
« omnimodo » elles devraient être immédiatement exami-
nées. Mais s'il avait eu en vue, ce qu'Einert veut lui faire
dire, et ce qui, à force d'être évident, ne valait pas la
peine d'être dit, il n'aurait pas commencé par poser cette
restriction « de quibusdam, » il n'aurait pas surtout
procédé par voie d'exemples pour énoncer un principe
qui allait de soi, tandis que cette énumération a pour
but d'éviter de poser une règle très-délicate à déterminer.

§ 5. — Cette enquête sommaire qui se retrouve dans

____

(1) L. 2, § 5, Dig. 44-4.

d'autres institutions du droit romain, porte donc sur deux points : l'intérêt du demandeur, l'opportunité de l'examen immédiat de certaines exceptions. Le juge, dans le doute, se décide pour la représentation, « re interdum exhiberi jussa (1) » Il doit, en effet, se contenter, ainsi que Neratius le dit (2), de fortes présomptions « justa et probabilis causa ; » mais ce pouvoir si large d'appréciation ne s'étend ni à la désignation de la chose, au moins suivant moi, ni évidemment à la dernière preuve que le demandeur ait à fournir pour obtenir gain de cause, celle de la faculté chez son adversaire de procéder à l'exhibition. Le demandeur, en effet, s'il ne veut pas intenter une action sans résultat et faire une preuve inutile, aura dû s'assurer que le défendeur est en possession. D'ailleurs, s'il ne l'a pas fait, et si, comme nous allons le voir, la possession ne s'est pa produite chez le défendeur avant la sentence, il n'a pas épuisé son droit. Que la chose tombe au pouvoir de son adversaire, il renouvellera l'instance de ce chef comme il la renouvellerait si son droit avait pris naissance seulement au cours des débats, sans avoir à craindre l'exception de la chose jugée. Cette exception tomberait devant la réplique de re secundum se non judicata et la preuve établie par ce premier jugement, invoquée ici au moyen de la réplique, rendrait superflues de nouvelles justifications (3).

Avant de prononcer son ordre d'exhibition, dont l'inexécution amènera la sentence, le juge, convaincu dé-

---

(1) L. 3, § 13, Dig. h. t.

(2) § 11, ejusd. l.

(3) L. 17, Dig. 44-2 ; l. 18 codem ; l. 9 pr., et § 1 cod. ; Pellat, *Propriété*, p. 420 note, et suiv.

sormais que la demande est juste, devra s'assurer que la
condition à raison de laquelle le défendeur est tenu existe:
c'est-à-dire la faculté de représenter. Cette dernière obligation du juge est implicitement contenue dans la formule (1), « puisqu'il lui est recommandé de ne condamner le défendeur que » s'il n'exhibe pas. Comme dans la
revendication, « officium judicis hoc erit ut judex inspi-
ciat an reus possideat (2). Certes, sitôt que l'intérêt du
demandeur est prouvé et l'objet déterminé, l'action
a son fondement proprement dit ; « mais le fait de la
possession en la personne du défendeur est une condition secondaire, indispensable pour qu'une condamnation
s'ensuive. » Or, l'examen de cette question de fait se
place naturellement après que le demandeur a démontré la légitimité de sa prétention. Jusque-là, en effet,
cet examen était superflu.

L'une ou l'autre des deux hypothèses suivantes se ré-
vélera alors au juge : ou le défendeur possède, soit en
réalité, soit par suite d'une fiction légale qui répute encore possesseur celui qui s'est frauduleusement dessaisi
de la possession; ou il ne possède pas, dans ce dernier cas,
il est absous. La première hypothèse mérite seule un examen attentif et m'occupera désormais.

Première hypothèse. Du défendeur qui est en possession.

§ 6. — La situation normale est celle-ci : La possession existe en la personne du défendeur à deux
époques : au moment où l'instance est engagée,
et au moment où la sentence va être prononcée :

----

(1) Pellat, *Propriété*, p. 147 et suiv., et 226 et suiv.
(2) L. 9, Dig. 6-1.

« Possidere autem aliquis debet et litis contestatæ tempore et quo res judicatur, » dit Paul (1), à propos de la revendication. Bien que personnelle, l'action ad exhib., étant in rem scripta, est régie sur ce point par les mêmes principes. Pomponius d'ailleurs sous-entend cette règle, lorsqu'il décide que du moment que la possession existe à ces deux époques, peu importe que dans l'intervalle elle ait été momentanément perdue (2). L'intérêt chez le demandeur doit se présenter aux mêmes époques, sinon le défendeur est absous. Le défaut de possession chez le défendeur à l'une ou à l'autre époque n'amènera pas toujours ce résultat.

En effet, deux autres situations peuvent se concevoir : possession au moment de la litis contestatio et perte antérieure à la sentence; acquisition de la possession quelques jours seulement avant la sentence. — Dans le premier cas, il faudra distinguer si le défendeur est exempt de tout reproche, ou si sa faute ou son dol ont occasionné la perte.

Si la perte de la possession n'a pas pour cause une faute du défendeur, l'absolution doit être prononcée. Cette proposition au premier aspect est en contradiction avec deux textes, d'abord avec un passage d'Ulpien (3) qui semble exiger seulement l'absence de dol. Cette première contradiction est facile à lever. Un seul auteur, Mülhenbruch, s'appuyant sur ce texte et sur la l. 27 § 1 au titre de la revendication : « quodsi litis contestationis tempore possedit, quum autem res judicatur *sine dolo* malo amisit

(1) L. 27, § 1, Dig. 6-1.
(2) L. 7, § 6, Dig. h. t.
(3) L. 7, § 5, et l. 11, § 2, Dig. h. t.

possessionem absolvendus est possessor », soutient que le possesseur de bonne foi qui a perdu par sa faute la possession doit être absous. C'est se mettre en opposition directe avec ce que Paul (1) dit à propos de notre action : « Si post judicium acceptum homo mortuus, quamvis sine dolo malo *et culpa* possessoris, tanti damnandus erit... » La vérité est que ni la l. 27 qu'invoque Mulhenbruch, ni Ulpien dans la l. 12 § 4 h. t. n'ont voulu distinguer entre la faute et le cas fortuit, mais bien opposer la perte entachée de dol à la perte involontaire (2). L'autre distinction est faite dans le texte de Paul que j'ai cité pour réfuter Mulhenbruch et que je vais expliquer.

J'ai dit que pour être absous, le défendeur devait être exempt de faute. Cette proposition paraît également se concilier mal avec le texte de Paul, qui condamne le défendeur bien qu'il n'ait commis aucune faute, « si l'esclave est mort sans qu'il y ait dol ou faute de la part du possesseur; cependant celui-ci interdum tanti damnandus erit, quanti actoris interfuit per eum non effectum quominus, tunc quum judicium acciperetur homo exhiberetur. Tanto magis si apparebit eo casu mortuum esse, qui non incidisset si tunc exhibitus fuisset » ; tandis qu'Ulpien décidait simplement que si la chose avait péri par cas fortuit, il fallait absoudre le défendeur, quamvis ei imputetur quod non statim restituerit, sed passus est secum litem contestari. Il s'agit de faire disparaître l'antinomie apparente entre deux textes, et de prouver ainsi l'exactitude de ma proposition. En réalité, ces deux textes statuent sur des hypothèses différentes.

(1) L. 12, § 4, *ibid.*
(2) Molitor, *Rev.*, p. 246 et 7.

Ulpien (1) écrivait sous l'influence d'une querelle à peine apaisée entre les deux écoles et dont ce passage contient la trace visible. En face de ce principe que le demandeur doit obtenir tout ce qu'il aurait eu, si sa demande avait été aussitôt jugée que formulée, et de la nécessité de l'appliquer au possesseur de bonne foi, les deux sectes de jurisconsultes s'étaient séparées, et leurs différentes solutions nous ont été conservées principalement dans deux textes : au Digeste la loi 15 § 3, au titre de la revendication ; et dans la l. 40 Dig., au titre de la pétition d'hérédité.

Les proculéiens, rigoureux observateurs de ce principe, faisaient toujours supporter au défendeur la perte fortuite postérieure à la demande.

Plus indulgents dans leur interprétation, les sabiniens décidaient que cette règle équitable, lorsqu'elle atteint le possesseur de mauvaise foi ou même le possesseur qui, jusque-là de bonne foi, a dû, par le simple énoncé de la demande, perdre toute illusion sur son droit, et s'est ainsi exposé à se voir reprocher, ainsi que le dit Ulpien, « quod non statim restituerit et passus secum litem contestari, » serait inapplicable au possesseur resté à juste titre convaincu jusqu'au dernier moment de l'excellence de son droit. Autrement on le mettrait dans l'alternative, ainsi que Paul le remarque, aut mortalitatem præstare, aut propter metum, hujus periculi temere indefensum jus suum relinquere (2).

Ce tempérament d'équité adopté dans l'une des réso-

_____

(1) Pellat, *Propriété*, p. 174 et suiv.; Cujas, *Pauli ad edictum*, t. V, p. 378 et suiv.

(2) L. 20, § 6, Dig. 5-3.

lutions proposées au sénat sur la pétition d'hérédité par Adrien, et que les commentateurs appellent le sénatus-consulte Juventien, est reproduit, suivant moi, par Ulpien dans notre texte : le possesseur resté de bonne foi jusqu'à la demande, qui en présence de l'évidence du droit de son adversaire aurait dû se retirer, sera seul assimilé au possesseur de mauvaise foi, et mis par suite de sa faute in mora dès la litis contestatio ; il répondra comme lui de la perte par cas fortuit ; mais le possesseur de bonne foi, qui pour soumettre au juge de sérieuses raisons persiste dans sa défense, le séquestre, par exemple, qui refuse de rendre le dépôt jusqu'à ce que la question judiciaire qui plane dessus soit résolue, ne peut être responsable, par suite de sa résistance seule, de la perte accidentelle.

Paul écrit bien dans le même ordre d'idées : il suppose un possesseur que sa légitime résistance ne rend pas responsable de la perte par cas fortuit, et il met cependant les risques à sa charge dans certaines hypothèses. En présence de cette solution que donneraient également les proculéiens, Cujas (1) suppose que cette école ne rendait le possesseur de bonne ou de mauvaise foi responsable qu'autant que la perte n'aurait pas eu lieu si l'objet eût été remis au demandeur. Mais cette distinction entre la perte chez le demandeur et la perte chez le défendeur n'avait pas place dans la discussion entre les deux sectes ; elle suppose quelque chose de plus, la demeure. En effet, dans la théorie des proculéiens, c'était par une conséquence rigoureuse de ce principe que le demandeur devait avoir tout ce qu'il aurait eu au mo-

____

(1) Cujas, Pauli, ad edict., t. V, p. 378 à 382.

ment de la litis contestatio, que le possesseur de bonne foi répondait du cas fortuit, et non par suite de la demeure, car ce possesseur exempt de faute n'eût pas été en demeure : qui sine dolo malo ad jus provocat, non videtur moram fecisse (1).

Le possesseur de bonne foi n'est pas, en effet, quoi qu'en dise Mülhenbruch, nécessairement mis en demeure par la litis contestatio. En dehors de la mora ex re, qui atteint la possession entachée de vol ou de violence du jour où elle commence, la demeure n'est encourue que s'il y a une obligation, et que le créancier ou le propriétaire a réclamé la chose en temps et lieu opportuns, et qu'enfin, sans juste motif, le débiteur ou le possesseur a, après la litis contestatio, retenu la chose par de vers soi. Or, le défendeur a opposé ici une légitime résistance, il n'est donc pas en demeure (2). Paul, dans notre texte, suppose donc de plus qu'Ulpien dans la l. 7 § 5 la demeure, et elle seule explique cette distinction entre le lieu où la perte s'est produite. Ulpien d'ailleurs eût sans aucun doute partagé sur ce point l'opinion de Paul, puisque, traitant la même hypothèse à propos de la revendication (3), il décide que même le possesseur de bonne foi, exonéré par là même des risques, en répondra néanmoins si forte distracturus (servum) esset petitor, ce qui, comme le remarque très-bien M. Pellat, indique qu'il y a eu demeure (4).

___

(1) L. 63, Dig. 50-17, et Stephane *Basilic.* suppl. l. c., p. 10, Schol. 47.

(2) L. 23, Dig. 22-1 ; l. 127, Dig. 45-1. *Voir* Molitor, *Revend.*, p. 256.

(3) L. 15, § 3, Dig. 6-1.

(4) Pellat, *Propriété*, p. 174 et suiv. La note de la page 175 du livre

Einert (1), blâmant d'autant plus Cujas qu'il le comprend moins, propose une conciliation véritablement fantaisiste. Paul aurait en vue le cas où la demande en représentation fait cesser l'accession, et Ulpien, les hypothèses ordinaires. Einert décide alors que les jurisconsultes romains se montraient beaucoup plus favorables vis-à-vis de celui qui avait mis un retard à opérer la séparation, que vis-à-vis tout autre défendeur à notre action. De là la divergence apparente d'opinion.

En résumé, si la perte arrivée depuis la litis contestatio, résulte du dol ou de la faute du défendeur ; celui-ci en est toujours responsable. La perte par cas fortuit, au contraire, n'est à sa charge que s'il est en demeure, à moins cependant que l'événement n'eût également atteint la chose entre les mains du demandeur et n'eût pas été prévenu par la vente. Or, il n'est en demeure par l'effet de la litis contestatio que s'il était déjà de mauvaise foi, ou si, de bonne foi dans le principe, la croyance dans l'existence de son droit a dû faire place à la reconnaissance de la prétention de son adversaire. Tels sont les principes qui régissent la perte de la possession postérieure à la litis contestatio.

J'arrive à l'hypothèse inverse. Le défendeur n'a acquis la possession que depuis la litis contestatio, et il possède au moment de la sentence. « Si quis, dit Ulpien (2), non possideat litis contestatæ tempore, sed postea ante sen-

de M. Pellat, où notre éminent doyen renvoie à une décision pareille dans notre titre, celle précisément que je viens d'expliquer, me confirme dans la critique que j'ose faire de l'opinion de Cujas.

(1) Einert, § 33, loc. excit.
(2) L. 7, § 5, Dig. h. t.

tentiam possidere cœperit, oportere dici *putamus*, debere condemnari nisi restituat. » De même Paul décide que « si litis contestatæ tempore non possedit, quo autem judicatur possidet, probanda est *Proculi* sententia, ut *omnimodo* condemnetur (1). » Au premier coup d'œil, on ne voit pas bien pourquoi, ici comme au cas où le droit du demandeur prend naissance au cours du procès, une nouvelle action ne serait pas intentée. Les jurisconsultes semblent bien d'ailleurs, ainsi que le remarque M. Pellat (2), avoir hésité sur ce point. Cujas (3) explique ainsi cette solution : « Hæc actio formatur ex persona actoris, etiamsi reus nihil possideat, condemnatio fit ex persona rei quod servatur ex sententia Proculianorum in omni vendicatione, in actione hereditatis et in actione de peculio. » C'est là constater un fait sans en donner la raison. Il est, sans aucun doute, absolument contraire à ce principe que le demandeur doit avoir tout ce qu'il aurait eu si la sentence avait été rendue de suite, de dire que le défendeur qui ne possédait pas au moment de la litis contestatio, sera condamné s'il possède au temps de la sentence; puisque, si la sentence avait été prononcée le jour même de la litis contestatio, le demandeur, en présence d'un défendeur qui ne possédait pas, n'eût rien obtenu.

Cette difficulté a été expliquée, en ce qui touche la revendication, de la façon suivante : « L'intentio de cette « action ne dit rien du rapport de fait, la possession, et,

---

(1) L. 27, § 1, Dig. 6-1.
(2) Pellat, *Propriété*, p. 229.
(3) Cujas, t. VII, c. 613 et suiv. *Voir* Bonjean, *Actions*, t. I, p. 484. Molitor, *Revend.*, p. 246.

« par conséquent, l'absence de ce rapport n'empêche pas
« l'action d'être fondée et d'amener une condamnation. »
M. Pellat (1) pense que ce n'est pas là la raison mais
plutôt la conséquence de cette règle. Mais si cette explication est soutenable à l'égard de la revendication, elle ne
l'est certes pas à l'égard de l'action ad exhibendum. Ce
qu'il y a de plus curieux, c'est qu'Einert (2), après avoir
admis que notre action est personnelle et porte sur une
obligation de faire, dise que si l'on exige la possession seulement au moment de la sentence c'est que dans notre
action on n'invoque pas une obligation du défendeur mais
le droit réel du demandeur. Or, j'ai déjà démontré que
le demandeur ne disait pas hanc rem meam esse, ou in
ea re jus exhibitionis habeo, mais qu'il invoquait l'équité,
qui met à la charge de tout possesseur l'obligation de
produire la chose si un intérêt légitime l'exige. Il y a
donc là un rapport d'obligation naissant, il est vrai, en
dehors de tout contrat ou de tout acte unilatéral de volonté chez le défendeur, mais ce rapport d'obligation, créé
par l'équité à raison de la possession de la chose, doit
figurer dans l'intentio, et exister lors de la demande.

M. Pellat me semble présenter le véritable motif,
l'inutilité du renvoi de l'affaire devant un nouveau juge.
C'est là un tempérament d'équité, dont le but est d'éviter
le renouvellement d'un procès alors que le débat actuel
est susceptible, bien que la possession du défendeur ait
pris naissance au cours de l'instance, de recevoir une
solution satisfaisante.

Ainsi donc la condition sous laquelle le défendeur est

____

(1) Pellat, *Propriété*, p. 231.
(2) Einert, § 39.

condamné peut se réaliser au cours de l'instance, tandis que la condition sous laquelle le demandeur peut agir ne peut naître utilement à son profit, au moins dans ce procès.

De même que pour obtenir notre action il n'est pas nécessaire de prouver sa propriété (1), mais seulement de justifier d'un droit à son profit dont l'exercice serait paralysé ; de même, pour être atteint par elle, il n'est pas nécessaire de posséder la chose dans la conviction qu'on est propriétaire ou dans l'espoir de le devenir par l'usucapion, mais bien d'avoir la chose à sa portée, que cette possession, d'ailleurs, soit protégée par les interdits, ou que, pure détention, elle ne trouve aucun secours dans le droit prétorien.

Le juge n'a donc pas à se préoccuper à ce point de vue de la qualité de la possession chez le défendeur ; il recherche uniquement s'il a ou non le pouvoir physique d'exhiber la chose : « qui facultatem exhibendi habent, ad exhibendum tenentur (2). » Telle me paraît être la vraie règle et telle est aussi la solution qu'Ulpien (3) propose pour la revendication : « Puto ab omnibus qui tenent et habent restituendi facultatem, posse peti. » Ce point, en ce qui touche la revendication, avait fait doute, et Ulpien rapporte dans cette loi les éléments du débat.

Pour arriver à déterminer la nature de la possession, les interprètes se sont toujours reportés à notre titre et spécialement à la loi 3 § 15, et à la loi 4, où les divers

(1) L. 3, § 1, Dig. h. t.

(2) L. 5 pr., *ibid*.

(3) L. 9, Dig. 6-1. Pellat, *Propriété*, p. 146 et suiv.; Machelard, *Possess.*, p. 14. Il est curieux de rapprocher cette loi du § 1 de la l. 5 de notre titre : elles offrent entre elles une ressemblance frappante même au point de vue des expressions.

degrés de la possession se trouvent indiqués. Les jurisconsultes en effet devaient être amenés à nous donner ici
ces précieux renseignements, puisqu'ils voulaient démontrer, que du moment qu'à un titre quelconque on détenait
la chose, on était passible de notre action. C'est à ce
pouvoir physique d'exhiber, dont la détention est la condition essentielle, qu'ils s'attachent, et non pas à la possession proprement dite. Ainsi le possesseur civil est
absous s'il n'a pas en fait la détention. Un esclave (1) est
envoyé dans un voyage lointain, ou est libre de fixer à
son gré son séjour, ou il a fui la servitude et personne
ne s'est encore emparé de lui, son maître, étant pour le
moment dans l'impossibilité matérielle d'exhiber, ne sera
pas condamné, bien que possesseur. Bien plus, si la
possession se trouve divisée entre plusieurs personnes,
ce sera toujours contre le détenteur que l'action sera
intentée. Ainsi, entre un possesseur civil et un possesseur
(ad interdicta), le débiteur et le créancier-gagiste, Javo-
lenus (2) désigne le possesseur naturel comme passible de
notre action. Ainsi, encore entre un possesseur civil et
un simple détenteur, l'héritier et le dépositaire, Pomponius (3) indique le dépositaire comme défendeur. Mais
le conflit se conçoit encore entre des personnes chez
qui se partagent les divers éléments de la possession. La
violence du courant entraîne ma barque sur votre rive,
ou des pierres précipitées dans l'écroulement de ma maison vont rouler sur votre champ (4) ; le propriétaire de

(1) L. 5, § 6, Dig. h. t.
(2) L. 16. Dig. 41-3.
(3) L. 8, § 3, Dig. 33-5.
(4) L. 5. §§ 1 à 5, Dig. h. t.

la rive ou du champ est tenu, par le fait seul de sa détention, « licet non possideat, » car ce fait lui donne le
moyen d'exhiber. Un voiturier chargé de transporter
des marchandises a loué une grange pour les abriter, et
il meurt sans laisser d'héritier. De son vivant il était
tenu de l'action en représentation, car, ayant les clefs
de la grange, il était plus à portée que personne de produire ces marchandises. Aujourd'hui, à qui s'adresser?
Est-ce au propriétaire des marchandises, qui en a conservé la possession civile, ou bien au maître de la grange,
qui les a sous la main? C'est contre ce détenteur qu'Ulpien (1) dirige notre action, par ce motif remarquable,
que « ille est qui possit exhibere. » L'action ad exhib.
est donc donnée uniquement contre celui qui a le pouvoir physique d'exhiber : ce qui amène comme conséquence, que lorsque la possession est divisée en plusieurs personnes, celui qui détient effectivement la chose
est seul tenu.

Il n'est donc pas exact de poser en principe, ainsi que
Noodt et la presque unanimité des auteurs le font, que
notre action est donnée contre le possesseur, puisque ce
n'est qu'accidentellement que le possesseur est tenu , s'il
joint à cette qualité la faculté d'exhiber. Voici une dernière preuve de cette idée qu'on s'attache uniquement au
pouvoir physique de représenter.

Pomponius (2) suppose que vous m'empêchez de rechercher mon trésor, thesaurus meus, qui est enfoui sur
votre terrain.... Cette expression de thesaurus meus

(1) L. 5 pr., Dig. h. t.
(2) L. 15, Dig. h. t.

ne me semble pas prise ici dans son sens juridique. En effet, un trésor est, au dire de Paul (1), vetus depositio pecuniæ, cujus non exstat memoria, ut jam dominum non habeat. Or le demandeur commence par dire « *mon* trésor », et cependant le texte suppose que ce trésor n'a pas été découvert, ce qui serait nécessaire pour qu'il y ait eu acquisition de la propriété de ce trésor; de plus, s'il était découvert étant situé sur le fonds d'autrui, le demandeur en réclamerait seulement la moitié; enfin on ne comprendrait pas qu'un véritable trésor, qui n'a plus de propriétaire, pût avoir été, avant d'être déplacé, l'objet d'un vol, furtivus, ainsi que la fin du texte l'admet. Je crois que le jurisconsulte a seulement en vue l'hypothèse où la crainte d'un danger m'a amené à cacher sur le champ du voisin et à son insu une somme d'argent. « Alioquin, ajoute Paul, si quis aliquid, vel metus vel custodiæ causa, condiderit sub terra, *non est thesaurus, cujus etiam furtum fit.* » Ainsi, suivant moi, Pomponius ne suppose pas un véritable trésor, mais bien un dépôt d'argent fait sur le terrain d'autrui « qui nescit ubi sit », qui ignore et l'existence de ce dépôt et l'endroit où il est placé. On comprend ainsi aisément que cette somme soit l'objet d'un vol. Il y aurait eu lieu alors à cette singulière procédure du furtum conceptum (2) abandonnée de bonne heure, ou peut-être à l'action prétorienne furti nec exhibiti dont parlent les Institutes (3). Or, comme le remarque très-bien Cujas (4), « facultatem ex-

---

(1) L. 31, § 1, D. 41-1, et l. 67, Dig. 6-1.
(2) Gaius III, § 186. Inst. § 4, IV-1.
(3) Inst., *ibid.*, § 4, in fine.
(4) Cujas, t. VII, col. 621.

hibendi non habes, quia nescis ubi sit. » Toutefois si notre action n'atteint pas le propriétaire du champ, on donnera contre lui « vel interdictum, vel judicium ne vim fias mihi quominus eum thesaurum tollam, effodiam, exportem? » Quel est ce judicium? Suivant Pothier (1), c'est l'action ad exhibendum. Opinion inadmissible, puisque le jurisconsulte vient de dire : « ad exhibendum eo nomine agere recte non posse me constat. « Cujas pense que c'est une cognitio prætoria. Je crois que c'est simplement une action utile ad exhibendum, car c'est par suite d'une interprétation subtile des principes qu'on refuse ici l'action sous prétexte que le défendeur ne peut exhiber par suite de son ignorance du lieu où se trouve le trésor. Mais en définitive on ne lui demande aucun acte; il n'a pas à faire les fouilles, mais à les laisser faire, et dès lors la connaissance de la situation du trésor est parfaitement indifférente à l'exécution de son obligation, qui n'est somme toute qu'une abstention, un acte de tolérance de sa part.

Ainsi le défendeur, pour encourir la condamnation, doit avoir au moins, au moment de la litis contestatio, la faculté de représenter. Cette règle donne l'explication de nombreuses décisions. C'est elle qui détermine les effets de la transmissibilité active et passive. Étudions séparément chacun de ces points.

§ 7. — L'héritier a droit à notre action, non comme à une obligation personnelle qui, s'étant fixée sur la personne du de cujus, se transmet au continuateur de cette personne ; mais, ainsi que le dit Paul (2) : « Heres

(1) Poth., loc. excit., p. 118, note 2.
(2) L. 12, § 6, Dig. h. t.

non quasi heres sed suo nomine hac actione uti potest, »
parce qu'il a lui-même un intérêt propre à la représentation. La revendication (1), qui suit, sur ce point, les
mêmes principes, est également donnée à l'héritier,
comme propriétaire lui-même et non comme héritier du
propriétaire. Aussi, entre deux héritiers, un seul aura
notre action, s'il est légataire par préciput de l'objet dont
il désire aujourd'hui la production (2).

Si le procès avait été commencé par le défunt, la qualité d'héritier ne suffirait point pour que le demandeur
obtînt une condamnation ; il faudrait encore qu'au temps
de la sentence il eût lui-même un intérêt personnel à la
représentation. Ainsi l'héritier ne pourrait continuer le
procès en exhibition de la chose léguée par préciput à
son cohéritier, car il n'a point d'intérêt personnel à cette
exhibition.

Les règles relatives à la transmissibilité passive de
notre action varient, suivant que le de cujus était ou non
exempt de dol.

Supposons d'abord qu'il était exempt de dol. L'action
intentée directement contre ses héritiers les atteindra,
non en leur qualité d'héritiers, mais parce qu'ils ont la
faculté d'exhiber. Si l'héritier est tenu, c'est au même
titre que le défunt, parce qu'il peut représenter. De là
deux conséquences : si la détention, qui n'existait pas au
profit du défunt, existe chez l'héritier au moment où le

(1) L. 42, Dig. 6-1. *Voir* Pellat, propriété, p. 286 et 7.
(2) Noodt, loco excit., p. 193, et Doneau, loc. excit. Inst. IV, tit. 12,
§ 1.

juge va statuer, la condamnation sera prononcée (1) ; à l'inverse, si le défunt possédait, et si, sans faute de sa part, l'héritier ne possède pas, il sera absous. Il en était ainsi dans la revendication (2). Julien (3) nous donne même à ce propos une solution parfaitement applicable à notre action et qui confirme ma proposition : « Si possessor fundi *ante judicium acceptum,* duobus heredibus institutis decesserit, ab altero ex his, qui totum fundum possidebat totus petitus fuerit, quin in solidum condemnari debeat dubitari non oportet. » Ainsi l'action commencée contre les héritiers n'a d'effet que contre celui qui a la faculté d'exhiber, et la condamnation sera prononcée contre ce dernier pour la totalité et non dans la mesure de sa part héréditaire.

Supposons maintenant que le possesseur soit mort après la litis contestatio. Pour obtenir une condamnation contre ses héritiers, il faudra prouver qu'au moment de la sentence, ils ont le pouvoir physique d'exhiber (4). Cujas dit, en effet : « Si l'héritier a cessé sans dol (sans faute serait plus exact) de posséder la chose, il est absous, et cela indistinctement, que la litis contestatio ait eu lieu avec le défunt ou avec lui. Au contraire, il sera condamné, s'il possède alors que le défunt ne possédait pas. » Paul (5) dit alors avec raison : In hac actione non

______

(1) L. 8, Dig. h. t. Julien y compare l'action ad exhib. avec la revendication.

(2) L. 52, Dig. 6-1 ; Pellat, 317 à 319.

(3) L. 55, Dig. 6-1 ; Pellat, p. 321 à 323 ; Doneau, loc. excit. ; Cujas, t. V, p. 382.

(4) L. 8, Dig. h. t.

(5) L. 12, § 6, h. t.

procedit quærere, an ea actio heredi et in heredem detur.

J'arrive à la seconde hypothèse, celle où le défunt a été coupable de dol.

Il faut alors, tout en conservant notre distinction entre le cas où l'instance commence avec les héritiers et celui où le défunt avait déjà été poursuivi, tenir compte d'un élément nouveau, le dol, qui imprime à notre action le caractère d'une action pénale ex parte rei.

La litis contestatio a lieu seulement avec les héritiers d'une personne qui a détruit la chose ou qui s'est frauduleusement dessaisi de la possession. Vis-à-vis de leur auteur, notre action n'était donnée que par extension, en vertu de l'assimilation entre la véritable possession et le dol, « dolus enim pro possessione est (1). » La même fraude se concevait aussi chez le défendeur à la revendication, et elle était réprimée de la même façon, par la revendication devenue pénale à son égard (2). Mais un principe d'équité, fréquemment affirmé par les jurisconsultes, s'opposait à ce que la punition d'une faute frappât les héritiers innocents. Est certissima juris regula, pænales actiones in heredes non dari (3). Seulement, s'il était juste de ne pas leur faire subir un châtiment qu'ils n'avaient pas mérité, il était juste aussi de les empêcher de tirer un profit quelconque de la faute de leur auteur (4). Perdant alors son caractère pénal, et réduite à l'enrichissement produit par la fraude du défunt, l'action ad

---

(1) Cujas, t. VI, p. 379; Pellat, 318 et suiv.
(2) L. 27, § 3 ; l. 52, Dig. et 55, 6-1.
(3) Gaius IV, § 112; Inst., § 1, IV-12 ; l. 17, § 1, Dig. 4-3.
(4) L. uniq. Cod. 4-17.

exhibendum était donnée pour sa part héréditaire contre chaque héritier : « Plane ex dolo defuncti danda est in heredem hæc actio, si locupletior hereditas eo nomine facta sit, veluti quod pretium rei consecutus sit (1). » Notre action, étant personnelle, fut donnée sans difficulté contre l'héritier dans la mesure de la plus-value occasionnée par le délit du défunt à l'hérédité. Mais la revendication ne se prêtait point à cet usage, et l'on avait recours à l'action in factum (2).

Il en serait autrement si la contestation avait été engagée avec le défunt ; les héritiers succéderaient, dans la mesure de leurs parts héréditaires, « aux obligations que la litis contestatio a imposées au défunt : ces obligations sont considérées comme contractuelles ou quasi contractuelles (3). L'héritier supporte alors la condamnation que le de cujus eût encourue, car il ne s'agit plus ici d'une question de possession, qu'on examinerait seulement au moment de la sentence, mais de l'exécution d'une obligation contractée par le défunt (4). Einert (5) confond cette hypothèse avec celle où l'instance a été aussi engagée avec le défunt, mais où celui-ci n'a commis aucun dol. L'héritier, dit-il, même non possesseur, est tenu de l'instance engagée avec le défunt, si seulement le défunt avait possédé ou cessé frauduleusement de posséder. Einert se met en contradiction d'abord avec ce principe, qu'il admet, bien qu'à mon avis il ne le dégage pas suffisamment, que pour être passible de notre

(1) L. 12, § 6, Dig. h. t.
(2) Voir Pellat, loc. excit.
(3) L. 42, Dig. 6-1 et l. 55 *ibid*. *Voir* Pellat, locis excitatis.
(4) Cujas et Pellat, locis excit.
(5) Einert, § 39, in fine.

action il faut posséder au moment de la sentence, ensuite avec l'explication qu'il donne lui-même de la loi 8 de notre titre. Enfin, il ne tient pas compte de cette différence essentielle qu'établit le dol entre ces deux hypothèses. Par suite de son délit, le défunt avait subi une action dont le but véritable n'était pas une représentation, impossible en fait, mais le payement d'une peine. L'instance commencée, le judicium ordinatum acceptum s'est transmis contre ses héritiers, qui succèdent aux obligations que le défunt avait contractées par la litis contestatio. Or, si l'héritier d'un défendeur exempt de dol, tenu d'une action dont le but est une représentation en nature, est absous en prouvant l'impossibilité matérielle d'exhiber ; au contraire, l'héritier, dont l'auteur a commis un dol, ne peut invoquer cette impossibilité, puisqu'il succède à une obligation passive, à des dommages-intérêts.

§ 8. — Ulpien (1) nous indique que les habitants d'une ville (municipes), du moment que la chose est à leur disposition, « si facultas est restituendi, » sont tenus de notre action. Aujourd'hui, aucun jurisconsulte ne prendrait la peine de dire que les communes sont régulièrement actionnées. Mais Ulpien, novateur hardi, émettait alors une proposition, objet de bien des hésitations pour la majorité des jurisconsultes Les arguments de l'opinion contraire sont reproduits par Paul (2). « Municipes per se nihil possidere possunt, quia uni consentire non possunt. Forum autem et basilicam, hisque similia non possident, sed promiscue his utuntur. Sed Nerva

(1) L. 7, § 3, Dig. h. t.
(2) L. 1, § 22, Dig. 41-2.

filius ait, per servum, quæ peculiariter adquisierint et possidere et usucapere posse, sed quidam contra putant quoniam ipsos servos non possideant. » C'est ainsi qu'autrefois on n'avait pas la testamenti factio avec les municipes. La possession, avec ses deux éléments, semblait impraticable pour une réunion de citoyens, parce qu'ainsi que le dit Cujas (1), « incertum est corpus, et universorum non idem animus. » La théorie d'Ulpien sur ce point fit école, et l'on finit par admettre, bien que Papinien (2) ait deux fois changé d'opinion, que les communes, les corporations d'habitants auraient une personne morale, et, représentées par leurs syndics ou leurs esclaves, pourraient posséder et usucaper, et par conséquent exhiber ou restituer (3).

Au nombre des défendeurs à notre action, Paul (4) mentionne le fils de famille. En effet, à la différence de l'esclave, le fils de famille s'oblige civilement. L'action judicati, naissant de la condamnation prononcée contre le fils, sera donnée de peculio contre le père. Le maître au contraire n'a pas à craindre d'être tenu par suite d'une sentence prononcée contre son esclave dans la mesure du pécule, puisqu'un esclave ne peut être actionné. Dans un autre ouvrage, Paul (5) s'occupait du cas où la chose était entre les mains de l'esclave, et il distinguait deux hypothèses : ou l'esclave détenait la chose au su de son

---

(1) Cujas, t. VII, c. 613 et suiv.

(2) L. 45, § 1, Dig. 41-3, et l. 44, § 3, cod.

(3) Comp. sur ce point, Noodt, Doneau, Cujas, loc. excit.; Pellat, *Propriété*, sur l. 9, § 6, p. 536 et suiv. Pothier, *Pandect*, p. 124, note 3.

(4) L. 12. § 1, Dig. h. t. ; adde l. 3, § 11, Dig. 15-1; l. 3, § 5 et 9 eodem.

(5) L. 16, Dig. h. t.

maître et alors le maître était passible de notre action, absolument comme s'il eût possédé lui-même ; ou l'esclave
avait volé la chose et l'avait détruite en se cachant aussi
bien de son maître que de la victime du vol, et alors le
maître n'était pas soumis à notre action. La représentation
lui serait en effet matériellement impossible, car il ne saurait où prendre l'objet qu'il lui faudrait produire en justice. C'est aussi pour ce motif que le propriétaire du sol
où une somme d'argent a été enfouie échappe à notre
action, et n'est tenu que de l'interdit de tollendo thesauro
s'il ne sait pas où la cachette a été pratiquée. Mais dans
notre espèce le maître est passible de l'action furti noxale
où l'action de dolo, si le délit n'offrait point les caractères
d'un furtum.

L'action ad exhib. n'est donnée qu'à raison de cette
situation de fait d'où résulte la possibilité matérielle
d'exhiber; et, ainsi que je crois l'avoir démontré, elle n'atteint la possession proprement dite qu'autant que cette
possession se trouve réunie chez une même personne à
la détention. Aussi l'effet de cette action porte-t-il uniquement sur la détention, et la possession n'en est-elle
nullement affectée. Jamais, préparatoire ou définitive,
l'action ad exhib. n'amène un déplacement dans la possession ; dans certains cas seulement elle rend à l'un la
détention qu'elle enlève à l'autre. Le rapport de fait du
défendeur avec la chose n'est nullement modifié par le
succès de l'action ad exhib. préparatoire. Julien (1) nous
en donne une preuve évidente. Le jurisconsulte suppose
l'hypothèes suivante : le créancier gagiste, par exemple,

______

(1) L. 5, § 1, Dig. h. t.

le légataire envoyé par le préteur en possession pour sûreté d'un legs, l'usufruitier, reconnaissent qu'ils ont entre les mains la chose d'autrui. Ils sont cependant tenus, à raison de la détention de cette chose, de l'action ad exhib. D'ailleurs le demandeur ne conteste ni le gage civil ou prétorien, ni le droit de jouissance, il réclame uniquement la représentation. Aussi est-il naturel que cette représentation ne modifie en rien la position ni du créancier ni de l'envoyé en possession, ni de l'usufruitier ; et c'est ce que décide Julien. Mais cette action n'est qu'un prélude ; un débat plus grave va s'engager sur la propriété. A Rome, jusqu'à Constantin, deux personnes étaient passibles de la revendication : le détenteur, le possesseur proprement dit. Revendiquer contre l'un (1), c'était obtenir sans grande difficulté le plus souvent un premier succès, qui, en vous mettant en possession vis-à-vis du véritable possesseur, vous assurait le rôle plus aisé de défendeur. Revendiquer contre le second, c'était, en faisant trancher de suite la question de propriété d'une façon définitive, éviter un second procès par la suite. On sait que Constantin (2) établit la laudatio actoris. Je n'ai pas à indiquer ici les conséquences de cette nouvelle règle. Tout ce que je veux dire, c'est que Julien a eu en vue, en parlant seulement des détenteurs, d'énoncer ce principe que la position de ces personnes n'était modifiée en rien par la représentation, et qu'elle ne le serait que par la décision sur l'instance principale.

L'interprétation de Pothier (3) ne me semble pas, au

(1) Pellat, *Propriété*, p. 153 et suiv. ; Molitor, *Revend.* p. 242.
(2) L. 2, Cod. 3-19.
(3) Poth., loc. excit, p. 116, n. 3.

moins dans son début, être acceptable. Il dit , en effet :
« *Si non appareat heres qui verus est possessor, transfer-*
tur quidem possessio in actorem, sic tamen ut legatarius
qui rem exhibuit perseveret esse in possessione, donec
per actionem cujus actio ad exhib. præparatoria est, re-
vocetur ejus possessio et res evincatur. » Il n'est pas
exact que l'héritier doive intervenir dans l'instance en
représentation ; il est encore moins exact que cette action
tranche une question de possession qui, remarquons-le,
serait résolue vis-à-vis d'une personne absente au procès
et qui n'y est ni appelée, ni représentée. En réalité, notre
action n'aboutit qu'à l'exécution d'une obligation de faire,
mise par l'équité à la charge de tout détenteur, et qui
non-seulement ne déplace pas la possession, mais ne modifie même pas ici la détention.

Einert (1) rattache la décision de Julien au cas où
notre action tend à nous permettre d'aller reprendre sur
le terrain d'autrui notre chose (2). « Le demandeur, dit-
« il, dans ces hypothèses, demande la possession telle
« que la demanderait le propriétaire, et d'autre part se
« trouve un tiers en possession legatorum servandorum
« causa. L'action ad exh. est applicable, suivant Julien,
« mais la représentation ne se fera que déduction faite
« des droits des tiers. D'où la conséquence que celui qui
« est en possession legatorum servandorum causa con-
« servera la possession. » Ravi d'avoir fait cette observation, Einert, avec le bon goût et la légèreté dont les
critiques d'outre-Rhin ont seuls le secret, plaisante Po-

(1) Einert, § 52.
(2) L. 5, § 2 à 6 et l. 9, § 1.

thier et Gluck. Véritablement, l'opinion d'Einert repose sur deux erreurs. Tout ce que l'action ad exhib. peut faire est de déplacer la détention. Le demandeur, dans ces hypothèses, n'exige pas, ainsi que nous allons le voir, d'une personne qui ne possède pas, qu'elle lui restitue la possession; ensuite comment admettre, si Julien a eu réellement en vue l'hypothèse rei in alienum fundum dejectæ, qu'un tiers ait acquis un droit quelconque, surtout un usufruit ou un legs, sur cette barque échouée par le courant ou sur ces matériaux tombés sur votre champ (1)?

L'action ad exhib., dans certains cas, entraînera un changement dans la détention, jamais dans la possession. Cela aura lieu lorsque notre action sera donnée aut separandi aut tollendi causa, et c'est là une différence de plus à noter entre cette première application de notre action et la seconde. Le défendeur, alors, perdra la détention mais il ne perdra que cela, car il n'a jamais eu la possession de l'objet litigieux. Les textes le répètent à l'envi (2), et cela, d'ailleurs, allait de soi.

§ 9. — En observant ces différentes règles, le demandeur est arrivé à prouver que sa prétention est légitime et que le défendeur est tenu vis-à-vis de lui. Ainsi se termine cette première période de l'instance consacrée exclusivement à la vérification de l'intentio : le juge a rempli la première partie de son mandat, à ses yeux paret A^iA^i interesse rem, de qua agitur, sibi exhiberi, eamque rem N^mN^m penes esse. En conséquence, cet acte capital dans toute instance, la déclaration sur le droit du

____

(1) Cujas, t. VII, col, 609, semble indiquer l'explication que je propose.

(2) Notamment loi 5, § 5, Dig. h. t.

demandeur va être prononcée. Elle a par elle-même la force de la chose jugée, et la condamnation ou l'absolution sont les deux conséquences qui découlent fatalement, pour le juge, de la réponse affirmative ou négative qu'il a ainsi faite à la demande. A la différence des autres actions, dans les actions arbitraires, un espace de temps s'écoule, si la déclaration est favorable au demandeur, entre elle et la condamnation. Ce qui la suit alors immédiatement, c'est un ordre par lequel le juge indique au défendeur la satisfaction qu'il doit fournir sous peine d'encourir la condamnation, et moyennant laquelle il sera absous malgré le succès de son adversaire (1).

§ 10. — Cet ordre met, nous le savons déjà, à la charge du défendeur, soit un acte, soit une abstention. L'acte à accomplir, bien que revenant toujours à une exhibition, entraîne, suivant la situation dans laquelle se trouve l'objet à exhiber, des conséquences d'une gravité bien différente. Tantôt la représentation est la simple production, devant le juge, de l'objet litigieux ; tantôt, pour arriver à cette exposition publique, il a fallu briser le lien de cohésion qui, absorbant cette chose dans la vôtre, avait supprimé son existence, et anéantir ainsi le titre juridique en vertu duquel cet objet était devenu votre bien.

Si l'acte varie selon les différentes applications de notre action, l'abstention, au contraire, est une et toujours la même : elle consiste dans la renonciation faite, par le propriétaire, de son droit d'interdire l'accès chez lui. Cette concession, momentanée d'ailleurs, n'est pas susceptible de se modifier d'après les circonstances. Telle

(1) Voir sur ce point, Pellat, *Propriété*, p. 255 et 256 ; Zimmern, *Traité des actions*, p. 191 et 199 ; Bonjean, *Traité des act.*, t. II, p. 273.

qu'elle est ici dans l'action ad exhib., telle nous la retrouvons dans deux interdits, établis dans un but semblable, les interdits de glande legenda et de inundatione Tiberis.

§ 11. — La doctrine, d'ailleurs, a su, par des mesures sages, diminuer autant que possible les inconvénients matériels et le caractère vexatoire que cette atteinte à la propriété amenait avec elle comme conséquence inévitable. Ainsi, le propriétaire de l'objet placé sur le terrain d'autrui ne sera admis à l'y reprendre que s'il a fourni la caution damni infecti, et s'est engagé ainsi à réparer et le dommage causé par sa chose lorsqu'elle a été placée sur l'héritage voisin, et le dommage qu'occasionnera l'enlèvement de cette chose (1). Le défendeur auquel la caution n'est point fournie, n'encourra pas la condamnation en s'opposant au jussus judicis (2) ; de plus, afin que la charge de l'exhibition ne s'accroisse pas par la répétition des mêmes actes ou leur durée, l'enlèvement doit être fait en une seule fois et les lieux débarrassés de tout décombre doivent être remis en état (3). C'est la même idée qui avait fait fixer un délai à l'exercice de la faculté obtenue par l'interdit de glande legenda (4). Le lieu de la représentation est déterminé par la situation de la chose : c'est la rive où la barque est échouée, le champ où les fruits sont tombés (5). C'est là que le demandeur ira reprendre sa chose, car nous savons déjà que, dans cette hypothèse,

(1) § 4, l. 5, Dig. h. t.
(2) L. 9, § 1, Dig. h. t.; adde l. 8, Dig. 47-9, et l. 7, § 2, Dig. 39-2.
(3) L. 5, § 3, Dig. h. t.; l. 8 et l. 9, § 2, Dig. 39-2.
(4) L. 9, § 1, Dig. h. t. *Voir* chap. i, supra.
(5) L. 5, § 2, Dig. h. t.

quoi qu'en dise Doneau, la représentation ne se fait pas devant le juge.

§ 12. — J'arrive à la seconde hypothèse, la plus fréquente, celle où le juge met à la charge du défendeur un acte à accomplir. La représentation est alors, dans toute la force du mot, une exhibition faite en public, par-devant le juge, de l'objet litigieux (1). Sur ce point, l'action ad exhib. se rapproche des autres procédures préparatoires, interdits ou actions, qui tous aboutissent à un acte public (2) (interdits de libero homine exhibendo, de tabulis exhibendis, actions interrogatoires, etc.). C'est, d'ailleurs, donner au défendeur la garantie que son adversaire n'abusera pas de la présence de la chose.

§ 13. — La représentation doit être faite dans l'endroit où se trouvait la chose au moment où l'instance a été engagée. Aucune difficulté si l'objet se trouve à l'endroit où l'on plaide ; si non, Labéon (3) décide que les frais de déplacement et les risques seront à la charge du demandeur. Cette proposition est restreinte de suite par son auteur à deux points de vue : certains frais d'abord resteront exclusivement à la charge de tout défendeur ; telles sont les dépenses d'entretien de l'esclave ou de l'animal, car jusqu'à la restitution, c'est toujours au possesseur à les nourrir (4). Mais le défendeur n'est

---

(1) L. 2, Dig. h. t.

(2) L. 3, § 8, Dig. 43-29; l. 4, Dig. 11-1; l. 3, § 9, Dig. 43-5.

(3) L. 11, § 1, Dig. h. t.; adde l. 10 et l. 11, Dig. 6-1. Cujas remarque avec raison que le jurisconsulte emploie deux mots : perferre et perducere, pour que sa phrase s'applique également aux choses inanimées et aux choses animées. Cujas, *Com.*, t. VII, col. 619.

(4) Cujas, loco excit.; Pellat, *Propriété*, p. 158. *Voir* l. 10, 11 et 12, Dig. 6-1.

tenu de supporter ces dépenses d'entretien que parce
que, en dehors de tout procès, il les eût également su-
bies et qu'il ne peut ainsi reprocher au demandeur de
l'entraîner dans des déboursés imprévus : or, si l'esclave avait l'habitude de subvenir lui-même par son
travail à ses besoins, et si, mis aujourd'hui dans l'impossibilité de travailler, il retombe à la charge de son
maître, celui-ci exigera du demandeur le remboursement
de dépenses dont la poursuite judiciaire est l'unique
cause (1). Telle est la solution que propose Ulpien (2).
D'autre part, s'il est juste de ne point faire peser sur le
défendeur de bonne foi les risques et les frais, conséquences inévitables du transport de la chose au lieu où
l'on plaide, il est également juste d'en rendre responsable le défendeur de mauvaise foi, qui, en cachant la
chose dans un autre pays, a nécessité son déplacement.
Ce sera donc uniquement lorsque la chose ne se trouvera
pas au domicile du défendeur, et lorsque ce dernier sera
de bonne foi, que le demandeur devra faire l'avance des
frais de transport et supportera les risques.

§ 14. — Quelle est précisément la chose que le défendeur devra exhiber?

Qu'il s'agisse de la revendication ou de notre action,

____

(1) Cujas remarque encore la différence qu'il y a entre pascere, c'est-
à-dire nourrir chez soi, à sa table, et cibaria præstare, ce qui signifie
fournir des aliments à celui qui est chez autrui.

(2) L. 11, § 1, Dig. h. t. Le texte dit : Servus qui *se artificio suo
solebat exhibere*, singulière application du mot exhibere, qui aboutit
en définitive à indiquer un esclave qui suffit par son travail à son entretien. Cette acception ne me paraît pas d'ailleurs aussi éloignée qu'on
pourrait le croire du sens primitif de ce verbe : par son industrie, qui
lui donne les moyens de vivre, cet esclave extra se habet, se met en
dehors des autres esclaves qui sont nourris par leur maître.

la règle à cet égard est la même : le défendeur, pour éviter la condamnation, devra exhiber la chose et ses dépendances, « rem omnemque causam (1). » Étudions séparément chacun de ces deux éléments de la représentation.

§ 15. — En principe, on exige seulement du défendeur de produire la chose dans un état aussi semblable que possible à celui où elle se trouvait au moment de la litis contestatio. Nous avons déjà vu les conséquences de la faute ou du dol postérieurs à cette phase de la procédure ; je ne reviens pas sur les explications que j'ai déjà données à ce sujet. Mais que faut-il décider d'une perte totale ou partielle antérieure ? Si un cas fortuit en est la cause, aucune responsabilité ne pèse sur le possesseur de bonne foi ni même sur le possesseur de mauvaise foi, à moins qu'il ne soit coupable de vol ou de violence. S'il y a dol ou faute, il faudra, suivant moi, distinguer entre la perte totale et la simple détérioration. L'action ad exhib. présente, sur ce point, une véritable anomalie. — La perte totale est, dans les deux cas, à la charge du possesseur de mauvaise foi ; le possesseur de bonne foi, au contraire, n'est tenu que de son dol. Deux textes, l'un de Marcellus (2) et l'autre d'Ariston (3), font l'application de ce principe. Dix pièces d'or vous ont été léguées sous condition suspensive, et l'usufruit de la même somme m'est légué purement et simplement. En vertu du S. C. (4) qui permet de léguer l'usufruit de

---

(1) L. 75 et 246, Dig. 50-16, l. 17, § 1, l. 20, Dig. 6-1, l. 9, depuis le § 3 jusqu'à la fin, Dig. h. t.

(2) L. 9, § 4, Dig. h. t.

(3) L. 14, § 3, Dig. 19-5.

(4) L. 1, Dig. 7-5.

choses destinées à être consommées par le premier
usage, je deviendrai de suite propriétaire de la somme
entière ; mais à l'événement de la condition, le partage
se fera entre nous deux par moitié. Or, pour que je sois
obligé de transférer la propriété des cinq pièces d'or,
qui forment la part de mon colégataire, il faut que l'héritier ait exigé de moi la caution créée par ce sénatus-
consulte. Cette garantie n'a pas été prise. Quelle est, à
raison de cette faute, la responsabilité de l'héritier?
Marcellus (1) distingue. L'héritier connaissait-il le second
legs, alors il est de mauvaise foi et l'omission de cette
caution lui est imputable. Aussi, vis-à-vis de mon colégataire, sera-t-il tenu de notre action, devenue pénale à
son égard, pour s'être mis volontairement dans l'impossibilité d'exécuter son obligation? Mais l'action vis-à-vis
de mon colégataire est rei persecutoria, et, s'il se trouvait indemnisé d'une autre façon, par exemple, parce
qu'il aurait de lui-même exigé la caution, il ne serait plus
admis à intenter contre l'héritier l'action en représentation. — Au contraire, la caution n'a-t-elle été omise
que par suite de l'ignorance où était l'héritier de l'existence du second legs, cet héritier, étant de bonne foi,
ne répond que de son dol, et il y a dans cette omission
une simple faute. D'ailleurs, mon colégataire n'est pas
privé de tout recours contre moi ; le jurisconsulte met à
sa disposition une action in factum. Callistrate (2) sup-

---

(1) Le texte porte : decem numismata. Accurse pense que ce sont des
pièces d'or ou d'argent dont les Romains se seraient servi comme de
bijoux, explication inconciliable avec le texte, car le jurisconsulte s'occupe de choses quæ primo usu consumuntur, ici de l'or ou de l'argent
monnayés.

(2) L. 63, leg. 2, Dig. 31.

pose qu'un objet héréditaire légué à un tiers a été vendu pour payer les frais funéraires par l'héritier par suite de l'ignorance du legs. Bien qu'échappant, à raison de sa bonne foi, à l'action pénale ad exhib., cet héritier, au dire du jurisconsulte, est tenu, vis-à-vis du légataire, d'une action in factum. Il n'y a pas d'antinomie entre les deux décisions. L'héritier de Callistrate a tiré profit de son aliénation, et ce profit a eu lieu aux dépens du légataire, aussi est-il naturel qu'il l'indemnise ; dans le cas prévu par Marcellus, l'héritier, au contraire, ne s'est nullement enrichi en omettant d'exiger la caution : celui qui a profité de cette omission et qui, par conséquent, est tenu de l'action in factum, c'est l'usufruitier.

Le second texte qui fait application de nos principes suppose que mon troupeau a consommé les glands d'un chêne qui vous appartient et dont les branches ombragent mon champ. J'ignorais la chute de ces fruits, aussi ne suis-je pas tenu de notre action comme m'étant mis volontairement dans l'impossibilité de représenter ; mais j'ai profité d'une chose qui vous appartient, aussi Ariston met-il à ma charge une action in factum. Au contraire, si je savais que ces fruits étaient sur mon terrain, c'est-à-dire, si j'étais de mauvaise foi, je serais tenu de notre action, au dire de Pomponius et d'Ulpien (1), parce que dolo desii possidere. Suivant Cujas (2), notre action ne serait donnée que s'il y avait dol ; s'il y avait simplement faute, il y aurait lieu seulement à l'action de la loi Aquilie. Mais cette loi n'est pas restreinte uniquement au

____

(1) L. 9, § 1, Dig. h. t.
(2) Cujas, t. VII, col. 618.

cas où il y a faute (1), et, d'autre part, l'action in factum
dont parle Ariston n'est pas l'action in factum de la loi
Aquilie, mais une action fondée sur le profit tiré injustement de la chose d'autrui par le défendeur. Telle est, à
peu près, l'interprétation que Duaren (2) donne de ce
texte. D'ailleurs, d'après les circonstances, l'action directe, utile ou in factum de la loi Aquilie, pourra prendre
naissance, et sera même intentée pour obtenir l'excédant
d'évaluation que produira le calcul rétroactif permis par
cette loi (3).

Ainsi, en cas de perte totale, le possesseur répond de
son dol seulement s'il est de bonne foi, et de son dol et de
sa faute dans l'hypothèse inverse. Mais comment com-
mettra-t-il un dol s'il est de bonne foi ? M. Pellat (4)
me paraît donner la véritable explication de cette apparente contradiction : « Les actes de méchanceté, d'im-
« moralité qui exposeraient le propriétaire, non à une
« réparation, puisqu'il ne ferait pécuniairement tort qu'à
« lui-même, mais à une punition ou du moins à une
« forte réprobation de l'opinion publique, ne peuvent-
« ils, dès qu'il se trouve que la chose est à autrui, être
« considérés comme un dol et donner lieu à une indem-
« nité ? Ainsi,.. le possesseur de bonne foi a fait périr
« l'esclave par le poison ou par le fer, *l'a estropié par*
« *de mauvais traitements, a affaibli sa constitution en*
« *le privant de nourriture...* » La pensée de notre

---

(1) Gaius, III, § 211, Inst., § 3, 4-3.
(2) Duaren, p. 947.
(3) L. 2, § 3, Dig. 47-1; l. 7, § 1, Dig. 13-6; l. 34, § 2, in fine, Dig.
44-7. *Voir* Pellat, p. 164 et suiv.
(4) Pellat, *Propriété*, p. 292 et suiv

regretté doyen ne s'est certes pas portée sur un texte de
mon titre, objet de bien des controverses, et cependant
elle en présente le meilleur commentaire. Ulpien écrit,
en effet (1), si quis hominem debilitatum exhibeat vel
eluscatum, ad exhib. quidem absolvi debet, exhibuit enim
et nihil impedit directam actionem talis exhibitio; poterit
tamen agere actor de hoc damno. Le même jurisconsulte (2), à propos de la revendication, donne le choix
entre deux moyens : l'action de la loi Aquilie, comme
dans notre texte, et de plus la revendication elle-même,
où le juge comprend dans son estimation la valeur de
cette perte partielle. Ainsi les mêmes règles régissent,
dans la revendication, la perte partielle et la perte totale.
Tandis que, par l'action ad exhib., on n'obtiendra que la
réparation de la perte totale et non de la simple détérioration. Comment expliquer cette différence ? Cette décision a beaucoup embarrassé les commentateurs. C'est là,
au dire de Doneau et de Noodt (3), une déduction trop
subtile des principes ou plutôt des mots ; le jurisconsulte,
d'après eux, aurait fait le raisonnement suivant : la chose
est exhibée, dès lors l'action est épuisée, car la satisfaction que doit fournir le défendeur n'est pas l'exhibition
et le payement d'une indemnité pour les détériorations,
mais simplement l'exhibition. Mais, dit Doneau : « Pour
« qu'il y ait une représentation équitable que celui qui
« représente une chose détériorée par son dol ou par sa
« faute, bien qu'absous dans ce jugement par la subtilité
« du droit, soit cependant tenu d'une action in factum.

(1) L. 17, Dig. h. t.
(2) L. 13 et 14, Dig. 6-1, Pellat, p. 161.
(3) Noodt et Doneau, locis excit.

« Ce tempérament d'équité se trouve au Code (1). »
Cette opinion ne me semble pas admissible pour une
double raison. D'abord celui qui exhibe une chose détériorée n'exhibe pas integram rem. Il y a là une représentation incomplète. D'autre part, la constitution de
Dioclétien qu'indiquent Doneau et Noodt, au lieu de modifier la décision d'Ulpien, l'étend à une nouvelle hypothèse. Elle dit, en effet : exhibitionis necessitate tenetur
qui facultatem habens, *culpam vel dolum in explendo
præcepto* committit ; ita ut, si rem deteriorem exhibuit,
æquitas exhibitionis perficiat, ut quamvis ad exhib. agi
non possit, in factum tamen actio contra eum detur. Ici,
le dol ou la faute ont été commis à une toute autre époque.
Ulpien s'occupe du dol antérieur à la litis contestatio,
Dioclétien suppose que le dol ou la faute ont été commis
dans l'exécution même du jugement : ce qui explique
qu'il ne fasse aucune distinction entre le dol et la faute,
puisqu'à partir du début du procès tout défendeur répond
même de la faute, mais la décision est la même : ad
exhib. agi non potest ; in factum tamen contra eum dari
potest. Or, cette action in factum n'est pas, comme le
pense Doneau, une action utile ad exhib., c'est tout
simplement l'action de la loi Aquilie que donnait aussi
Ulpien et qui est ici in factum, parce que, ainsi que le dit
Pothier (2) « forte non suo corpore eam (rem reus) fe-
cisset deteriorem. » Cujas partage d'abord la manière
de voir de Doneau sur la nature de cette action, puis-

(1) L. 7, Cod. 3-42.
(2) Pothier, *Pand.* ad huic tit., p. 128, note 2.

qu'il rapproche cette hypothèse d'une autre, prévue dans
la loi 3 § 14 h. t., où le même jurisconsulte donne évidemment l'action utile en représentation, et il atténue
la rigueurde la solution d'Ulpien, en ajoutant comme Doneau au texte la possibilité d'une action utile ad exhib :
» Quelqu'un, dit-il, me représente ma chose détériorée
« sans qu'il y ait dol de sa part, or, celui qui détériore
« une chose ne la transforme pas; donc, si la forme de la
« chose qu'il représente est entière, il n'est plus tenu
« à des dommages-intérêts en vertu de l'action ad exhib.,
« mais en vertu de l'actionin factum (1). » Mais en admettant même que ce possesseur fût de bonne foi lorsqu'il
malmenait ainsi l'esclave, avoir éborgné cet esclave n'est-
ce pas, ainsi que le dit M. Pellat, « un de ces actes de méchanceté qui constituent un dol, sitôt que l'esclave victime
de ces mauvais traitements est à autrui, et n'y eût-il que
maladresse, imprudence, il y a là une faute lourde aussi
inexcusable que le dol. « Ce n'est donc pas parce qu'il est
exempt de dol que le défendeur est absous. Cujas d'ailleurs est revenu sur cette idée. Einert (2) attribue la décision d'Ulpien à une autre cause : il suppose que le défendeur n'était pas en demeure. Mais le défendeur répond de son dol antérieur à la litis contestatio par suite de

(1) Cujas, *Com.*, t. VII, col. 605. Il est vrai que Cujas enseigne un
peu plus loin, col. 618 et suiv., « que l'on tiendra compte, dans notre
action, des détériorations, si le défendeur renonce à soutenir l'action
directe et restitue la possession de l'esclave. Si, au contraire, il veut
défendre à l'action principale, il sera absous dans le premier jugement,
mais on tiendra compte du dommage, soit par l'action de la loi Aquilie,
L. 17, h. t., soit par une action in factum, faite à l'exemple de l'action
de la loi Aquilie, l. 7, Cod. 3-42. » C'est là la manière de voir qui me
paraît la plus vraie.

(2) Einert, § 33.

sa mauvaise foi et non de la demeure. La demeure n'a trait qu'à l'imputabilité des cas fortuits ; or ici il ne s'agit pas d'un cas fortuit, mais d'une faute in committendo, autrement le jurisconsulte ne parlerait pas de la loi Aquilie.

Après avoir hésité lengtemps, voici l'explication que je propose : Quand il y a perte totale, il y a nécessité d'obtenir la réparation de cette perte par notre action, car aucune autre action ne doit la suivre; mais lorsqu'il y a simple détérioration, si, à la différence de la revendication, la réparation n'en est pas obtenue par notre action, c'est qu'elle est préparatoire et qu'elle prouve seulement que le demandeur a un intérêt légitime à se faire représenter la chose. Cette preuve faite, il n'en résulte pas pour lui le droit d'exiger de son adversaire, encore réputé propriétaire de l'objet, une indemnité pour des dégradations dont, s'il est jugé que la chose ne lui appartient pas, il n'aura pas eu à souffrir. Il en est autrement de l'action de la loi Aquilie, sa naissance n'est nullement subordonnée à des considérations de cette nature, et sa destinée n'est liée ni à l'action ad exhib., ni à la revendication. Ainsi, l'esclave est mort par accident avant la revendication, celle-ci, faute d'intérêt, ne peut être intentée, legis autem Aquiliæ actio durat, dit Paul (1); c'est que, ainsi que le remarque notre doyen, « une fois qu'elle a pris naissance par la blessure faite injustement à l'esclave, l'action de la loi Aquilie ne s'éteint pas par la mort de l'esclave. »

Ainsi il faudra distinguer, en ce qui touche notre action, entre la perte totale et la perte partielle ; mais on peut concevoir une autre sorte de détérioration qui, en lais-

(1) L. 27, § 3, Dig. 6-1, Pellat, *Propriété*, p. 232.

sant subsister la matière, a anéanti ce qui constitue sa substance. Ainsi, comme le suppose ailleurs Ulpien (1), une coupe d'argent a été fondue, sa substance résidait dans sa forme, et le défendeur exhiberait vainement le métal ; il resterait soumis à notre action devenue pénale à raison de cette destruction frauduleuse. Cette détérioration serait assimilée en droit à la perte totale (2).

§ 16. — Outre la chose, l'exécution de l'ordre du juge comprend *omnis causa*, terme parfaitement défini dans la pensée des jurisconsultes (3) et que les mots, accessoires ou dépendances, ne traduisent que d'une manière incomplète. Au fond, la même idée est reproduite ici sous une forme différente, mais tout revient à ce principe : l'exécution ordonnée par le juge doit donner un résultat semblable à celui qu'eût donné, avant l'instance, une exécution spontanée : « omne quod habiturus esset actor, si controversia ei facta non esset (4), » Or, supposons un legs ainsi rédigé : hominem unum ex familia mea optato, eligito intra diem tricesimum, sous-entendu ex die aditæ hereditatis (5); pendant les délais de la procédure le terme fatal s'est écoulé, ou bien le défendeur était en train d'usucaper la chose, et l'usucapion est accomplie au moment où la sentence est rendue ; dans ces deux hypothèses, l'exhibition sera matériellement la même que si l'un ou l'autre événement juridique ne s'était pas produit, en droit elle sera incomplète,

---

(1) L. 9, § 3, Dig. h. t.
(2) Pothier, p. 130, note 3, Cujas, t. VII, col. 605 et suiv.
(3) Inst., § 3, IV-17.
(4) L. 75, Dig. 50-16.
(5) L. 16, Dig. 33-5, l. 10, de leg. primo.

puisque le demandeur aura perdu la faculté d'opter
ou la revendication, double avantage qu'il aurait eu si la
sentence avait été prononcée le jour même de la litis contestatio. Aussi Ulpien et Paul (1) décident-ils que le défen-
deurne sera absous, c'est-à-dire que l'exhibition ne sera
considérée comme suffisante, que s'il s'engage à ne point se
prévaloir, dans l'instance qui va s'engager après celle-ci,
dela déchéance que les lenteurs de la procédure ont fait encourir à son adversaire « nisi paratus sit intentionem repetita die suscipere; » à renoncer en un mot au bénéfice
de l'expiration du temps fixé pour le choix, ou de l'usucapion (2). Si l'usucapion s'accomplit au cours de la revendication. Gaius (3) nous apprend que, pour être absous, le défendeur, doit retransférer la propriété à son adversaire et
le garantir (cautio de dolo) contre les actes de disposition
qu'il a pu faire pendant le temps où il a été propriétaire; car
la défense d'aliéner une chose litigieuse ne s'applique qu'au
demandeur et non au possesseur (4). L'idée est la même, le
moyen employé varie dans l'une et l'autre procédure ; mais
cette différence entre elles, tient uniquement à ce que l'une
est préparatoire et l'autre est définitive. Sauf cette petite
dissemblance, les prestations qu'entraîne l'exécution du
jussus judicis sont les mêmes dans les deux actions.
Aussi nous avons déjà remarqué qu'à ce point de vue les
jurisconsultes employaient inditféremment les mots exhi-

(1) L. 9, §§ 5 et 6, et l. 10, Dig. h. t.
(2) Inutile de faire remarquer que la præscriptio longi temporis ayan t
été interrompue lite contestata, cette cautio exigée par Paul pour l'usucapion lui serait parfaitement inapplicable.
(3) L. 18, Dig. 6-1
(4) L. 8, Dig. 49-14, Gaïus, § 117-IV, Cujas, t. VII, p. 270, et
Pellat, propriété, p. 195.

bere et restituere. Les fruits doivent être compris dans
l'exhibition. Les règles d'une interprétation d'ailleurs
fort délicate, sur la prestation des fruits, ne figurent pas
dans notre titre, c'est au titre de la revendication qu'il
faut les rechercher et les étudier. J'en dirai donc seulement quelques mots lorsque je parlerai des règles qui
servent à déterminer le montant de la condamnation (1).
Les produits qui n'ont pas le caractère de fruits, tels
que le part de l'esclave femelle, sont encore compris à
titre d'accessoires (ut causæ) dans l'exhibition (2).

§ 17.— En principe l'exhibition doit suivre immédiatement l'ordre du juge (3) ; certaines circonstances cependant peuvent y apporter un obstacle momentané. Le
juge alors, après avoir vérifié qu'aucune fraude ne se
cache derrière cette demande de délai, choisira entre
l'un des deux partis suivants : ou différer le prononcé de
la sentence jusqu'à un terme fixe, de telle sorte qu'en
cas d'inexécution à cette époque le défendeur soit condamné in id quod intererat actoris ab initio rem exhibitam esse ; ou bien absoudre le défendeur en exigeant de
lui caution de représenter la chose dans un certain
délai (4). Suivant Doneau, Cujas et Einert (5), les différents passages relatifs à ce sursis accordé au défendeur,
soit dans notre action, soit dans la revendication, n'indi-

(1) § 3, Inst., IV-17.
(2) L. 9, § 7, Dig. h. t.; adde l. 20, l. 17, § 1, l. 16, Dig. 6-1.
(3) Voir Pellat, *Propriété*, p. 237, note.
(4) L. 5, § 6 et l. 12, § 5, Dig. h. t.; l. 27, § 4, Dig. 6-1, l. 1, § 1,
Dig. 43-5, l. 4, § 2, Dig. 43-29. *Voir* Pellat, p. 235 et suiv., texte.
(5) Doneau, ad hunc tit.; Cujas, *Pauli ad ed.*, t. V, p. 380 et suiv.;
Einert, § 35.

queraient qu'un procédé unique, la remise de l'affaire obtenue moyennant la prestation d'une caution. M. Pellat a démontré au contraire, à propos de la revendication, que deux moyens étaient simultanément mis à la disposition du juge, suspendre pendant un certain temps la condamnation, et n'exiger aucune caution; absoudre le défendeur, mais en exigeant de lui caution. Deux textes relatifs à mon action viennent confirmer la manière de voir de notre savant doyen. On réclame l'exhibition d'un esclave actuellement en voyage ou en fuite. Ulpien décide que son maître sera absous (ad exhibendum non tenebitur), moyennant qu'il s'engagera à l'exhiber si jamais il revient en son pouvoir (plane ad hoc tenebitur ut caveat se exhibiturum si in potestatem ejus pervenerit). De même Justinien (1) décide que « le défendeur sera condamné s'il n'a pas exhibé de suite la chose, ou n'a pas donné caution d'exhiber plus tard; » donc s'il avait fourni cette caution, il eût été absous. La caution n'est donc nécessaire que lorsqu'il y a absolution du défendeur. C'est là une véritable cautio judicialis, et c'est à tort que M. Du Caurroy (2) en traitant de la revendication, l'a confondue avec la caution judicatum solvi, de telle sorte que cet engagement subsidiaire serait compris dans la promesse donnée au début de la contestation : opinion que cet auteur n'eût certes pas enseignée à propos de notre action, qui est personnelle et ne soumet point le défendeur qui plaide en son nom à cette nécessité.

(1) Inst., § 3, IV-17.
(2) Du Caurroy, n. 1376, Inst. expliq. *Voir* Pellat, p. 159 et 160, texte et notes.

Ulpien, dans le texte que je viens de citer, suppose que l'esclave, objet de la demande en exhibition, s'est enfui, et il décide que le défendeur sera absous moyennant caution de le représenter s'il revient en son pouvoir. Cette décision, pour être vraie, nécessite le concours de plusieurs circonstances essentielles, qu'Ulpien mentionnait sans aucun doute, mais que les compilateurs du Digeste ont supprimées sans y prendre garde. Il fallait d'abord que le défendeur eût été de bonne foi et qu'il n'eût pas par dol occasionné la fuite de l'esclave, autrement, pour s'être mis volontairement dans l'impossibilité de donner satisfaction au demandeur, il aurait été condamné à la somme déterminée par le serment de son adversaire. Il fallait ensuite que la conduite antérieure de cet esclave n'eût fait en rien présager sa fuite, sinon, le défaut de surveillance eût été une faute dont répondraient le possesseur de bonne foi depuis la litis contestatio, et le possesseur de mauvaise foi même avant cette époque. Alors, ou la condamnation serait fixée d'après une évaluation faite par le juge lui-même, ou le défendeur serait absous, mais à la charge de donner la caution de persequendo servo, qui in fuga est, restituedove pretio; il fallait, en dernier lieu, que le défendeur exempt de dol ou de faute n'eût pas préféré fournir cette caution en place de celle qu'indiquent Ulpien dans notre titre, et Paul dans le titre de la revendication, cavere, si rem nactus fuerit ut eam restituat: ce qui l'aurait dispensé de céder ses actions, si pendant les délais de la procédure il avait acquis la chose par usucapion (1).

(1) Telle me paraît être la véritable explication de cette décision, que

Moyennant cette exécution, bien que son adversaire ait obtenu gain de cause, le défendeur sera absous. Si, au contraire, il résiste à l'ordre du juge, la condamnation différée jusque-là sera encourue par suite de l'événement de la condition suspensive comprise dans la formule nisi exhibeat.

L'une des trois situations suivantes devait, ai-je dit, se révéler au juge, lorsqu'il recherchait si la condition sous laquelle le défendeur était tenu, la faculté d'exhiber, se trouvait réalisée : ou cette faculté n'existait pas, et alors il y avait absolution; ou elle existait, et le défendeur était condamné, ou enfin la faculté d'exhiber qui, en fait, avait disparu, était réputée exister encore pour punir le défendeur qui s'était par dol dessaisi de la possession : la condamnation devenue châtiment à son égard et restée simple indemnité pour le demandeur était alors encourue. C'est de ce dernier résultat possible de l'examen du juge qu'il me reste à m'occuper.

§ 18.— J'ai déjà dit que les jurisconsultes ne tenaient aucun compte d'un déplacement frauduleux de la possession, et qu'ils faisaient encourir la même condamnation au défendeur qui s'était mis de son plein gré dans l'impossibilité d'exhiber, qu'à celui qui, resté détenteur

l'on retrouve non-seulement dans mon titre, mais au Digeste, l. 21, Dig. 6-1, et aux Inst. de Just., § 1, III-18. Je ne fais que reproduire la théorie de M. Pellat, qu'à mon avis, M. Demangeat critique sans la bien comprendre. M. Pellat ne dit pas qu'on exigera du défendeur, exempt de faute, la caution de persequendo servo, mais, ce qui est bien différent, qu'il pourra s'y soumettre volontairement au lieu de fournir l'autre caution et de céder, s'il y a lieu, ses actions. Comp. Pellat, p. 201 et suiv.; Demangeat, t. II, p. 249 et suiv.

de l'objet litigieux, avait refusé d'obéir à l'ordre du juge.
Ainsi l'impossibilité volontaire de représenter était placée
au même rang que la véritable contumacia (1).

Le défendeur qui, au moment de la sentence, ne détient plus la chose, n'est plus en réalité tenu d'une représentation matériellement impraticable, mais bien de
réparer les conséquences de son délit, et l'action, restée
rei persecutoria vis-à-vis du demandeur, est devenue à
son égard pénale. Il semble que de tout temps on a,
dans notre action, assimilé le dol à la possession, et que
l'action ad exhib. a revêtu sans difficulté le caractère
pénal (2). Sa nature d'action personnelle se prêtait aisément à cette modification. La revendication, au contraire (3), n'a suivi que fort tard, en ce qui touche la
répression du dol antérieur à la litis contestatio, l'exemple que lui offrait notre action, et que lui présenta par la
suite la pétition d'hérédité. Si, dès l'origine, elle avait
puni le dol et même la faute commise depuis l'instance,
c'est que deux de ces principes fondamentaux l'amenaient
à ce résultat : le défendeur coupable de fraude man-
quait ainsi à la promesse donnée au début de l'instance
(cautio judicatum solvi), ensuite la chose devait être
restituée dans un état analogue à celui où elle se trouvait
au temps de la demande. Mais si le dol était antérieur à la
litis contestatio la condition, essentielle à une condamna-

(1) Voir sur ce point, Pellat, propriété, p. 32, et se reporter chap. I,
et chap. II, de mon travail.

(2) LL. 131 et 150, Dig. 50-17, l. 5, Cod. 3-42, l. 9 pr. et § 2, l. 14,
Dig. h. t. et alias.

(3) L. 27, § 3, Dig. 6-1. *Voir* sur ce point le commentaire de M. Pellat,
p. 232 et suiv., auquel j'emprunte une grande partie des éléments de
cette théorie.

tion dans une action réelle, la faculté de restituer, faisait défaut, et le défendeur était absous. « Alioquin is cum quo in rem agebatur, si possessione cessit, non tenebitur (1). » Pour combler cette lacune dans la législation, le préteur créa une action in factum contre la personne qui, pour se soustraire à un procès, avait aliéné la chose, et donné ainsi un nouvel adversaire au demandeur (2). Sous le règne d'Adrien, un sénatus-consulte célèbre (3) décida que, dans la pétition d'hérédité, on condamnerait comme possédant encore celui qui se serait frauduleusement emparé d'un bien héréditaire et qui, pour éviter une réclamation, s'en serait dessaisi. Cette assimilation entre la perte volontaire de la possession et le refus d'exécuter l'ordre du juge fut étendue par la doctrine à la revendication. A partir de cette époque, la revendication fit double emploi avec l'action ad exhib.; mais cette dernière n'en conserva pas moins son utilité. C'est qu'en effet sa preuve était plus aisée, et son accès ouvert même à qui ne justifiait point de sa propriété (4).

§ 19. — Ce dol, ou cette faute aussi coupable que le dol, se produisent aussi bien lorsque le défendeur transmet la chose à autrui, « ut molestum adversarium pro se subjiciat (5)», que lorsqu'il détruit la chose. La première hypothèse nous est maintenant connue, étu-

---

(1) L. 4, § 2, Dig. 4-7.
(2) L. 1, Gaius, Dig. 4-7, et l. 4, § 1 et 2, *ibid.*
(3) L. 25, § 2, Dig. 5-3.
(4) L. 3, §§ 1, 9 et 11, Dig. h. t.
(5) L. 4, § 1, Dig. 4-7.

dións la seconde, que le texte de Marcellus nous a fait entrevoir : la chose sera détruite, soit au point de vue matériel, soit au point de vue juridique. La première sorte de destruction est facile à concevoir. Le défendeur a méchamment tué l'esclave, ou a renversé l'huile, le vin (1), ou a mis la chose dans un état tel qu'elle fût désormais impropre à tout usage. Nous savons déjà que, suivant les circonstances, il sera tenu, outre notre action, de l'action de la loi Aquilie, directe, utile, ou in factum, et que celle-ci sera intentée pour le surplus d'estimation que son calcul rétroactif produira (2), ou pour cette somme qui vient doubler la condamnation en cas de dénégation.

La destruction au point de vue juridique peut se rencontrer dans l'un des trois événements suivants : la spécification, le mélange, l'accession : nous avons vu déjà dans quels cas l'action ad exhib. n'était donnée qu'à titre de peine contre le défendeur, je m'en réfère à ce que j'ai dit sur ce sujet au chapitre premier de ce travail

§ 20. — Ainsi se trouve fatalement amenée cette dernière phase de la procédure, la condamnation, conséquence inévitable soit de l'inexécution volontaire de l'ordre du juge, soit d'un dessaisissement frauduleux. Deux questions sont par là même soulevées : sur quoi portera la condamnation ; d'après quelles bases sera-t-elle calculée.

A. — Sur le premier point, l'action ad exhib. contient

(1) L. 9 pr., Dig. h. t.
(2) Supra, même chap., et Pellat, p. 163 et suiv.

une véritable anomalie. Dans la majorité des autres actions arbitraires, dans la revendication, par exemple, la condamnation comprend dans son évaluation le prix de la chose et de ses accessoires, en un mot elle porte sur tout ce que le défendeur eût dû prester pour l'éviter. Il n'en est ainsi dans notre action que lorsqu'elle est principale. Lorsqu'elle est préparatoire, elle ne porte pas nécessairement sur la même chose que la demande principale, son objet immédiat peut être plus étendu ou plus restreint que celui de l'instance qu'elle amène. C'est la troupe entière des esclaves (1) qu'on veut faire exhiber pour y reconnaître l'auteur d'un délit, c'est le coupable seul qu'atteindra le jugement noxal. A l'inverse, veut-on soumettre un esclave à la torture pour lui arracher le nom de ses complices, si l'exhibition qui s'appliquait uniquement à cet esclave (2) n'est pas faite, la condamnation s'étendra à la valeur de ses coaccusés. De même dans l'interdit de tabulis exhibendis (3), on n'appréciera certes pas la valeur vénale du parchemin, mais bien l'importance des dispositions testamentaires qui y étaient contenues. Ce n'est là, d'ailleurs, qu'une conséquence logique, commandée par la nature de cette application de notre action. Introduite en vue d'une autre action, elle ne peut, lorsqu'elle se convertit en dommages-intérêts amener la libération définitive du défendeur qu'aucune autre action n'atteint plus, qu'autant qu'elle procure au demandeur tous les avantages qu'il aurait retirés de l'instance principale. Ce défendeur, en

---

(1) L. 3, § 6 et 7, Dig. h. t.
(2) L. 20, *ibid.*, adde l. 12, § 4, *ibid.*
(3) L. 3, §§ 11, 12, 13, Dig. 43-5, et Ulpien, l. 11 pr., Dig. h. t.

effet, doit indemniser son adversaire, non-seulement de
l'inexécution de l'action actuellement engagée, mais encore de la perte de l'action principale. Ainsi s'explique
un texte d'Ulpien (1) : præterea utilitates, si quæ amissæ
sunt ob hoc quod non exhibetur.... æstimandæ a judice
sunt, et ideo Neratius ait, utilitatem actoris venire in æs-
timationem, non quanti res sit : *quæ utilitas interdum
minoris erit, quam res erit* ; passage unique dans le Digeste, ainsi que le remarque Cujas (2), et qui fait comprendre, comme l'observe l'auteur, que notre action est
une actio incerti.

B. — La condamnation dans notre action est calculée
d'après les règles générales, c'est-à-dire qu'elle est éva-
luée tantôt par le demandeur, tantôt par le juge.

Le demandeur fixe lui-même le montant des dommages-intérêts dans deux hypothèses qui nous sont maintenant bien connues : lorsque le défendeur a refusé
d'exécuter l'ordre du juge, ou lorsque, par son dol,
il a rendu impossible la représentation (3). Dans ces
deux hypothèses, le demandeur a le choix, ou de s'en
rapporter à la sagesse du juge pour fixer cette estimation (4), ou de l'établir lui-même, sous la foi du serment
(Jus-jurandum in litem, sous-entendu æstimandam).
Cette faculté de déterminer l'indemnité qui lui est due
explique pourquoi, dans mainte hypothèse, l'action ad
exhib. est préférée à d'autres actions plus avantageuses

(1) L. 9, § 8, Dig. h. t.; adde l. 2 pr., Dig. 19-1.

(2) Cujas, Com., VI, col. 618 et suiv., eod., col. 601 et suiv., et
ad priores lib. Cod., t. X, col. 947.

(3) Voir Pellat, *Propriété*, préface, p, 82; l. 3, § 2, Dig. h. t.; l. 1,
2 et 5 pr., Dig. 12-3; l. 28, § 1, Dig. 49-1; l. 5, § 2, Dig. h. t.

(4) L. 71, Dig. 6-1.

au premier coup d'œil. Ainsi, l'action ad exhib. est considérée comme plus rigoureuse que la condictio dans l'espèce suivante. Un pupille, voulant faire un mutuum, a remis, sans l'autorisation de son tuteur, une somme d'argent à un tiers, et les écus, reçus de mauvaise foi, ont été consommés de suite. En place de la condictio, seul recours ouvert vis-à-vis d'un emprunteur de bonne foi, les Institutes (1) accordent notre action contre le défendeur coupable de dol, parce qu'elles le mettent ainsi à la merci de son adversaire. Celui-ci n'est pas réduit, comme dans la condictio, à réclamer une somme égale à celle qu'il a livrée, mais il fixe sous serment l'indemnité à laquelle il croit avoir droit.

Le juge ne peut-il imposer un frein à l'avidité du demandeur et déterminer d'avance la valeur extrême de la réparation, ou réduire l'évaluation faite par le demandeur, dans une mesure équitable? Favre (2) prétend que le serment in litem æstimandam n'a été, à l'époque classique, usité dans notre action que lorsqu'elle précédait une revendication ; alors, en revanche, il n'aurait été restreint dans aucune limite. Ulpien dit bien, judice quantitatem taxante (3) ; mais c'est là, aux yeux de Favre, une interpolation : « Sed non dubito quin a Triboniano addita « sint verba illa, qui video in aliis locis Tribonianum « constituisse, invita jurisprudentiæ veteris ratione, ut « in potestate judicis esse debeat jusjurandum deferentis « vel refrenare quantitatem. » Duaren soutenait l'opi-

---

(1) § 2, Inst. II-8; l. 19, § 1 ; l. 12, Dig. 12-1 ; l. 11, § 2, *ibid.*, l. 2, § 1, Dig. 12-3. *Voir* Bonjean, *Traité des actions*, t. II, p. 273; Cujas, *Pauli ad edict.*, t. V, col. 415 ; Noodt, t. II, p. 192.

(2) Ant. Favre, *Conject. et Err. pragm.*, t. II, p. 602.

(3) L. 3, § 2, Dig. h. t.

nion inverse et sa manière de voir ne fait plus doute aujourd'hui (1). Les deux propositions de Favre sont continuellement démenties par les auteurs, et à moins d'admettre, comme il le veut, que les nombreux passages qui établissent ce pouvoir du juge ont tous été corrigés par Tribonien, ce qui eût exigé une persévérance et un soin bien rares chez ce compilateur, il faut bien reconnaître que dans l'action ad exhib. le jusjurandum in litem æstimandam a toujours été appliqué sans distinction pour punir la contumacia du défendeur, et que de bonne heure ce serment a pu être limité à une somme extrême. Et d'abord, une foule de textes témoignent de la façon la plus évidente de l'usage du serment dans notre action : « In actionibus in rem et in ad exhib. et in bonæ fidei judiciis in litem juratur, » dit Marcien (2) ; « In « hac actione ad exhib. illud notandum est, dit Ulpien (3), quod reus contumax per in litem jusjurandum damnari possit ; » un peu plus loin « ...ad exhib. tenetur in quantum in litem juravero », et d'autre part (4) « ... sed ex contumacia æstimatur ultra rei pretium... sive ad exhibendum agatur (5). » Ensuite, en dehors du texte contesté d'Ulpien, le pouvoir de taxation accordé au juge est également établi dans maints passages du Digeste. Marcien (6) donne le choix entre deux moyens. ou fixer d'avance un maximum qui ne dépassera pas l'évaluation

---

(1) Duaren, Comm. in tit. Dig. de in Lit. jurej., p. 217 et suiv.
(2) L. 5 pr., Dig. 12-3.
(3) L. 3, § 2, Dig. h. t.
(4) L. 5, § 2, Dig. h. t.
(5) L. 1, in fine, et l. 2 in pr., Dig. 12-3.
(6) L. 5, § 1, et 2, Dig. 12-3.

faite par le demandeur, ou, alors même qu'aucune borne n'aurait été posée d'avance, condamner à une somme inférieure le défendeur, ou même l'absoudre. Mais il ne prendra ce dernier parti que « ex magnâ causâ et postea repertis probationibus (1), » car il est lié par la *pronunciatio* qui a assuré gain de cause au demandeur. En réalité, le juge détermine lui-même la forme du serment, et, libre de le déférer, il est également libre, ainsi que le remarque le même jurisconsulte, de le restreindre dans un terme fixé (2).

L'estimation des dommages-intérêts sera au contraire faite par le juge lui-même (3), si l'inexécution provient seulement de la faute du défendeur. Il ne s'agit plus alors, comme dans l'hypothèse précédente, d'amener avec la réparation du préjudice causé au demandeur la punition de la contumacia ou du dol du défendeur ; il s'agit uniquement d'apprécier la perte que le défaut d'exhibition a produite. Certes, dans les deux cas, le dommage est le même ; mais dans le premier la condamnation s'augmente de la peine de la contumacia ou du dol : non enim res pluris fit per hoc, sed ex contumacia æstimatur ultra rei pretium.

---

(1) L. 4, § 3, inf. Dig. 12-3. M. Pellat pense que ces mots ex magna causa... sont une interpolation de Tribonien. Il me semble cependant qu'il a fallu de tout temps quelque chose d'extraordinaire pour que le juge pût prononcer une sentence directement contraire à la pronunciatio, qui, dès qu'elle est rendue, n'est susceptible d'être réformée que sur appel. Voir Pellat, *Propriété*, p. 377 et suiv.

(2) L. 5, § 1, Dig. *ibid.*

(3) L. 5, § 3, Dig. *ibid.*; l. 68, Dig. 6-1. *Voir* Cujas, *Pauli ad edict.*, t. VII, col. 378 et suiv.; Vinnius, p. 879; Fresquet, *Inst.*, t. II, p. 446 et 7.

DROIT FRANÇAIS.

ORIGINE ET DÉVELOPPEMENT

EN FRANCE

DE LA LÉGISLATION SUR LES DROITS D'AUTEUR

COMMENTAIRE DE LA LOI DU 14 JUILLET 1866

PRÉFACE.

§ 1. — Dans le domaine des discussions philosophiques et juridiques, peu de questions ont, depuis près d'un siècle, soulevé des controverses aussi vives que celle de la *propriété littéraire*. Libraires et auteurs, juristes et gens du monde, publicistes de toute sorte et de toute doctrine, ont donné sur cette matière, une libre carrière à leur imagination, amassé propositions sur propositions, projets de loi sur projets de loi : tout dans cette question, jusqu'au nom même de propriété littéraire, était nouveau. On se prit alors à rechercher le fondement de ce droit, sa nature et sa portée. On se préoccupa du sort de l'auteur, si peu soucieux lui-même de ses intérêts ; on songea à sa famille, appelée peut-être à un héritage de gloire et de misère. On voulut créer au profit des descendants de l'écrivain, au profit de la compagne de ses travaux et de ses succès, un patrimoine que l'imprévoyance habituelle du génie ne leur eût point assuré. On se choqua, pour la première fois, de voir les petits-fils de Corneille ou de Racine dans l'indigence, alors que les œuvres de leur ancêtre enrichissaient des générations de libraires. Les systèmes les plus savants, les combinaisons les plus ingénieuses furent imaginés, les opinions les plus extrêmes furent mises au jour et comptèrent, parmi leurs défenseurs, les grands noms de la science et de la littérature. C'est ainsi que tout a été mis en question et rien n'a été résolu, que tant de propositions ont été faites qu'aucune n'a été adoptée d'une manière absolue. Depuis 1793, bien des fois, sous la pression de l'opinion publique, le législateur s'est remis à l'étude. Chaque fois se sont posés devant lui ces grands problèmes : l'auteur a-t-il un droit quelconque sur son ouvrage ? Les idées, les expressions, la forme qui les assemble, ce triple élément de toute œuvre littéraire, lui appartient-il en entier ? N'est-il maître que de l'une de ces choses ou d'aucune, et faut-il dire, avec Voltaire, « qu'il en est des livres comme du feu de nos foyers, on « va prendre ce feu chez son voisin, on l'allume chez « soi, on le communique à d'autres et il appartient à « tous ? » Ce premier point résolu par la reconnaissance du droit de l'auteur, l'objet de ce droit défini, quelle en sera la nature ? Sera-ce la propriété ou un droit sui generis ? Enfin, ce droit déterminé subsistera-t-il après la publication, alors que l'œuvre, gravée dans toutes les mémoires, s'individualisera dans la personne qui l'étudie, se transformera dans l'esprit qui la possède et qui se l'est assimilée par son travail, et enfantera des pensées nouvelles ? On voit quel vaste horizon s'ouvrait aux spéculations de nos législateurs. L'histoire de leurs travaux va nous apprendre qu'après beaucoup d'efforts sans

résultat et de débats stériles, ils ont dû se rabattre sur
cette seule question : Convient-il de concentrer entre les
mains de l'auteur et de sa famille, pendant un certain
temps, les produits vénaux de la publication, ou faut-il
décider qu'à tous égards, l'œuvre, une fois divulguée,
cesse de former un bien individuel? Désespérant de tomber d'accord, découragés par des difficultés sans cesse
renaissantes et jamais résolues, les rédacteurs de la loi de
1866 eux-mêmes finirent par ajourner encore une fois les
questions de principe, mais ils ne voulurent point se séparer sans avoir amélioré le sort de la famille de l'écrivain et sans avoir agrandi le cercle des bénéficiaires des
dispositions nouvelles.

§ 2. — Mais le destin des moyens termes est de ne
satisfaire personne. On s'était trop promis de la loi nouvelle pour se contenter de ce qu'elle donnait. Les vain-
cus de la veille, aiguillonnés par ce nouvel échec, ont
repris la lutte dès le lendemain et se sont peu préoccu-
pés de savoir s'il y avait eu ou non quelques améliora-
tions réalisées. Rien ne sera bien à leurs yeux tant que
leur théorie n'aura pas obtenu un succès décisif. De
plus, notre loi devait passer devant deux autres juges
dont les arrêts ne lui furent pas plus favorables. La pratique d'abord se plaignit de voir la majeure partie des
questions laissées sans solution ; elle se heurta à des textes mal conçus, énoncés en termes impropres, à peine
compréhensibles, défaut ordinaire de toute rédaction
successivement remaniée par des hommes appartenant
aux opinions les plus opposées. La doctrine, en second
lieu, fut arrêtée dès le premier pas dans son œuvre d'explication; elle rechercha le principe sur lequel était

basé le droit nouveau, pour en déterminer la nature et les effets, et n'eut d'autre réponse que celle de M. Jules Simon : « Le premier mérite à mes yeux de l'article 1er, « c'est qu'il ne tranche pas la question de principe : il « la laisse au contraire subsister tout entière » (1) ! C'était bien là la dernière chose dont la doctrine eût songé à faire un mérite à notre article. L'indécision qui pèse sur le principe, dit-elle, s'étend fatalement sur toutes les conséquences, et plonge l'interprète dans d'inextricables difficultés. Comment saisir et commenter la pensée d'une loi où tout dénote l'incertitude, et l'absence d'unité de vue chez ses rédacteurs. Aussi ne faut-il point s'étonner des critiques rigoureuses dont notre texte a été l'objet. Sans se dissimuler la justesse de ces reproches, il est permis de se demander s'il en faut conclure, ainsi qu'on le fait, à l'impossibilité de l'expliquer.

§ 3. — Si, renonçant à substituer les heureuses élu-cubrations de sa sagesse personnelle à l'œuvre du légis-lateur, on se contentait de comparer la loi en vigueur avec celles qui l'ont précédée, peut-être serait-on moins sévère dans son appréciation et conviendrait-on, avec moi, qu'elle a introduit des progrès considérables, mis un terme à des difficultés sans nombre, et fait un grand pas vers l'unité dans nos institutions et le retour au droit commun. On avouerait alors qu'il y a quelque mérite et quelque utilité à commenter des textes dont, malgré leur obscurité, la pratique est obligée de faire l'application journalière. Telle est la tâche que prétend remplir ce travail. On y rechercherait en vain autre chose que le commentaire de la loi de 1866. Je ne relate, ni n'apprécie

(1) *Monit.* du 3 juin.

aucune des opinions qui ont cours sur les questions théoriques que la Chambre a mises de côté. A plus forte raison n'ai-je pas la prétention de donner une solution nouvelle. Fils d'un des membres de la dernière commission, j'ai vu de trop près les difficultés que présentait ce grand problème pour ne pas avoir la prudence, sinon la modestie, de m'abstenir.

§ 4. — La loi de 1866 porte uniquement sur la transmissibilité de ce qu'elle appelle « les droits des auteurs. » Avant de suivre pas à pas chacune de ses dispositions, je crois nécessaire de rechercher à quelle époque de notre histoire littéraire ces droits ont pris naissance et de déterminer leur base et leur nature.

PREMIÈRE PARTIE.

HISTORIQUE ET NATURE DU DROIT D'AUTEUR.

CHAPITRE PREMIER.

HISTORIQUE.

Le but des lois qui se sont succédé depuis 1793 est, ainsi que nous le verrons bientôt, d'assurer à l'auteur la rémunération de son travail en lui réservant les produits pécuniaires attachés à la publication d'une œuvre intellectuelle. Au simple énoncé de ces idées, dont je réserve la démonstration pour le chapitre suivant, il semble que la question de savoir s'il faut attribuer à l'auteur le monopole de la reproduction de ses écrits ne naisse que dans un état de civilisation donné. Il semble même que l'on puisse fixer *a priori* et sans grand écart cette époque dans l'histoire de la littérature. En est-il ainsi? Suivant les uns : « le premier droit d'auteur a été payé par l'hospitalité offerte au chantre de l'*Iliade* et à ses descendants; » suivant d'autres, l'écrivain n'a été reconnu maître de ses œuvres que quatre ans après la déclaration des droits de l'homme ; au dire de ceux-ci, l'inventeur de l'imprimerie est le fondateur de la propriété littéraire ; d'après une quatrième opinion, l'origine de ce droit se trouve dans les arrêts de 1777. J'omets encore quelques conjectures intermédiaires.

Quelle cause assigner à cette divergence d'appréciation ? Elle repose, à mes yeux, dans les controverses théoriques au milieu desquelles cette histoire a été écrite. Appelée comme auxiliaire dans la polémique sur la *propriété littéraire*, elle n'a été étudiée que par des hommes qui, à la tribune ou dans le sein des commissions, avaient pris part à ces débats et voulaient voir dans le passé la confirmation de leurs théories. Aussi se transforme-t-elle sous chaque plume, et arrive-t-il quelquefois que le même événement, fort insignifiant souvent en lui-même, est invoqué comme une preuve irrécusable à l'appui des opinions les plus opposées. On se place, pour satisfaire aux exigences de sa thèse, à des points de vue bien différents ; on arrive ainsi forcément à des solutions contradictoires. Veut-on prouver, en effet, que la conscience publique a toujours reconnu que l'œuvre appartient à l'auteur seul et non à ses devanciers ou à ses contemporains, on a raison de dire que sitôt qu'un peuple devient assez civilisé pour se plaire aux jouissances de l'esprit, l'œuvre assure à son auteur un légitime tribut d'admiration et de reconnaissance. Veut-on établir, au contraire, qu'un long intervalle s'écoule entre le moment où la littérature fait son apparition au sein d'une nation et l'époque où l'auteur trouve dans la publication de ses livres et la vente des exemplaires la rémunération de ses travaux, on conçoit qu'à opter entre deux partis extrêmes on préfère placer cette époque sous la Convention qu'aux temps homériques.

Pour moi, qui entends borner mon rôle à chercher l'interprétation de la loi de 1866, je n'ai à me préoccuper que du point unique qu'elle traite : le droit de l'auteur sur la publication, et qu'à déterminer à quelle époque dans l'histoire ce droit a pris naissance.

Cette époque me semble également facile à préciser à Rome et en France. En effet, chez les deux peuples, le même phénomène se produit. La littérature a besoin, pour éclore et se développer, d'un public qui la comprenne et la goûte ; elle vit d'encouragements et d'éloges discrètement donnés ; elle veut être comprise de connaisseurs instruits. Or, les intelligences assez élevées pour être naturellement portées à sentir et à estimer les jouissances de l'esprit ne se rencontrent, au début de la civilisation, que parmi ces hommes appelés à la direction suprême des affaires publiques. Chez nous, par exemple, c'est à côté du trône que se place le berceau de la littérature. La cour des rois de France n'est pas seulement un foyer d'émulation, elle est un asile où l'amour de l'étude paisible et le travail de la pensée trouvent les moyens matériels d'existence. Considérés comme l'un des éléments indispensables à l'éclat d'un règne, objets d'attentions délicates et d'éloges qui, venus d'aussi haut, semblent plus flatteurs, ne voyant dans les pe sions que le moyen de se consacrer tout entiers à leurs études favorites, les gens de lettres ne cherchent d'abord qu'à s'attirer les faveurs de leur auguste protecteur. Aucun d'eux ne songe à demander à un public encore trop grossier pour les apprécier la légitime récompense de ses efforts, ou, si la pensée lui en vient, il la repousse comme une honte pour son art sacré, Boileau n'écrit-il pas :

> Mais je ne puis souffrir ces auteurs renommés
> Qui, dégoûtés de gloire et d'argent affamés,
> Mettent leur Apollon aux gages d'un libraire
> Et font, d'un art divin, un métier mercenaire.

Despréaux, en s'exprimant ainsi, ne faisait du reste que traduire une pensée formulée plus énergiquement par Horace.

> Nulla taberna meos habeat neque pila libellos
> Queis manus insudet vulgi Hermogenisque Tigelli ;
> Nec recito cuiquam nisi amicis. . . . .

Mais le goût des lettres gagne de proche en proche : la « cour » a déjà une rivale dans la « ville », et les décisions de ces deux autorités sont souvent en opposition. Le public, de jour en jour plus connaisseur, éprouve le besoin des jouissances intellectuelles. Les lettres s'affranchissent de la tutelle royale, elles s'habituent à d'autres applaudissements, et, un peu oublieuses des soins donnés à leur enfance, elles usent de leur indépendance de fraîche date pour attaquer ce qui a fait leur premier appui. C'est, à ce moment de transition où les lettres sont estimées et recherchées de toutes les classes, que l'auteur commence à retirer des avantages pécuniaires de la publication de ses œuvres.

L'exactitude de cette observation sera démontrée, je l'espère, par le rapide coup d'œil que je vais jeter sur l'histoire de notre littérature : on y verra que ce n'est que fort tard, vers le XVIIIe siècle à peu près que l'au-

teur songe à trouver dans la publication de ses œuvres
la rémunération de ses efforts.

Echappées au naufrage où venait de s'engloutir l'empire romain, les lettres trouvèrent un refuge dans l'ombre des cloîtres, dernier abri ouvert au goût du travail paisible et à l'amour de l'étude. C'est dans ce sanctuaire que se conserva, religieusement gardé par ses intelligents dépositaires, le trésor des monuments de la littérature grecque et latine. On s'est plu à représenter ces monastères comme le séjour de l'ignorance et de l'oisiveté ; on a raconté que sans la VII⁰ églogue, où les moines auraient cru voir la prédiction de la venue du Christ, Virgile ne nous serait point parvenu. Il y a là une injuste exagération. Sans doute bien des chefs-d'œuvre s'effacèrent sous la surcharge des palimpsestes, mais aussi ces couvents recélèrent des hommes d'un jugement éclairé et d'un savoir profond. D'ailleurs, pour apprécier ces critiques, il faut sortir de ces demeures tranquilles et jeter un coup d'œil sur le monde extérieur. A l'invasion des barbares avait succédé cette longue suite de guerres sanglantes entre les divers bans des peuples envahisseurs, troubles sociaux, politiques et religieux, au milieu desquels s'achevait le laborieux enfantement d'une civilisation nouvelle. Les nobles aux prises avec une royauté défaillante, occupés à se libérer de leurs devoirs de vassalité et à se créer de petits États indépendants, ne connaissaient que le métier des armes et affectaient le plus suprême mépris pour toute autre profession. On comprend à ce spectacle l'immense service que cet humble asile rendit aux lettres. Ce fut là, qu'oubliées du monde et cultivées par des hommes qui avaient fait profession de l'oublier, elles purent attendre que l'apaisement des passions fit renaître le goût des jouissances intellectuelles. Mais on reconnaît toujours par ces précieux travaux accomplis au fond des monastères, par ces chroniques, œuvres de plusieurs générations d'écrivains, que les monuments de l'antiquité, étaient étudiés avec une attention et un soin bien rares de nos jours (1). C'est à ces couvents que les rois demandaient les historiographes de leurs actions, c'est à eux qu'ils confiaient le repos de leurs cendres et le soin de leur renommée.

Mais l'auteur, simple moine, devenu écrivain par l'ordre de son prieur, à raison de sa qualité même, devait renoncer au double avantage de son œuvre, à la célébrité et au profit pécuniaire. Aussi, la plupart de ces ouvrages ne sont-ils pas signés et le nom de leur auteur est-il resté un mystère. L'œuvre, d'ailleurs, était faite en vue de l'intérêt du couvent, elle était la propriété exclusive de la communauté, dans laquelle s'effaçait la personnalité de l'écrivain.

A côté de ces savants chroniqueurs, les abbayes possédaient un nombre considérable de copistes, dont les uns étaient chargés de transcrire les offices, les autres les auteurs sacrés et profanes ; elles seules, pendant longtemps, vendirent ces derniers ouvrages.

Cet élan vers le travail fut compris et encouragé par

(1) Le Cartulaire de saint Bertin, par exemple, commence par un panégyrique de saint Bertin, qui, par ses comparaisons poétiques, témoigne avoir été écrit par un grand admirateur de la littérature profane.

Charlemagne. La Bible, le livre par excellence de toute
la chrétienté pendant le moyen âge, attira son attention.
Il s'occupa lui-même de corriger les fautes qui s'étaient
glissées dans le texte latin par l'ignorance des copistes et
de rétablir la ponctuation : « quia sæpe dum bene ali-
« quid Deum rogare putant, per inemendatos libros male
« rogant. » Il ordonna que des traductions en fussent
faites en langue vulgaire (807). Bientôt, des monastères,
les études bibliques se répandirent dans le monde, et le
grand empereur apprend avec plaisir que « hautes et
nobles dames ainsi que gens de guerre » viennent consulter Alcuin sur les textes difficiles. Le règne de Charlemagne marque l'époque de transition où l'enseignement, resté jusque-là entre les mains des ecclésiastiques,
est donné concurremment et par le clergé et par les laïques. Sous l'impulsion de ce puissant génie, non-seulement les travaux des abbayes redoublent d'activité, mais
l'ardeur d'apprendre se répand dans une population naguère si indifférente aux jouissances de l'esprit ; partout
les écoles s'ouvrent et se peuplent de disciples. L'Eglise
et la royauté les comblent à l'envi de priviléges et
d'immunités. Les ouvrages classiques, mis entre les
mains de la jeunesse, ne sont plus reproduits uniquement dans les cloîtres ; des laïques fondent des établisse-
ments de copie, les textes sont corrigés, les exemplaires
se multiplient ; la librairie, en un mot, prend naissance
avec l'Université et les écoles. Sitôt que celles-ci reçurent une constitution légale, la librairie, soumise à
leur contrôle et à leur juridiction, devint une corporation. Mais si l'Eglise ne resta pas l'unique éditeur des
livres de théologie et de culte, principal objet des étu-

des de l'époque, elle conserva très-longtemps un droit de censure sur ces ouvrages, ou le délégua quelquefois à l'Université.

En même temps qu'une partie des classiques était rééditée, une foule de livres, nés du fameux procès entre le nominalisme et le réalisme, passionnaient le public des écoles. La scholastique, que cinq siècles plus tard Descartes devait renverser, s'établissait sous la parole entraînante et la plume hardie d'Abélard. Mais sur tous ces écrits, mis au jour pour servir l'enseignement oral, les auteurs n'ont jamais fondé d'autre espérance que de faciliter le travail de leurs élèves et le succès de leurs opinions. Ces livres pratiques, outils indispensables, eussent certes été fructueux pour leurs auteurs, si un droit eût été perçu sur leur publication ; mais il ne paraît pas qu'à cette époque les auteurs aient songé à revendiquer ces avantages pécuniaires. Il en sera bientôt de même, lorsque le protestantisme empruntera le secours de la presse récemment inventée pour répandre ses doctrines nouvelles, et apprendra à ses adversaires la puissance de ce procédé de propagande.

Nous venons de voir que les libraires furent d'abord placés sous l'autorité directe de l'Université, qui approuvait les livres, veillait à leur correction et en taxait le prix. Confinés dans le quartier de la Sorbonne, réduits à un nombre fixe, les libraires faisaient en quelque sorte partie du corps universitaire; ils jouissaient des priviléges, franchises et exemptions acccordés aux maîtres et écoliers, et ne faisaient point partie du corps des marchands. Ainsi, dès que sous les auspices de l'université de Paris, mère de toutes les autres universités, le com-

merce de la librairie se fonde et se développe, des statuts,
dont les plus anciens remontent à 1275, viennent régir
la publication et la reproduction des livres, mais uniquement dans les rapports entre le libraire, l'acheteur et
une autorité supérieure chargée de la surveillance sur
cette industrie. Nulle part il n'est question des rapports
de l'éditeur avec l'auteur, des droits de ce dernier ni de
ceux de sa famille : point de vue que l'on n'examinera
que longtemps après.

Ce fut cette même Université, sous la protection de
laquelle l'industrie laïque de la copie à la main avait pris
un si rapide essor qui introduisit en France l'imprimerie. Attentif à tout ce qui touchait aux choses de l'esprit,
Louis XI, dont le goût pour les lettres est témoigné par
la fondation de la Bibliothèque royale, soupçonna dès le
début les merveilleux résultats que devait donner la découverte faite à Mayence. Mais par un trait de caractère
qui le peint tout entier, il ordonna de : « dépescher
à cette ville personnes entendues pour s'informer secret-
tement de l'art, et en enlever subtilement l'invention. »
Nicolas Jenson, que son talent de graveur sur monnaies
avait désigné pour cet emploi, en personne trop entendue et aussi peu scrupuleuse que son maître, se contenta
de garder subtilement les présents dont le roi l'avait
comblé pour qu'il revînt contrefaire en France cet art
inconnu et alla enrichir Venise de ses presses. Cet insuccès et les préoccupations que lui causait la Ligue du bien
public détournèrent Louis XI de ses premières vues sur
cette nouvelle invention. Guillaume Fichet, recteur de
l'Université, et Jean de la Pierre, recteur de la Sorbonne,
eurent recours à un procédé plus honnête et plus sûr : ils

firent des propositions avantageuses à trois typographes distingués, et les décidèrent à s'établir à Paris, au commencement de 1470, dans les bâtiments mêmes de la Sorbonne.

La découverte de l'imprimerie donna un nouvel élan à l'enseignement des lettres et, suivant l'expression d'un contemporain, l'étude devint « plus ragoustante ès beaux livres bien propres que ès vieux parchemins enfumés. » D'ailleurs la prodigieuse diminution de prix mettait les ouvrages à la disposition des « escoliers de nature povres et mal argentez. » Mais cette nouvelle industrie ruinait l'ancien commerce des copistes, qui voyaient l'Université, dont ils avaient patiemment souffert le contrôle, introduire et favoriser leurs rivaux. Dans cette lutte, où la victoire devait rester aux nouveaux venus, apparaît le premier procès sur le droit de publication qui n'est qu'un débat entre éditeurs. Les copistes obtinrent un arrêt du Parlement qui les autorisait à briser les presses et à détruire les éditions données par leurs adversaires. Louis XI étouffa l'affaire en l'évoquant à son conseil. C'est cette décision du Parlement que l'on prétend dictée par la crainte de la sorcellerie. Rien ne me paraît moins prouvé que cette assertion, mise à la mode par des écrivains trop désireux peut-être de dramatiser l'histoire. Avant d'imputer au Parlement des frayeurs ridicules, on devrait se souvenir que les premiers imprimeurs eux-mêmes ne voyaient dans la nouvelle invention qu'un procédé de contrefaçon, et qu'ils faisaient passer les exemplaires sortis de leurs presses pour des copies manuscrites, de façon à profiter de l'énorme différence du prix de revient. Ainsi s'expliquent le silence et le secret dont Guttenberg et ses associés entouraient leurs travaux ; ainsi s'explique également la sentence du Parlement. En limitant le nombre des libraires, les édits leur avaient par cela même attribué le monopole de la reproduction par la copie à la main ; l'imprimerie ne se présentait aux débuts qu'avec les dehors d'une contrefaçon de cette copie : le Parlement était donc obligé de faire cesser une concurrence déloyale. D'ailleurs c'est depuis peu que l'on a imaginé cette explication de la décision du Parlement : Voltaire, qui certes ne peut être soupçonné de partialité pour ce corps, en relatant le premier conflit entre libraires, ne fait aucune allusion aux prétendues craintes de sorcellerie qui auraient dicté cet arrêt.

L'imprimerie ne s'arrêta pas à ce premier succès. Les étrangers qui importaient en France cette précieuse industrie furent affranchis du droit d'aubaine par Louis XI. Sous Louis XII, la corporation des libraires prend sa forme définitive, et les imprimeurs sont appelés à en faire partie et à jouir des mêmes immunités et priviléges à raison de leur « invention plus divine qu'humaine. » M. Renouard estime qu'après cet édit, comme sous l'empire de celui de Chinon, le nombre des libraires-imprimeurs de Paris resta limitativement fixé. Je n'ai pu vérifier si cette limitation a été effectivement reproduite ; mais les faits prouvent à l'évidence, qu'eût-elle été renouvelée, elle ne fut observée nulle part. Cette industrie prend dans les XVe et XVIe siècles une extension démesurée. « Peu de villes, dit M. Pelletier, n'avaient pas leur imprimerie ; des cités même où il n'y a plus aujourd'hui d'imprimeurs en possédaient alors. » Ce développement excessif explique, suivant moi, deux phénomènes :

la naissance des priviléges en imprimerie, et la querelle
entre les libraires de Paris et les libraires de province,
de laquelle devait enfin sortir la première notion, entrevue seulement sous un de ses aspects, *du droit d'auteur*.

Les premiers typographes n'étaient pas seulement des
inventeurs, ils étaient des érudits. En même temps qu'ils
devinaient la véritable application d'un procédé connu
depuis bien des siècles et les moyens pratiques de cette
application, ils veillaient avec un soin scrupuleux à la
pureté et à la correction des textes. L'œuvre de révision
à laquelle Charlemagne avait donné l'impulsion est reprise aux **XV**[e] et **XVI**[e] siècles par ces intelligents éditeurs
dont les noms sont restés justement célèbres. Mais ce
mouvement devait être entravé encore une fois. La nou-
veauté, qui, dans tous les commerces, est un grand élément de succès, et qui avait nourri ces mille aventuriers
qui couvraient la France de leurs presses, commençait
à perdre son attrait. Les imprimeries, trop nombreuses
pour un public encore bien grossier et que la curiosité
ne poussait plus, cherchaient à tout prix un moyen
d'exercer leur activité. A peine, à force de labeur et
de savoir, quelque habile typographe donnait-il une
édition d'un auteur de l'antiquité, chef-d'œuvre de pureté et de correction, mais dont il élevait le prix pour
retrouver la rétribution de ses peines, que ses confrères,
surtout ceux de province, plus inoccupés encore que
ceux de Paris, s'empressaient de contrefaire son travail et,
profitant des efforts d'autrui, vendaient à des prix bien
plus bas. Déception plus cruelle encore : l'édition contre-
faisante, outre ses caractères et son papier défectueux,

contenait des fautes dont la copie manuscrite elle-même
était exempte. Ce désespoir de l'artiste, à la vue de son
œuvre profanée, parlant plus haut que l'intérêt commercial, se traduit par des traits de caractère curieux à connaître. Estienne placardait ses épreuves, pour que chacun
pût corriger les éditions de ses imitateurs. Alde, l'inventeur du caractère italique, faisait distribuer gratuitement
la liste des bévues commises par les confrères qui l'a-
vaient pillé.

C'est la crainte de cette contrefaçon ruineuse qui fit
inventer ce qu'on appela depuis *privilége en librairie.*
Ce même Alde, sur le point d'entreprendre l'impression
d'Aristote, eut, le premier, l'idée de demander au sénat de
Venise de le protéger contre la contrefaçon. De là la
première concession de privilége (1495). « Concessum
« est, est-il écrit en tête de la première page de cette
« édition, Aldo *inventori*, ab ill° Senatu Veneto ne quis
« queat imprimere neque hunc librum neque uti ejus
« invento, sub pœna ut in gratia. » Cette garantie était
trop avantageuse pour que, sitôt que l'idée d'y avoir recours fut connu, on ne s'empressât pas de la réclamer.
Telle est l'origine des priviléges en librairie. Sur quoi
reposaient-ils? Sur une simple faveur de l'autorité suprême, faveur essentiellement individuelle, par laquelle
tel libraire était investi, pendant un certain temps, du
monopole de la publication d'un auteur de l'antiquité.
Certes, cette savante discussion des textes, cette recherche de la pensée de l'auteur au milieu des mille contre-
sens, des innombrables variantes, conséquences inévitables du mode primitif de reproduction, où chaque copie
nouvelle s'altérait sous des mains ignorantes, ce délicat

travail de révision eût obtenu de nos jours également la protection de l'autorité publique. Mais cette protection eût été demandée et accordée comme un droit et non comme une grâce. La jurisprudence constante de la Cour de cassation ne permet pas de douter qu'elle n'eut étendu à ces bibliophiles les mesures protectrices des droits d'auteur. Mais au XVᵉ siècle, on voyait les choses à un tout autre point de vue : « On ne songeait pas, dit M. Renouard, « à agir en vertu de son droit, et l'on cherchait à se pro- « téger sous l'abri des autorisations par octroi. » Le privilége était donc, comme son nom l'indique, une fa- veur ; aussi était-il temporaire, et le plus souvent spécial à tel ouvrage imprimé par un éditeur, et non à tous les ouvrages qui sortaient de cette imprimerie. Telle est la nature des premiers priviléges, appelés à juste titre *ex- clusifs*. On peut voir dans cette pensée d'assurer une rétribution légitime aux pénibles travaux d'érudition, pensée qui explique pourquoi ces faveurs ne portaient que sur les ouvrages de l'antiquité, un premier germe de ce qui est devenu depuis le droit d'auteur ; mais ce droit n'est qu'entrevu, et tout, jusqu'au caractère de grâce, témoigne qu'on était bien loin de reconnaître l'existence d'une pro- priété littéraire. Et cependant ces octrois se rattachent bien plus à cette idée qu'une institution plus récente, dé- signée sous le même nom et destinée à un plus long ave- nir, mais dont l'origine et la portée sont bien diffé- rentes : les priviléges sur livres nouveaux.

Beaucoup de publicistes ne distinguent pas ces privi- léges des permissions d'imprimer. A mes yeux, il y a là une erreur, erreur qui se conçoit d'autant mieux que l'usage et les édits eux-mêmes avaient fini par confondre ces deux choses. Toutefois, si l'on recherche l'origine et la progression historique de ces deux institutions, on demeure convaincu que l'une, la permission d'imprimer, de beaucoup antérieure, a servi de cause indirecte, d'occasion en quelque sorte à la naissance et au développement de l'autre. M. Renouard fait naître simultanément, sous le règne de François Ier, et la censure et les priviléges sur livres nouveaux. Malgré la défiance que j'éprouve à m'écarter de l'opinion de ce savant jurisconsulte, je crois que la censure n'est pas née tout d'un coup et d'une seule pièce sous le règne de François Ier, mais bien plutôt qu'elle se trouvait en germe dans une institution aussi vieille que l'empire carlovingien, l'approbation donnée par l'Université, et qu'il faut attribuer son développement si soudain et si effrayant, pendant le XVIe siècle, aux causes suivantes.

Ce siècle est bouleversé par la lutte passionnée du clergé et de l'autorité royale contre le prosélytisme protestant venu d'Allemagne. L'imprimerie est l'un des plus puissants instruments de propagande entre les mains des adeptes de la nouvelle religion. Au début de la lutte, le parti catholique, trop confiant dans la force du bras séculier, ne répond guère au déluge de libelles et de publications, dont l'inondent ses adversaires de Genève, autrement que par les intrigues et les persécutions. Le pouvoir royal, pour venir en aide à l'Eglise, eut recours à une vieille institution contre laquelle six siècles auparavant avait échoué une autre tentative de cet esprit d'indépendance et de discussion qui inspirait les mille sectes du protestantisme. J'ai déjà dit que jusqu'au règne de Charlemagne l'étude des textes sacrés, comme toute autre

étude d'ailleurs, était concentrée entre les mains des
congrégations religieuses. Elles seules enseignaient le
peu de lecture, de grammaire et d'arithmétique qui for-
mait l'instruction des érudits de l'époque, elles seules
donnaient l'enseignement religieux et composaient les
ouvrages nécessaires à cet enseignement. Aucun laïque
n'avait encore ouvert la Bible et n'avait songé à découvrir
et à commenter la pensée des livres sacrés. Lorsque le
grand empereur sut inspirer à son peuple l'amour des
lettres et des sciences qui l'animait, l'examen des questions théologiques, unique objet de l'enseignement de cette
époque, commença à passionner les esprits. Des traductions partielles de la Bible, les plus anciens monuments
de notre langue, suivies de longs commentaires dus à
des plumes laïques, se mirent en opposition fréquente
avec le dogme et la tradition de l'Eglise, et effrayèrent
bientôt le haut clergé français et la papauté. Car, ainsi que
le disent les lettres d'Innocent III (1199), de cette multi-
tude de laïques, entraînés par un désir immodéré de connaître les écritures saintes : « quidam ex eis simplicitatem
« sacerdotum suorum fastidiunt, et cum ipsis per eos ver-
« bum salutis proponitur ; se melius habere in libellis
« suis et prudentius id eloqui submurmurant in occul-
« to. » Ces paroles d'Innocent III ne prouvent-elles pas
que l'Eglise a dû lutter, bien plus tôt qu'on ne le croit,
contre cet esprit investigateur et ennemi de la tradition
qui devait inspirer les premiers sectaires de la religion
réformée. Défense fut faite désormais de traiter les questions religieuses sans l'approbation de l'autorité ecclé-
siastique. L'Université, née de la protection de l'Eglise et
considérée comme sa déléguée dans la collation des

grades, fut également chargée, au moins dans une certaine mesure et concurrement avec les évêchés, de ce contrôle sur les écrits nouveaux qui, s'il ne porte pas le nom de censure, me paraît ressembler beaucoup à la chose.

Lorsque cette première rébellion de l'esprit de doute et de controverse eut été réprimée, l'Université ne perdit pas son pouvoir d'appréciation. Elle resta investie du soin de proscrire les éditions fautives et de ne mettre entre les mains des étudiants que les textes les plus purs. Ainsi son autorité se conserva intacte; il y a plus, libraires et auteurs recherchèrent son contrôle : c'est qu'en effet le visa d'une faculté était considéré comme la garantie du mérite d'un ouvrage. Aussi pour toute sorte d'écrits, même pour les plus étrangers aux questions religieuses, s'était-on habitué à ne publier qu'après que l'Université, par sa permission d'imprimer, avait témoigné son approbation. Cette barrière mise à la libre expansion de la pensée ne choquait pas d'ailleurs les esprits ; elle n'était rien, en effet, auprès des entraves qu'imposaient la lenteur, les difficultés sans nombre et le prix exorbitant de la copie à la main : on ne devait en apprécier la puissance réelle qu'après la découverte de l'imprimerie.

Dans les premiers temps qui suivirent cette découverte, le principe de l'approbation universitaire semble avoir été un peu oublié. Le clergé et le pouvoir royal rivalisaient de faveur pour la nouvelle invention, à plus forte raison ne songeaient-ils pas à la soumettre à un système restrictif. Les choses changèrent, lorsque le protestantisme se servit des presses pour répandre ses doctrines nouvelles. Alors la royauté eut recours à cette vieille institution de l'approbation universitaire, elle l'étendit, la transforma pour le service de ses vues politiques; elle s'empara de cette institution déjà établie et à laquelle on s'était habitué, et n'eut point la maladresse de donner tout d'un coup une forme et un nom nouveau à la nouvelle entrave qu'elle voulait mettre au développement de la pensée humaine. Ainsi François Ier ne crée point la censure, il en trouve le principe dans une institution un peu abandonnée, dont il fait un des moyens de défense les plus puissants du catholicisme ébranlé.

Mais la juridiction de l'Université sur les libraires n'était qu'une juridiction de première instance, le Parlement jugeait en appel: c'est ainsi qu'il fut appelé à s'occuper de la censure (1). Plus tard il évoque l'affaire, se contente de consulter l'Université et se remet à elle du soin de délivrer les autorisations préalables. Bientôt la royauté ne se contenta plus de l'action trop molle à son gré de l'Université (2) et du Parlement, et se mit elle-même à délivrer les permissions d'imprimer. Elle édicta contre ceux qui voudraient se soustraire à cette formalité des peines corporelles dont la cruauté même fait croire qu'elles n'étaient pas appliquées. Un moment même, au plus fort des troubles religieux, à bout d'expédients et de stériles menaces, la royauté imagina, pour réduire au silence ses adversaires, un moyen plus radical que pratique, la défense, sous peine de la hart, d'imprimer

---

(1) Arrêts des 5 février 1525, 28 août 1527, 5 novembre 1542.

(2) L'Université resta même, après cette époque, investie d'un droit d'approbation, mais ce contrôle ne portait plus que sur le mérite scientifique ou littéraire de l'ouvrage.

désormais aucun ouvrage nouveau (lett. pat. 13 janvier
1534). On le voit, son jugement sur l'imprimerie était
singulièrement modifié. « Cette invention, plus divine
qu'humaine, » au dire de Louis XII, faisait, sous le règne
du petit-fils de ce monarque, courir le risque à ses
adeptes d'être « pendus ou estranglés. »

Quel était l'effet de cette permission d'imprimer? La
permission de publier un ouvrage nouveau accordée à
un éditeur ne créait pas à son profit un droit exclusif
à la publication de cet ouvrage, et n'empêchait pas
qu'un autre éditeur ne sollicitât la même grâce et
n'imprimât le même livre. Ce n'était, en réalité, que
l'attestation donnée par l'autorité compétente que le livre
ne contenait rien de contraire à la foi ou à la sûreté de
l'Etat, et que, dès lors, sa publication n'exposait le libraire
à aucune poursuite de ce chef. Mais il n'en résultait
nullement la consécration d'un droit quelconque sur
l'œuvre.

La librairie, qui avait tiré un si grand profit de l'exclusif, eut naturellement l'idée de solliciter, en même
temps que la permission d'imprimer une œuvre nouvelle,
une garantie analogue. La royauté, dont les ordonnances
si sévères et si fréquemment répétées ne réussissaient
guère à faire respecter la censure, s'y prêta d'autant
plus volontiers qu'elle y vit le moyen d'assurer le succès
de ses desseins politiques en offrant l'attrait irrésistible
d'un monopole commercial à qui voudrait se soumettre
à sa critique. L'exclusif avait eu pour but de protéger
contre la contrefaçon les travaux d'érudition sur les
textes de l'antiquité, et, pour fondement, l'idée bien con-
fusément entrevue, il est vrai, que l'auteur de cette ré-

vision avait un certain droit sur l'œuvre ainsi revue ; monopole comme lui , le privilége sur livres nouveaux n'est en soi qu'une pure faveur, dont le but est d'empêcher non plus la contrefaçon mais simplement la *concurrence*, et dont la véritable raison d'être est qu'il sert de prime aux demandes en permission d'imprimer.

Au début, d'ailleurs, cette institution, àpart l'usage que le pouvoir royal sut en tirer, s'appuyait sur deux considérations d'intérêt public. La découverte de l'imprimerie avait transformé le commerce de la librairie. Il ne s'agissait plus, en effet, de louer aux étudiants, d'après un tarif fixé par les règlements universitaires, un manuscrit à copier, ou de faire faire, la plus part du temps sur commande, une copie dont le prix couvrait à l'instant toutes les dépenses ; il fallait réunir un matériel coûteux et un personnel habile ; il fallait tirer d'avance et à grands frais un nombre considérable d'exemplaires dont chacun devait cependant se livrer à un prix relativement modique ; il fallait enfin risquer des capitaux, dont le recouvrement, soumis à l'épuisement de l'édition, serait lent et incertain. Aussi les libraires reculaient-ils devant la publication d'ouvrages sérieux, d'une grande étendue et d'un débit peu rapide, et préféraient-ils aux deux excellentes éditions d'Hippocrate et de Galien données par Rabelais, les joyeux écrits du curé de Meudon, dont « il fut plus vendu d'exemplaires en deux mois que de Bibles en neuf ans. » D'autre part les bons typographes étaient rares et mettaient leurs services à des prix très-élevés ; les mauvais, aussi communs que de nos jours, étaient d'une maladresse et d'une ignorance inouïes ; c'étaient, au dire de

l'arrêt de 1649, « personnes de néant et meschamment
entendues dans leur art. » Aussi les belles éditions exi-
geaient-elles des dépenses énormes, et dans lesquelles les
imprimeurs que l'amour de leur art ne passionnait pas
n'osaient pas se hasarder. Rendre possible la publication
d'ouvrages destinés par leur nature à un débit lent,
assurer la pureté et la correction des textes : tel est le
double service que rendit le privilége sur livres nouveaux.
Aussi, dans les premiers temps, n'est-il guère demandé
pour les écrits d'un commerce journalier.

On le voit, le bénéficiaire du privilége ne pouvait être
que l'éditeur : c'est, en effet, pour assurer le recouvrement
de ses dépenses qu'on crée à son profit un monopole,
et la considération de l'auteur est complétement étrangère à la concession de cette faveur. Il y a plus, ce privilége s'exercera non-seulement à l'exclusion des autres
libraires, mais à l'exclusion des auteurs eux-mêmes.
C'est, en effet, une erreur à mes yeux que de croire
qu'avant le commencement du XVIIIe siècle le pouvoir
royal songeât à conserver à l'auteur un avantage quelconque sur son travail. Nous verrons bientôt qu'il empêche, au contraire, les auteurs d'éditer et de vendre
leurs écrits pour ne point porter atteinte aux prérogatives des libraires. Que si on rencontre de rares auteurs
investis d'un privilége sur leurs œuvres, ce n'est là
qu'une faveur exceptionnelle qui n'a de valeur qu'autant
qu'elle sera cédée à un libraire et que le bénéficiaire actuel ne peut exploiter lui-même, mais dont il peut faire
de l'argent en la vendant. Aussi ce même avantage
sera-t-il également accordé à un favori qui ne sera ni
auteur ni libraire. Ainsi, en 1597, un professeur du col-

lége de Roncourt, « en considération de ses fidèles et agréables services », reçoit le privilége perpétuel des œuvres de Ronsard.

Combien donc sommes-nous loin de la reconnaissance du droit d'auteur! Le privilége n'est pas considéré comme la garantie accordée par l'autorité publique à l'exercice d'un droit conféré par l'auteur à son libraire. On ne s'occupe de la propriété de l'œuvre ni chez l'auteur, ni chez son cessionnaire, on n'interprète pas légalement les conséquences juridiques du contrat qui est intervenu entre eux relativement à la translation du manuscrit. L'éditeur n'est pas considéré comme l'ayant-cause de l'auteur, il est considéré comme éditeur. C'est à ce titre qu'il a obtenu l'exclusif, c'est à ce titre qu'il sollicite et obtient aujourd'hui le privilége.

Mais avec le temps les choses vont changer. A mesure que le goût de l'étude se répand et que le public se donne à des lectures plus sérieuses, à mesure que le matériel des presses se simplifie en se perfectionnant, et que les typographes s'instruisent dans leur métier, les libraires cessent de pouvoir se prévaloir au même degré, soit de l'importance de leurs sacrifices, soit des chances de perte auxquelles ils s'exposent. Et cependant, en même temps que les raisons d'être des priviléges diminuent, le nombre de ces faveurs augmente. C'est qu'à bout d'expédients pour maintenir la censure, la royauté use et abuse du seul procédé efficace. C'est en vain que, par une jurisprudence affirmée dès 1578 et qui ne s'est jamais démentie, les parlements veulent restreindre les priviléges dans leurs limites naturelles et leur conserver le caractère d'encouragement offert à l'entreprise toujours hasardeuse de la première publication d'un ouvrage inédit; c'est en vain qu'ils s'opposent à la prolongation de priviléges sur des livres déjà publiés, à moins qu'il n'y ait une sérieuse augmentation dans le texte, par cette raison que les chances de vente sont assez connues pour que le libraire qui réédite sache à quoi il se risque. La royauté, malgré quelques concessions momentanées sur lesquelles, un instant après, les exigences de sa politique l'obligent à revenir, accroît tous les jours le nombre des prolongations de monopole. Lasse bientôt de lutter contre une jurisprudence dont elle reconnaît la justesse, mais qui la choque par cette double raison qu'elle émane d'un pouvoir trop indépendant et qu'elle nuit à ses vues secrètes, elle fait cesser toute contradiction officielle en décidant, dès 1665, que les contestations sur privilége « *pourront* être portées » devant son conseil (1).

Elle fait plus, pour avoir une action plus puissante sur la presse, elle ne cède les priviléges nouveaux ou les prolongations qu'aux seuls libraires de Paris. Elle s'assure ainsi leur entière obéissance, en les sauvegardant contre la concurrence de la province. Celle-ci fait entendre bientôt de vives et légitimes réclamations. Réduite à une inaction à peu près absolue, puisqu'elle ne peut obtenir aucun privilége de l'autorité royale et qu'elle est exclue d'autre part par la corporation de Paris des ventes de priviléges ou de parts de privilége, lasse de protester inutilement, depuis que le Parlement n'est plus juge de ses plaintes contre les prolongations de privilége, elle

(1) Le règlement de 1723 renouvela plus impérieusement cette mesure.

recherche dans la contrefaçon les moyens d'existence.
La mollesse avec laquelle la royauté réagissait contre
cette contrefaçon, malgré l'âpreté des récriminations des
libraires de Paris, témoigne qu'elle s'avouait à elle-même
combien était injuste ce partage inégal des monopoles.

A chaque nouveau règlement donné à la librairie, on
voit se renouveler les réclamations des éditeurs de province. C'est au milieu d'un de ces conflits, né à propos des
statuts de 1723 qui répétaient la défense de vendre des
priviléges existant à d'autres qu'aux libraires de Paris
(art. 75 et 76), qu'il est parlé, pour la première fois, de la
propriété de l'auteur sur ses œuvres. Chose singulière,
c'est à l'occasion d'un débat entre libraires et pour servir
des intérêts qui lui sont bien indifférents que ce droit
s'affirme. Le défenseur des libraires de Paris était un ca-
noniste célèbre, Louis d'Héricourt. S'avouant à lui-même
que les arguments invoqués d'abord en faveur des priviléges s'étaient affaiblis à mesure que le débit des livres
était devenu plus assuré et les frais d'impression moins
élevés, le savant avocat cherche et trouve un argument
nouveau. Cet argument se résume dans le syllogisme
suivant : l'auteur est propriétaire de son œuvre et « cette
« propriété est semblable de tous points à la propriété
« d'un meuble ou d'une terre, » elle est donc perpétuelle; le libraire est le cessionnaire de l'auteur et est
investi de tous ses droits; lui et ses héritiers sont donc,
indépendamment de tout privilége, propriétaires incom-
mutables et à perpétuité de l'œuvre. Aussi, en interdi-
sant à ses confrères de reproduire, le libraire ne fait-il
qu'user du droit de tout propriétaire d'empêcher autrui
de jouir de sa chose. D'où cette conséquence : « Le roi

« n'a pas plus le droit de refuser un privilége ou sa con-
« tinuation qu'il n'a le droit de dépouiller un de ses
« sujets de la maison qu'il possède à titre légitime. »
Nous savons s'il est vrai de dire que les priviléges ont
été créés au profit des auteurs, et si c'était le droit de ces
derniers que l'on protégeait dans la personne du libraire.

Quoi qu'il en soit, d'Héricourt présente le premier
cet argument qui, reproduit sous toutes les formes, a été
depuis cette époque la thèse favorite des libraires. Depuis
la Convention, le débat est déplacé et ne s'engage plus entre les mêmes parties, mais l'intérêt en jeu n'a pas changé
et l'argument présenté sous un aspect plus spécieux est
resté au fond le même. Telle est encore la tactique des
libraires modernes qui, affectant une bienveillance extrême pour les auteurs, auxquels ils doivent d'ailleurs
le rapide accroissement de leurs fortunes, réclament dans
les congrès littéraires, dans les brochures, par la plume
d'acolytes intéressés ou d'écrivains dupes de leurs dé-
monstrations de zèle, la reconnaissance de la propriété
perpétuelle. Une longue habitude des gens de lettres leur
a appris qu'ils ne dépenseront guère davantage pour
obtenir de talents nouveaux, ignorants de leur valeur
et sacrifiant tout à l'impatience du succès, des cessions
définitives qui perpétueront dans leur fonds de librairie
une source inépuisable de richesses. Macaulay disait,
avec un grand sens à mon avis : « La perpétuité n'aurait
« pas empêché la petite-fille de Milton de mendier, parce
« que la perpétuité n'aurait pas empêché Milton de ven-
« dre son droit à vil prix au libraire Thompson. »

Du reste il faudrait, à mon avis, non-seulement commettre une erreur chronologique, mais se refuser à re-

connaître des faits évidents et des témoignages irrécusa-
bles, pour prétendre que le droit de l'auteur sur son
œuvre se soit, par un éclair soudain, révélé ua défenseur
des libraires de Paris, et que la notion de ce droit, bien
que vaguement entrevue, ne se soit pas déjà fait jour dans
les esprits. Nous sommes, en effet, à une époque de transition où, comme je le disais au début de cet aperçu
historique, les lettres s'affranchissent de la tutelle royale
et où les auteurs s'avisent de demander à leurs ouvrages
une fortune, qui tout en leur procurant l'indépendance,
flatte d'autant plus leur amour-propre qu'elle croît
avec la faveur publique. Tout dénote cette tendance
des écrivains à revendiquer une part trop longtemps
abandonnée sur les bénéfices de la publication. Ils rencontrent, dès l'abord, un rival habitué depuis de
longs siècles à profiter seul de leurs travaux et qui, fort
des avantages qu'il a puisés dans leur inaction, leur
interdit, au nom de ses prérogatives, d'éditer et de publier eux-mêmes leurs œuvres. Alors les auteurs font
entendre des plaintes qui attirent bientôt sur eux l'intérêt
de l'opinion publique et les faveurs de la royauté.

C'est ainsi que dès 1720, c'est-à-dire cinq ans avant
le plaidoyer de d'Héricourt, on vit courir un pamphlet très-curieux, intitulé : *Mémoire sur les vexations
qu'exercent les libraires de Paris.* — « C'est en vain, dit
« ce libelle, que pour se rédimer de la vexation des
« libraires, quelques auteurs ont pris le parti de faire
« les frais de l'impression et de vendre eux-mêmes leurs
« livres. Rien n'était plus juste. L'imprimeur était
« d'abord payé de ses mises et de sa peine, et il n'était
« pas à craindre qu'il fît trop bon marché à l'auteur. Les

« libraires avaient aussi leur droit, puisque l'auteur, pour
« se procurer un débit plus prompt, en donnait à vendre
« à différents libraires. Cependant les libraires n'ont pu
« le souffrir, ils ont envié aux auteurs la récompense de
« leurs travaux... » S'inspirant des mêmes idées, Voltaire écrivait à un ami en 1769 : « M. le doyen du parle-
« ment de Bourgogne veut bien me vendre tous les ans
« un peu de son bon vin, sans que les cabaretiers lui
« aient jamais fait de procès. Pour les gens de lettres,
« c'est une autre affaire ; il faut qu'ils soient écrasés, at-
« tendu qu'ils ne font point corps et qu'ils ne sont que
« des membres très-épars. »

Quoi qu'en dise cette lettre, bien avant cette époque, les auteurs avaient obtenu de sérieux succès sur les libraires. Je regarde même comme un succès pour leur cause l'affirmation de la propriété littéraire faite, il est vrai, pour les dépouiller au profit des éditeurs dans le fameux procès de 1725. On y voit la reconnaissance d'une idée vraie et qui va dominer, c'est que le travail de l'écrivain et la création intellectuelle méritent surtout le privilége.

Un autre procès, celui des petites-filles de La Fontaine, vint donner une nouvelle consécration, officielle cette fois, à la prétention des auteurs. On pense bien qu'il en avait été de ses ouvrages comme du reste de son patrimoine, et que le Bonhomme en avait, par fidélité à ses principes :

« Mangé le fond avec le revenu. »

Depuis soixante-six ans, le successeur du célèbre Barbin jouissait paisiblement du revenu colossal des œuvres du fabuliste, lorsqu'à un moment où une prolongation de privilége venait d'expirer (1761), les demoiselles de La Fontaine s'avisèrent de demander un privilége personnel. Le descendant de Barbin eut pour lui toute la communauté des libraires : le conseil du roi tint bon, et confirma aux petites-filles du poëte le privilége qu'elles venaient de recevoir, par cette raison remarquable « que les ouvrages « de leur aïeul leur appartenaient naturellement par droit « d'hérédité. »

Quelques mois avant les arrêts du 30 août 1777, qui contiennent le dernier mot sur cette matière de la législation de notre ancienne monarchie, une décision du conseil du roi du 20 mars 1777 accentua plus fortement encore cette jurisprudence. Elle fit rentrer dans la famille de Fénelon le privilége accordé sur les œuvres de l'archevêque de Cambrai, et déclara que « les conti- « nuations de privilége ne pourraient être concédées aux « libraires qu'avec l'agrément des héritiers. »

Devant ces témoignages évidents de leur défaveur dans l'opinion publique, les libraires commencèrent à oublier leurs querelles intestines, et à s'unir contre ce nouvel ennemi. Devenus plus habiles parce qu'ils se rendaient un compte plus exact de leur situation, ils eurent recours à une ruse de guerre, dont il n'est pas bien sûr qu'ils ne se servent encore, et convertirent à leurs intérêts un littérateur qui eût été certes un de leurs plus fougueux adversaires. Diderot rédigea pour eux, en 1767, un mémoire que les éditeurs modernes, à bout d'arguments, ont exhumé des archives de la Bibliothèque nationale (1).

____

(1) *Lettre sur le commerce de la librairie*, par Diderot, publiée pour

Il est curieux d'entendre « ce zélé partisan de la liberté
« prise dans son acception la plus étendue, qui a de tout
« temps été convaincu que les corporations étaient in-
« justes et funestes, et qui en regardait l'abolissement en-
« tier et absolu comme un pas vers un gouvernement
« plus sage... » s'évertuer à défendre une corporation,
vanter les priviléges comme la protection nécessaire contre « la chose la plus fâcheuse du monde », la libre concurrence, et conclure à ce que « les lois existantes sur
la librairie soient à jamais affermies. »

Ce transfuge du camp des auteurs ne fut pas écouté, et
les six arrêts de 1777, rendus sous le ministère de Necker,
vinrent établir deux sortes de priviléges, différenciés
entre eux par leur raison d'être et leur étendue. Ce n'est
pas d'ailleurs la seule modification que consacrèrent ces
arrêts : on se rappelle les vives réclamations des auteurs
contre la prétention des libraires de leur interdire la
faculté de publier et de vendre eux-mêmes leurs ouvrages. Depuis le pamphlet de 1720, bien des mémoires
furent écrits dans ce sens ; les plus judicieux sont dus
à la plume de Lamoignon, de Malesherbes, alors (en 1759)
directeur général de la librairie. Les conclusions de ces
mémoires semblent reproduites par les arrêts. L'écrivain
est libre d'éditer son ouvrage et est affranchi de la domination des libraires.

On le voit, ces discussions brillantes et sans cesse renouvelées, ces écrits répandus dans les salons et dans
les cercles littéraires, ces mémoires où était traitée une
question qui, chez nous, ne rencontre jamais d'indiffé-

la première fois par le Comité de l'association pour la défense de la
propriété littéraire et artistique.

rent et qui se prête si merveilleusement au plaisir le plus vif des gens de lettres qui est d'occuper d'eux, ce mouvement général enfin de l'opinion publique avait en quelque sorte dicté les décisions des arrêts de 1777.

Étudions de près cette législation dont, quoi qu'on en dise, nos lois modernes ne sont que le reflet. Elle contient deux innovations considérables. Elle permet à l'auteur d'éditer et de vendre lui-même son ouvrage. Elle lui offre, en second lieu, un privilége personnel sur ses œuvres : en d'autres termes, et c'est là le point capital, elle crée deux classes différentes de priviléges. L'une, conservée à l'éditeur et « proportionnée au montant de « ses déboursés et à l'importance de son entreprise », ne peut être que de quelques années, au plus « la durée « de la vie de l'auteur avec lequel le libraire a traité. » Ces arrêts reviennent ainsi au véritable principe qui motive les premiers priviléges sur livres nouveaux, qui est d'engager les éditeurs à avancer les capitaux nécessaires pour obtenir « la beauté de l'impression et la cor- « rection du texte » par l'assurance d'un monopole momentané. Lors, au contraire, qu'ils se placent vis-à-vis de l'auteur, ils reconnaissent que le privilége s'appuie sur une base autrement solide, le travail, la création de l'auteur, « que cette différence dans les mo- « tifs qui déterminent les priviléges en doit produire une « dans leur durée. » Tandis qu'en effet accorder un privilége indéfini au libraire « ce serait *transformer une jouis-* « *sance de grâce en une propriété de droit* et perpétuer « ainsi une faveur contre la teneur même du titre qui en « fixe la durée, l'auteur doit obtenir pour éditer et vendre « lui même ses ouvrages un privilége *pour lui et ses hoirs*

« *à perpétuité*, pourvu qu'il ne le rétrocède à aucun li-
« braire, auquel cas la durée du privilége sera, par le
« seul fait de la cession, réduite à celle de la vie de l'au-
« teur. » Ainsi est assurée à l'auteur une rémunération
perpétuelle, un tribut que les générations acquitteront à
sa famille en reconnaissance du charme de ses écrits.
Mais il est interdit à un libraire d'usurper une faveur qui
est la récompense du travail de l'écrivain, et moyennant
l'acquisition à un prix insuffisant d'un manuscrit de concentrer à jamais entre ses mains tous les bénéfices de la
publication. De cette façon s'explique que le privilége de-
vienne temporaire sitôt que l'auteur s'en dessaisit : cette
décision est inspirée par l'esprit qui s'est manifesté dans
les deux procès des héritiers de La Fontaine et de Fénelon.

Tels sont ces arrêts qui ne manquèrent pas de sou-
lever dans la communauté des libraires une vive opposition et qui sont présentés par les défenseurs des éditeurs
modernes comme la plus odieuse violation de la propriété
littéraire. Dès l'année suivante, le 30 juillet 1778, ils recevaient du pouvoir même duquel ils émanaient une première atteinte. Le conseil du roi décidait qu'à l'avenir
les priviléges de libraire seraient accordés « pour tout le
temps que le chancelier ou le garde des sceaux jugerait
nécessaire ». Le Parlement lui-même, si hostile autrefois
aux prolongations de priviléges, entra dans cette voie et
se prononça en faveur des libraires (1779 à 80) après un
compte rendu de l'avocat général Séguier. Ce discours a
été singulièrement surfait, car sa partie historique four-
mille d'erreurs et sa conclusion, à savoir qu'il faudrait
fonder un établissement national qui achèterait les ma-

nuscrits aux auteurs et traiterait ensuite avec les libraires,
me semble digne de l'exorde. Le Parlement, heureusement pour lui, chargea du soin de présenter au roi ses
remontrances une commission qui dut avoir quelque
peine à concilier ensemble la décision nouvelle et l'ancienne jurisprudence, mais qui, comme la plupart des
commissions, n'aboutit à rien.

Ainsi, à la veille de la révolution française, l'avantage
accordé à l'auteur, bien que différant du privilége des libraires par son étendue et le principe duquel il découle,
porte en réalité sur la même chose. On veut assurer à
l'auteur la récompense de son travail et, pour cela, on lui
procure, s'il veut éditer lui-même, les avantages pécuniaires qu'un libraire eût tirés de la concession de cette
faveur. En effet, par suite du développement de l'instruction et du goût pour la lecture, le monopole de la publication des œuvres littéraires a acquis une valeur commerciale considérable; par ce côté, l'œuvre a donc revêtu
un caractère vénal et est tombée dans le commerce. C'est
donc dans la concession du monopole de la reproduction
que réside la faveur nouvellement étendue à l'auteur et
qu'on appelle propriété littéraire; mais tout ce qui, dans
l'œuvre, n'a pas trait à la publication reste, comme avant,
en dehors de toute réglementation législative.

Il semble bien que les priviléges d'auteurs et ceux de
libraires durent disparaître dans la tourmente révolution-
naire, uniquement peut être à cause de leur nom. On retrouve jusqu'en 1790, dans les registres de la communauté
de la librairie, déposés aux archives de la Bibliothèque

nationale, la mention de quelques priviléges nouvellement inscrits

En **1793**, les droits d'auteur reçurent enfin une réglementation devenue de jour en jour plus urgente. Cette loi que, dans le style pompeux de l'époque, Lakanal proclamait la déclaration des droits de l'intelligence, par son silence même, consacra une innovation très-importante : elle ne rétablit point le privilége des libraires, elle remet en vigueur celui des auteurs ; mais elle en diminue singulièrement l'étendue. Ce monopole, qualifié « propriété littéraire », ne s'exercera que pendant la vie de l'auteur et les dix ans qui suivront son décès. A la différence de l'ancien privilége, il découle directement de la loi et ne doit pas son existence à un acte du pouvoir gracieux.

Je n'expose pas davantage les dispositions de cette loi ; elles trouveront leur explication, au moins en ce qui touche mon sujet, dans le cours de ce travail. Voici le tableau des autres lois sur cette matière :

1° Décret du 5 février 1810 (art. 39 et 40), contenant règlement sur l'imprimerie et la librairie.

2° Loi du 3 août 1844, relative au droit de propriété des veuves et des enfants d'auteurs d'ouvrages dramatiques.

3° Loi du 8 avril 1854 sur le droit de propriété garanti aux veuves et aux enfants des auteurs, compositeurs et artistes.

4° Loi du 14 juillet 1866 sur les droits des héritiers et ayants-cause des auteurs.

Entre ces différentes lois se placent plusieurs projets

élaborés par des commissions dont les travaux restèrent le plus souvent sans résultat. La première de ces commissions, celle de 1823, proposa d'étendre à cinquante ans le délai du droit des héritiers. Après elle, en 1836, est formée une commission administrative dont les travaux, présentés à la Chambre des pairs en 1839, ne furent portés à l'autre Chambre que deux ans après. Elle concluait également au délai de cinquante ans.

Un incident de ces débats est curieux à connaître. Une sous-commission avait été formée dans le sein de la Chambre des pairs. Elle proposa de changer la rubrique de la loi et de substituer au titre de loi sur la propriété littéraire, celui de : « loi relative aux droits des auteurs sur leurs productions dans les lettres et dans les arts. » M. de Ségur (1) fit observer que l'abandon du nom était l'abandon du principe. L'ancien titre fut maintenu.

Parmi les défenseurs du délai de cinquante ans, on comptait alors M. Villemain, son adversaire en 1823; toutefois, à une immense majorité, le terme de trente ans fut adopté à la Chambre des pairs (2). La Chambre des députés nomma Lamartine son rapporteur; l'illustre poëte revint au terme proposé dès 1823. Les plus ardents contradicteurs de Lamartine furent MM. Renouard et Berville. Ce dernier soutint que la dénomination de propriété donnée au droit d'auteurs n'était qu'une « parole obligeante. » Le fameux axiome de Kant, qu'« un livre est la prestation d'un service envers la société », axiome fort juste quand le livre n'est pas mauvais, fut reproduit à la Chambre par M. Renouard. M. Villemain convint qu'il eût préféré le

(1) *Moniteur*, 1839, p. 824.
(2) 78 voix contre 31, *Mon.*, p. 831.

titre de « droit exclusif »; celui de « propriété » ne lui
paraissait pas convenir.

L'impossibilité de s'entendre sur le délai amena la
fatigue dans les esprits, et la loi fut rejetée, le 2 avril 1841
par 154 voix contre 108. Ainsi avorta un projet préparé et discuté par d'éminents esprits, mais dont les
idées devaient être bientôt reprises.

Cette discussion, en apparence stérile, avait amené
pourtant la première proposition d'une réforme commandée par l'équité. Un avis du conseil d'État de 1841
venait de décider, avec raison d'ailleurs, que le décret
de 1810 n'était pas applicable aux représentations théâtrales. Ce mode de publication des œuvres littéraires
n'avait pas été visé par le décret impérial et restait soumis
à la loi de 1791. MM. Berville et Vivien eurent l'honneur
de l'initiative d'une proposition qui devint la loi du
30 août 1844. Cette loi fait simplement aux représentations théâtrales l'application des règles édictées par le
décret de 1810 touchant les autres modes de publication.

Le second empire eut sa large part dans les réformes
législatives sur cette matière. En 1854, une loi du
8 avril (1), appelée par M. Guyard-Delalain « une loi d'urgence, et qui ne préjuge rien quant aux principes », vint
assurer aux enfants de l'auteur un monopole de trente
ans. C'était, on s'en souvient, le terme qui. en 1839 et
1841, avait réuni le plus de suffrages. Depuis cette époque
jusqu'à la loi de 1866 se place d'abord le congrès de
Bruxelles, 1858, qui annonçait à grand bruit une réno-
vation complète de nos institutions sur ce point, et auquel,

____

(1) *Monit.* du 21 avril.

de toute l'Europe et des États-Unis même, on se rendit
avec le plus vif empressement, mais dont, de l'aveu d'un
de ses membres les plus influents et les plus zélés, on fut
loin de revenir avec la même satisfaction. Il est probable, quoiqu'on n'en convînt pas, que l'on avait un peu
présumé de ses forces et que, vues de près, les difficultés
qui avaient arrêté jusque-là le législateur firent sentir,
mais un peu tard, aux nouveaux réformateurs la vérité
du dire de Montaigne, qu'à « restablir un meilleur estat
en la place de celui qu'on a ruyné, à cecy plusieurs se
sont morfondus de ceulx qui l'avaient entreprins. » Le
congrès finissait par proposer d'étendre le privilége à
cinquante ans.

Vint ensuite la commission de 1861 (1). Le projet de
loi auquel cette commission aboutit contenait peut-être
les idées les plus justes et les plus pratiques sur cet insoluble problème. Quoi qu'il en soit, ni le conseil d'État,
ni la Chambre ne s'en inspirèrent, et ces travaux, comme
ceux des commissions précédentes, restèrent des documents curieux à connaître pour qui examine cette inté-
ressante question, mais qui ne peuvent être d'aucune
lumière pour éclairer les dispositions obscures de la loi
nouvelle.

(1) Décret du 28 décembre 1861.

CHAPITRE II

QU'EST-CE QUE LA LOI DE 1866 ENTEND PAR DROIT
D'AUTEUR. — NATURE DE CE DROIT.

SOMMAIRE : § 1. Le privilége de l'auteur d'après les arrêts de 1777 portait sur le même objet et avait la même nature que le privilége du libraire. — § 2. Du point de vue auquel la loi de 1793 et le décret de 1810 s'étaient placés. Courant d'idées nouvelles en 1823. On reprend la thèse que l'œuvre doit être l'objet d'une propriété absolue et perpétuelle. Théorie contraire, l'auteur ne produit rien de nouveau. Effet de cette controverse sur toutes les discussions de loi. Parti auquel le législateur s'arrête. — § 3. Exposition de ce système. L'œuvre en elle-même n'est pas dans le commerce. A quel point de vue pourtant présente-t-elle un avantage pécuniaire ? — § 4. A quelles conditions cet avantage pécuniaire existe-t-il ? Différence entre les produits de toute autre chose et les produits d'une œuvre littéraire même les produits vénaux. Par sa nature, l'œuvre une fois publiée cesse de former un bien individuel pour son auteur. De là la nécessité d'une loi positive qui porte atteinte sur ce point aux conséquences ordinaires de la vente. — § 5. Justification de cette dérogation. — § 6. Ce droit exclusif aux fruits de l'œuvre n'est pas la propriété du Code civil. Dans quel sens on peut se servir du terme de propriété littéraire. — § 7. Ce droit n'est-il qu'une simple concession de la loi positive ? — § 8. Point de vue adopté par le législateur. C'est une concession de la loi. — § 9 Preuves que c'est bien là la pensée de la loi. — § 10. Détermination de la nature du droit de copie. Ce droit est mobilier. — § 11. Opinions de Pardessus et Touillier. — § 12. Est-il personnel ou réel ? — § 13. Opinion de M. Bertauld. Réfutation. Ma théorie.

§ 1. — L'aperçu historique qui précède nous a montré l'origine du droit d'auteur et la nature que notre ancienne législation lui reconnaissait. Cédant à la pression de l'opinion publique, les arrêts de 1777 avaient appelé les auteurs à jouir du privilége autrefois réservé exclusivement aux libraires. Entre les mains de ces derniers le privilége n'était autre chose qu'un monopole : on attribuait à l'un d'eux la faculté de publier seul tel ouvrage, et par conséquent de retirer tous les fruits de cette publication. Étendue aux auteurs, cette faveur ne changea pas d'objet, l'écrivain fut investi du droit d'exploiter lui-même, sans craindre la concurrence, les produits vénaux de son œuvre.

§ 2. — Malgré ses pompeuses déclarations, la loi de 1793 se contenta, tout en supprimant le privilége directement accordé aux libraires, de rétablir celui de l'auteur, avec cette différence toutefois que la prérogative nouvelle, devenue temporaire, est acquise à l'écrivain par le seul fait de la composition de l'ouvrage et en dehors de toute concession du pouvoir gracieux. Le décret de 1810, dans les deux dispositions qui sont spéciales à notre matière, adopta, sans la discuter, cette manière de voir. Mais avec la commission de 1823-26 recommence l'étude sérieuse et peut-être trop approfondie des droits des auteurs. On emprunte aux avocats des libraires du XVIII⁰ siècle cette thèse que l'œuvre littéraire est l'objet d'une propriété véritable, propriété absolue et perpétuelle, et de tout point assimilable à la propriété foncière. Pour soutenir cette opinion extrême, on ne craint pas de s'engager dans la délicate détermination de ce qui, dans l'ouvrage, est réellement original et vient de l'auteur. Par là on soulève de graves objections et on donne des armes à une théorie inverse dont les solutions sont également extrêmes. S'appuyant sur l'autorité de quelques phrases de Montaigne et de Pascal, phrases détournées de leur sens primitif, quelques publicistes soutiennent, que l'auteur n'est que le copiste de ses prédécesseurs et que son ouvrage, composé d'un certain nombre d'idées et d'expressions empruntées au fonds commun, ne contient rien qui lui soit personnel, rien qu'il ait créé. Comment asseoir sur cette compilation un droit quelconque à son profit? Entre ces deux théories, aussi exagérées peut-être l'une que l'autre, s'élèvent, à chaque projet de loi nouveau, de vives, d'intéressantes mais en même temps de stériles discussions. Tel est l'écueil contre lequel depuis cette commission de 1823 est toujours venue se briser l'ardeur première de nos législateurs. A chaque nouvelle discussion, le même phénomène se produit : on commence par se promettre de déterminer la nature et les effets du rapport qui relie l'œuvre à son auteur; on aborde hardiment les difficultés de ce problème, mais alors l'horizon des distinctions s'étend à tel point que la majorité de l'assemblée renonce à suivre les zélés partisans de la propriété perpétuelle dans les complications sans fin où leur système les conduit. On se contente de cette idée généralement adoptée que l'auteur a un droit sur son œuvre, bien qu'on laisse volontairement de côté la détermination de l'objet de ce droit ; et, de la sphère des controverses philosophiques, on se rabat sur le terrain plus ferme de la réalité. On recherche ce qui existe dans la pratique journalière, et on se trouve en face d'un monopole assuré à l'auteur pour un certain temps sur les produits vénaux de son œuvre. Alors, sur la raison d'être, les conditions, l'étendue, la réglementation en un mot de ce monopole, se forme un système modéré, beaucoup plus réfléchi qu'on affecte de le croire, critiquable sans aucun doute et ne pouvant prétendre en aucune façon au titre pompeux de « code de la propriété intellectuelle, » mais sage au fond et en définitive le plus sûr, puisqu'après bien des efforts pour s'en affranchir, le législateur y est toujours revenu. C'est ce système que je vais exposer, tel qu'il ressort à mes yeux des travaux préparatoires et des décisions des lois précédentes, des débats du conseil d'État et de ceux de la Chambre sur la loi de 1866, de l'économie enfin et des dispositions de cette loi.

§ 3. — De ce que l'exploitation exclusive des produits vénaux de l'œuvre est réservée à l'auteur, il ne faut pas, même de nos jours, conclure que cette œuvre est tombée à tous égards dans le commerce. Ce qui constitue l'essence de l'œuvre littéraire, c'est-à-dire cette forme originale dont l'auteur revêt ses idées, cette création toute intellectuelle n'a pas, par elle-même, de valeur vénale parce qu'elle n'est pas cessible, elle n'est pas dans le commerce parce qu'on ne peut pas la vendre, en ce sens que l'acquéreur soit réputé l'avoir conçue et soit mis absolument en la place du vendeur. Martial a beau dire :

> Fama refert nostros te, Fidentine, libellos
> Non aliter populo quam recitare tuos.
> Si mea vis dici, gratis tibi carmina mittam,
> Si tua vis dici, *hæc eme ne mea sint.*

Satire fine dont l'épigramme suivante semble la traduction :

> On dit que l'abbé Roquette
> Prêche les sermons d'autrui ;
> Moi, qui sais qu'il les achète,
> Je soutiens qu'ils sont à lui.

Non, ni les sermons, ni les épigrammes ne peuvent s'acheter, car ils sont la manifestation d'une qualité toute personnelle, l'esprit, qui ne s'achète pas davantage. La vérité est qu'il s'est passé pour les œuvres littéraires un phénomène analogue à celui qui s'est produit à l'égard des offices ministériels. De même que la loi de finances de 1816, en autorisant les titulaires d'offices déclarés non vénaux à présenter un successeur à l'agrément du gouvernement, a rendu leurs charges véritablement cessibles et leur a fait *acquérir une valeur pécuniaire*, de même la loi de 1793, en réservant à l'auteur le droit exclusif de vendre ses œuvres, a fait acquérir à ces œuvres, à l'égard de l'auteur, une valeur pécuniaire qui compte dans son patrimoine. Mais depuis ces deux lois, ni l'office, ni l'ouvrage ne sont tombés dans le commerce ; ce qui est dans le commerce, c'est la faculté de présenter seul un candidat au choix du gouvernement dans le premier cas, c'est, dans le second, la faculté d'exploiter seul les bénéfices pécuniaires de la publication.

§ 4. — On le comprend facilement, cette valeur pécuniaire n'existera qu'autant qu'elle sera garantie par des mesures spéciales. Le propriétaire d'un champ qui en vend les fruits, n'a pas à craindre que l'acquéreur trouve dans la propriété de ce produit le moyen de lui rendre impossible la culture de son champ. Au contraire, en dehors du secours d'une loi positive, les œuvres littéraires cessent par leur essence même de former pour l'auteur un bien individuel sitôt qu'elles ont été publiées. Les œuvres littéraires sont la source, en effet, de deux avantages bien différents : les uns, purement moraux et intellectuels, consistent dans la jouissance et le charme que le lecteur puise dans l'ouvrage, dans les enseignements qu'il en recueille, dans le développement intellectuel qui suit toujours la communication de la pensée d'autrui. Le second avantage est purement pécuniaire, c'est la faculté de reproduire le type et de vendre cette reproduction. De ces deux avantages, le premier n'est réglementé par aucune loi positive : c'est que, par sa destination, l'œuvre littéraire doit être répandue, communiquée à toutes les intelligences, chacun peut se l'assimiler et en jouir. Il y a plus, c'est que, même en dépassant la libérale destination donnée par l'auteur à son œuvre, on peut impunément, grâce à l'absence d'une loi positive, s'en emparer, en dépouiller l'auteur, tant que ce vol littéraire, ce plagiat ne porte pas atteinte au second avantage, c'est-à-dire ne dégénère pas en contrefaçon. L'autre avantage a besoin, pour n'être pas un vain mot, de trouver une protection énergique dans la loi. En effet, d'après le droit commun, l'acquéreur d'une chose est libre d'en faire tel usage que bon lui semble, de la reproduire, s'il peut, à l'infini. Ici l'acquéreur ne peut profiter de la possession d'un exemplaire pour en reproduire de nouveaux, et faire ainsi concurrence à l'auteur ; en d'autres termes, la loi réserve le droit au type dans toutes les ventes d'exemplaires. C'est sur cette réserve que repose le monopole dont elle investit l'auteur, et toute atteinte à ce droit exclusif est mis au nombre des délits prévus par le Code pénal et déférée, non pas aux tribunaux civils, mais à la justice correctionnelle.

§ 5. — En introduisant cette dérogation aux effets ordinaires de la vente, le législateur se montre d'ailleurs très-juste, il faut en convenir. La publication de l'œuvre a pour but de procurer au public une jouissance d'un genre particulier. Le procédé est la vente des exemplaires ; or, s'il est équitable que tout acquéreur paye les frais de l'impression, il ne l'est pas moins qu'il paye à l'auteur une rétribution, en récompense du plaisir que son travail doit lui donner. Le monopole n'est donc attribué à l'auteur que pour lui assurer la rémunération de son labeur.

§ 6. — Ainsi le droit d'auteur consiste dans la faculté garantie par la loi à l'auteur de se rétribuer de son travail en exploitant seul les produits vénaux de son ouvrage. Faut-il voir dans ce droit une propriété? Il faut d'abord s'entendre sur le sens de ce mot. Dans sa véritable acception, la propriété ne s'étend que sur les choses corporelles : c'est là une conséquence forcée, d'ailleurs, de la place que ce droit occupe dans notre Code. Formant à lui seul, par suite d'une confusion du droit avec son objet, la classe des droits corporels, il ne saurait porter sur un objet incorporel comme le droit de copie ; autrement l'on arriverait à avoir un droit corporel portant sur un objet incorporel (525). Il est bien certain, d'autre part, que la propriété est perpétuelle et ne s'éteint pas d'une façon définitive uniquement par l'expiration d'un certain délai. Mais, si d'accord sur ce point avec les habitudes romaines qui disaient dominium totius hereditatis, dominium ususfructus, on entend, par là, le droit privatif de disposer et de jouir (1) ; je ne vois pas pour-

(1) Voir Aubry et Rau, éd. 1869, p. 170, 171, texte et notes.

quoi on ferait un grand reproche à ceux qui se servent de cette expression. On dit également la propriété d'un office, quoique l'office lui-même ne soit pas dans le commerce, et que, d'autre part, le droit de présentation soit une chose incorporelle. C'est ainsi que l'article 136 du Code de commerce parle de la propriété d'une lettre de change.

§ 7. — Mais si le droit d'auteur ne se conçoit pas sans la garantie de la loi positive et s'il lui est subordonné, non-seulement quant à son exercice, mais encore quant à son existence ; faut-il dire qu'il est contraire à tous égards au droit naturel et que, pure création de la loi civile, il est resté une faveur fondée en justice, ou, si l'on veut une expression plus moderne, une concession de la loi ? Existe-t-il au contraire indépendamment et en dehors de toute loi positive, de telle sorte qu'il s'impose au législateur comme une nécessité absolue et ne tolérant aucune restriction ni dans sa portée, ni dans son étendue ?

§ 8. — Un simple coup d'œil jeté sur nos lois suffit pour nous convaincre que de ces deux solutions la première a toujours été adoptée par le législateur. En effet, sitôt qu'il se renferme dans la réglementation spéciale du droit de copie, il met toujours en avant cette idée que, pour assurer à l'auteur la légitime rémunération de son travail, la loi positive va faire échec à quelques-unes des conséquences du droit naturel, en vertu duquel l'œuvre littéraire, une fois publiée, cesse d'appartenir privativement à l'auteur pour appartenir à tout le monde. Cette atteinte au droit commun ne se justifie qu'autant qu'elle concilie par la restriction même de sa durée la récompense due à l'auteur et l'intérét du public. De là, la limite arbitraire des droits d'auteur. Aux yeux du législateur, ce monopole, loin d'exister indépendamment de la loi, est une pure concession, une création de cette loi, une violation équitable sans doute, mais une violation des règles du droit naturel.

§ 9. — Que cette idée soit vraie ou fausse, elle était celle du conseil d'État, qui répondait au projet de loi, émané du ministère de l'instruction publique : « Il n'y « a pas lieu de changer le *caractère temporaire* que les « lois de toute l'Europe impriment à la *concession* que « l'État fait aux familles des auteurs aux dépens de la « liberté publique. Mais il y a lieu d'essayer de nouveau « une réglementation de détail. » Telle était aussi la manière de voir de la majorité de la Chambre, et c'est elle qui a inspiré la loi de 1866. Cette loi en présente, en trois endroits distincts, la marque incontestable. La rubrique en est déjà une preuve convaincante. Dans toutes les lois qui précèdent, depuis 1793 jusqu'à 1854, le mot de propriété est inséré dans l'intitulé même; ici, conformément au vœu déjà exprimé à la Chambre des pairs en 1839, l'expression de droits d'auteur remplace les termes usités jusqu'alors. Malgré l'assertion des défenseurs de l'opinion qui, dans cette assemblée comme dans les précédentes, a obtenu gain de cause, assertion dont le le but évident était de faire accepter plus facilement aux partisans de la propriété absolue leur défaite, cette qualification a été effacée à dessein. Ce que, dans ses ouvrages et à la tribune, M. Renouard et bien d'autres avec lui n'avaient cessé de préconiser, a été exécuté. Un des plus ardents défenseurs de la thèse contraire,

M. Lebrun, rapporteur au Sénat de la loi de 1866, est forcé d'en convenir, bien qu'il se venge par l'ironie de son langage du nouvel échec éprouvé par sa doctrine : « La loi actuelle nie le principe et efface le « nom. Ce sont des droits octroyés ; le mot de propriété « était, nous dit-on, devenu dans beaucoup d'esprits une « chose ; il faut en finir, il ne faut plus laisser croire à « une propriété née dans l'esprit des rêveurs. »

La seconde preuve que présente la loi se retrouvait, je l'avoue, dans les lois précédentes ; ces lois, en effet, au .nom près, ne créaient pas plus au profit de l'auteur une propriété sur ses œuvres, elles ne lui garantissaient qu'un monopole. Cette preuve est la limitation du délai : cette limite arbitraire serait une véritable expropriation pour cause d'utilité publique sans indemnité, si elle était appliquée à une véritable propriété.

Enfin nous verrons que lorsque l'État recueille les biens de l'auteur, le droit de copie s'évanouit au lieu de rester avec les autres biens entre les mains du fisc. Pourquoi cette exception ? C'est, ainsi que nous le verrons à la fin de cette étude, parce que la cause qui a dicté une dérogation au droit commun a cessé d'exister, l'auteur est mort et sa famille est éteinte, l'État ne peut profiter d'une faveur exceptionnelle attachée à la qualité d'auteur. Il n'y a plus lieu de soustraire momentanément l'œuvre littéraire à la loi de sa nature qui la place, sitôt qu'elle est publiée, dans l'état de communauté négative.

Ainsi les lois modernes ne s'occupent que de la publication, seule hypothèse dans laquelle l'œuvre littéraire offre un intérêt pécuniaire. Le droit d'auteur se résume dans le monopole des produits vénaux de l'œuvre.

Il me reste à chercher quelle est la nature de cette prérogative accordée à l'auteur et à ses ayants-cause.

§. 10. — Il est difficile de contester sérieusement le caractère mobilier du droit de copie. Il est vrai que cette qualité, au point de vue philosophique, ne se présente que dans les objets physiques et nullement dans les choses incorporelles qui n'ont ni forme visible ni place dans l'espace, et pour lesquelles l'idée d'un déplacement, d'un transport d'un point à un autre ne se conçoit pas. Aussi la distinction entre les meubles et les immeubles ne portait-elle, à Rome (1), que sur les objets corporels. La généralisation de cette classification est l'œuvre de notre ancien droit (2), et elle est consacrée dans l'article 516. Aux termes de cet article, « tous les biens sont meubles ou immeubles. » Il faut donc opter et faire du droit de copie ou un immeuble ou un meuble. L'hésitation n'est guère possible. « Personne pourrait-il, dit M. Re- « nouard (3), établir par la nature des priviléges d'au- « teur, ou par leur destination et par leur objet, la plus « légère analogie soit avec les immeubles proprement « dits, soit avec les objets que la loi assimile aux im- « meubles? » Les prévisions de M. Renouard ne se sont pas réalisées, un économiste a tout récemment immobi- lisé le droit de copie ; mais cette théorie originale ne paraît pas destinée à faire fortune.

Si le droit de copie n'est pas immobilier, et pour tout

(1) L. 7, § 4, Dig. 15-1; l. 15, § 2, Dig. 42-1.
(2) Poth., *Choses*, part. II, § 2.
(3) T. II, p. 250.

autre qu'un économiste la question n'est pas douteuse,
dans quelle classe de meubles le rangerons-nous? Autrefois on confondait l'œuvre littéraire avec le manuscrit.
Il y avait donc là un objet corporel, un meuble par nature.
Mais aujourd'hui une analyse plus exacte a dégagé l'œuvre
intellectuelle des éléments matériels et extérieurs qui lui
donnent un corps visible et palpable. Ainsi, qu'elle soit
encore renfermée dans le manuscrit ou qu'elle ait été publiée, l'œuvre littéraire est toujours un objet incorporel,
et par conséquent ne peut être un meuble par nature.
A plus forte raison, le droit de reproduction ne peut-il
être classé parmi les meubles par nature. Il semble alors
que l'on soit forcément conduit à le mettre au nombre
des meubles par la détermination de la loi. L'article 527
ne distingue, en effet, que deux sortes de meubles, les
meubles par leur nature ou meubles corporels et les
meubles par la détermination de la loi. L'article 529
contient l'énumération des meubles de cette dernière
catégorie : ce sont les obligations ou actions ayant pour
objet des sommes exigibles ou des effets mobiliers, les
actions ou intérêts dans les compagnies de finance, de
commerce ou d'industrie ; les rentes perpétuelles ou viagères sur l'État ou sur les particuliers. Faut-il leur assimiler le monopole assuré à l'auteur et à ses héritiers?
Telle est l'opinion de M. Renouard (1). « Ne se rattache-t-il
« pas, dit-il, de la manière la plus frappante, aux obli-
« gations, actions, intérêts et rentes, que l'article 529 dé-
« clare meubles par la détermination de la loi? » Mais ce
qui manque ici précisément, c'est cette détermination
de la loi, que M. Renouard suppose et qui, si elle existait,

(1) Loc. excit.

ferait cesser toute controverse. La vérité est, à mes yeux,
que le législateur a laissé de côté, par un oubli involontaire, la majeure partie des choses incorporelles, c'est-à-
dire les universalités juridiques, telles que les hérédités,
les successions, les offices ministériels, la propriété industrielle, les droits d'auteur, etc. Mais pour déterminer
la nature mobilière ou immobilière de ces choses (en dehors bien entendu des universalités juridiques qui sont
mobilières à l'égard des meubles et immobilières à l'égard
des immeubles qui les composent), on recherche la nature
mobilière ou immobilière de l'objet sur lequel elles reposent, s'il s'agit de droits réels, ou de l'objet à l'obtention
duquel elles tendent, s'il s'agit de droits personnels. Sans
avoir résolu la question de savoir si le droit de copie est réel
ou personnel, on peut donc a priori décider que de toute
façon il est mobilier, puisque l'œuvre littéraire sur laquelle
il repose n'est certainement pas un immeuble, et que l'objet
auquel il tend est le payement d'une somme d'argent (1).

§ 11. — Je placerai donc le droit de copie parmi les
nombreux meubles incorporels dont la loi n'a pas déterminé la nature et qui, par conséquent, ne se trouvent ni
dans l'une, ni dans l'autre des catégories qu'elle établit.

Pour soustraire à la communauté le droit d'auteur,
Toullier et Pardessus lui refusent le caractère mobilier.
C'est en m'occupant de la communauté que j'apprécierai
la valeur de cette thèse.

(1) Rod. et Pont., n. 447, t. I ; *ibid.*, n. 351, 363, 428, 438, 440.
Poth., *Comm.*, liv. I, ch. v, sect. 1, dist. 1, n. 69 et 77 ; Dem., p. 293
et suiv., t. IX ; Duranton, t. XIV, n. 131, 132 ; Toullier, t. XII, n. 116 ;
Pardessus, *Droit comm.*, t. I, n. 111 ; Nion, p. 64 et suiv. ; Marcadet,
t. II, p. 413.

§ 12. — Le droit de reproduction est-il personnel ou réel? La question est beaucoup plus épineuse.

Quel est de ces deux droits celui dont le droit de copie rappelle les traits essentiels? Le droit de copie ne peut-il être exercé par l'auteur sans l'entremise, le fait d'une autre personne? Il est personnel. Est-il tel, au contraire, qu'entre l'auteur et son œuvre, aucun intermédiaire ne se place, et qu'il existe indépendamment de toute obligation d'une personne envers le sujet actif? Il est réel. Poser une telle question c'est la résoudre. Si jamais une liaison intime, directe a existé entre un homme et une chose, c'est certes entre l'auteur et son œuvre.

D'autre part, comment parler ici d'un droit personnel? Un droit personnel est un rapport d'obligation entre deux personnes déterminées : in personam est actio quæ *certam* personam obligatam tenet. Où trouver ce sujet passif, ce débiteur déterminé? Pour que ce tiers intervienne il faut supposer que le droit soit lésé, et c'est, par ce préjudice seul, que ce tiers se fera connaître : c'est-à-dire qu'il se passe à l'égard du droit de copie, ce qui se passe à l'égard de tous les droits réels. Certes le droit réel, comme le droit personnel, sera invoqué contre une personne : mais, dans le droit réel, le sujet passif n'est pas déterminé a priori, il ne se détermine que par la prétention qu'il élève relativement à l'objet ; en d'autres termes, il n'y a pas de débiteur déterminé, et c'est précisément ce qui a lieu ici. La garantie que la loi accorde à l'auteur ne sera invoquée qu'en cas de contrefaçon et contre le contrefacteur, c'est-à-dire qu'a priori la personne contre qui ce droit sera exercé n'est pas connue.

J'ajouterai une autre raison : un droit personnel n'existe pas s'il n'y a pas actuellement une personne passivement obligée ; l'objet, en effet, de ce droit est un fait de la personne obligée, c'est essentiellement un rapport d'obligation, dès lors il est bien évident que tant qu'une personne ne se sera pas soumise à l'obligation rien ne sera fait. A l'inverse, le droit réel suppose nécessairement l'existence actuelle de la chose à laquelle il s'applique, c'est un rapport entre une personne et une chose, un des deux éléments du rapport ne peut manquer sans que le rapport ne s'évanouisse. Or, si le droit de copie est un droit personnel, quelle est actuellement la personne obligée ? Le public, dira-t-on ; mais j'ai déjà démontré que l'obligation ne se conçoit qu'entre personnes déterminées. Une obligation qui porte sur le genre humain n'est pas une obligation, dans le véritable sens du mot, mais un devoir social. Et cette prétendue obligation, en quoi consisterait-elle ? Dans la nécessité d'acheter les livres ? Il faudrait avouer que la société serait alors, à l'égard de bien des auteurs, une fort mauvaise débitrice, quoique le plus souvent très-excusable. Dans la nécessité de respecter le monopole de l'auteur, c'est-à-dire, dans la nécessité de respecter les droits d'autrui ? Mais ce respect du droit d'autrui n'est pas l'élément constitutif de ce droit, il en présuppose, au contraire, l'existence ; tandis que, dans une obligation de ne pas faire, par exemple, ce qui fait naître l'obligation, c'est la promesse du débiteur de s'abstenir de tel acte. En réalité, ce respect des droits d'autrui est une condition de la vie sociale, qui s'impose aussi bien à l'égard des droits réels que des droits personnels, et qui ne crée point entre eux de diffé-

rence. Ainsi, nous ne trouvons pas cette personne actuellement obligée sans laquelle le droit personnel ne se
forme pas. Trouvons-nous, au contraire, une chose actuellement existante et avec laquelle le sujet actif soit
directement en rapport, double condition de la naissance
d'un droit réel? Évidemment oui. L'auteur, sitôt qu'il a
revêtu sa pensée d'une forme matérielle, se trouve investi d'un monopole garanti par la loi : la publication de
l'œuvre est devenue, par suite de cette protection légale,
un véritable bien, et c'est sur ce bien actuellement existant que porte son droit. Ce droit existe donc comme les
autres droits réels, indépendamment de toute obligation
spéciale d'une personne envers une autre, il s'exerce directement sur son objet, c'est donc un droit réel.

§ 13. — M. Bertauld ne place le droit de copie ni
dans la classe des droits personnels, ni dans la classe des
droits réels, mais il l'assimile aux droits de puissance ou
de nationalité, « droits absolus et qui ne s'adressent pas
aux biens. » Je reconnais certes que le droit de copie est
absolu puisque j'en veux faire un droit réel, mais ce que
j'attaque dans la proposition de M. Bertauld, c'est le second motif sur lequel il la fonde; en d'autres termes,
cette assertion que le droit de copie ne porte pas sur
un objet appropriable. Je n'examine pas la délicate question de savoir si les droits de puissance doivent rentrer
dans la catégorie des droits réels ou former une classe
à part. Je rappelle seulement à M. Bertauld que lui-
même reconnaît que la faculté d'exploiter seul les produits vénaux d'un ouvrage constitue une valeur, et que
cette valeur, garantie par la loi, compte dans les biens
extérieurs. Je lui rappelle que toutes les lois ont succes-

sivement prévu la cession de ce droit, tandis que les droits de puissance sont inhérents à la personne, par conséquent, incessibles et insaisissables et ne reposent pas sur un objet vénal. L'assimilation n'est donc pas exacte.

D'ailleurs M. Bertauld reconnaît comme moi que le droit de copie s'exerce directement et sans l'entremise nécessaire d'une personne obligée ; c'est le caractère essentiel, et que je tenais surtout à dégager, de cette garantie légale sans laquelle l'œuvre une fois publiée cesserait à tous égards de former un bien individuel pour son auteur (1).

Cette théorie soulèvera, je le sens bien, deux objections. Il semble que je prétende établir arbitrairement un droit réel que les rédacteurs du Code n'ont certainement pas organisé. De plus, j'ai soutenu qu'il résultait de la manière dont le Code a institué la propriété et de la nature incorporelle de l'objet de notre droit, que l'idée de propriété ne pouvait s'y appliquer ; or, ne sera-ce pas précisément un droit de propriété ou un démembrement du droit de propriété que ce droit de copie s'il est véritablement réel ? Je réponds : il est incontestable, et je crois l'avoir déjà démontré, que, pour les rédacteurs du Code, il ne pouvait y avoir de droit de propriété que sur les choses corporelles. Cette manière de voir est accusée par la place assignée à ce droit, devenu droit corporel par confusion avec son objet. Vinnius (2) le disait déjà :

---

(1) M. Gastambide, p. 81, *Historique et théorie du droit d'auteur*. Le savant magistrat semble partager ma manière de voir, car il parle d'un droit de suite.

(2) Inst., tit. I, liv. II, § 2.

Videntur veteres dominium proprie de re corporali cen-
sisse. C'est uniquement dans cette acception que le droit
de propriété est considéré dans le titre II du livre second
du Code civil. Or, l'objet du droit de copie est incorporel,
il ne peut donc faire l'objet, ni d'un droit de propriété
proprement dite, ni, par la même raison, d'un démembrement de cette propriété. Mais, de certaines choses incorporelles, telles que les brevets d'invention, les marques de fabrique, le droit de copie, on a la faculté de
disposer et de jouir sans que l'exercice de ces droits im-
plique l'entremise d'une personne autre que le sujet
actif. Cette puissance absolue, cette domination directe
sur des choses incorporelles, offre de grandes analogies
avec la propriété véritable sur les objets matériels.
C'est ainsi qu'on a été amené à étendre le sens primitif
du mot de propriété et qu'on lui a fait signifier la faculté
exclusive de jouir et de disposer. C'est ainsi qu'on a
parlé de propriété littéraire, de propriété industrielle, de
propriété des offices, de propriété des marques de fabrique, etc. On le voit donc, le Code n'exclut, ni n'établit les
droits de cette nature, il les omet ; c'est donc aux textes
spéciaux qu'il faut en demander la nature, c'est, à
l'égard des droits d'auteur, ce que j'espère avoir fait.

DEUXIÈME PARTIE.

EXPLICATION DES DISPOSITIONS DE LA LOI DE 1866

CHAPITRE PRÉLIMINAIRE.

Nous connaissons maintenant l'origine, la base et la nature du droit de reproduction. La loi de 1866, en réalité, n'a qu'un but, étendre d'une façon uniforme la durée du privilége accordé aux héritiers et cessionnaires de l'auteur. Au lieu de prolonger ou de restreindre la durée du monopole suivant le degré de faveur du représentant de l'auteur, comme le faisaient les lois précédentes, elle renferme dans une période fixe, la même pour tous et dont le point de départ ne varie pas, le droit des intéressés. Cette simplification a supprimé une foule de difficultés dont, au cours de cet essai, je signalerai les plus importantes.

La loi de 1866 ne s'est pas bornée à édicter a priori la prolongation des droits d'auteur, elle a repris la liste des successibles telle que l'avaient dressée les lois qui l'avaient précédée, et a fait à chacun d'eux l'application de la nouvelle mesure. Mon commentaire suivra exactement l'ordre du texte, méthode qui me paraît la plus propre, lorsqu'elle est possible, à conserver à chacune des dispositions le caractère que le législateur lui a voulu imprimer.

Ainsi donc, la loi de 1866 s'occupe uniquement de la dévolution du droit d'auteur, ou, comme on l'a dit, sous une forme paradoxale, elle ne songe à l'auteur que quand il n'existe plus. La vérité est que la loi de la Convention avait déjà assuré à l'auteur l'exercice du droit de copie pendant toute sa vie ; il ne pouvait donc plus être question que de le gratifier dans la personne de ses héritiers. Remarquons, d'ailleurs, que même de son vivant, outre la satisfaction de penser que sa famille jouira plus longtemps du fruit de ses efforts, l'auteur profitera, de cette prolongation du monopole s'il veut céder ses œuvres à un libraire. Jusqu'en 1866, ainsi que nous le verrons plus complétement tout à l'heure, la durée de la seconde période du monopole variait suivant le degré de faveur des héritiers. Il durait toute la vie de la veuve et trente ans après, dans le cas où la femme de l'auteur avait droit, à raison de ses conventions matrimoniales, au bénéfice particulier créé par le décret de 1810, et où l'auteur laissait des enfants ; il ne durait que dix ans dans les autres hypothèses. Or, tout cessionnaire calcule le prix qu'il offre en raison des chances de durée de la chose qu'il achète. Par conséquent, si l'auteur ne devait vraisemblablement laisser que des collatéraux, l'éditeur ne lui accordait qu'un prix modique ou refusait d'acheter. « En sorte que la valeur vénale du livre variait selon « l'espèce d'héritiers que les hasards de la nature réser-

« vaient à l'auteur. » En réalité, le décret de 1810 se transformait en une véritable loi caducaire, à l'égard de l'auteur que son amour pour l'étude ou son dévouement pour ses parents avait retenu dans le célibat. La loi de 1866 a fait disparaître cette inconséquence, contre laquelle, d'ailleurs, les projets de 1825, 1839-1841 avaient déjà protesté.

Les dispositions de la loi de 1866 n'ont donc trait qu'à l'exercice du droit de copie pendant sa seconde période, c'est-à-dire après la mort de l'auteur. Pendant la première période, il reste soumis à la loi de 1793, et en comparant les deux intitulés de ces lois, on voit que la prérogative garantie à l'auteur reste nommée propriété, « loi relative aux droits de *propriété* des auteurs, etc., » tandisque cette dénomination se trouve remplacée, lorsque ce droit entre dans sa seconde période, par la qualification de droits d'auteur, « loi sur les droits des héritiers et des ayants-cause des auteurs. » D'où l'on pourrait conclure que le droit exercé par l'auteur lui-même s'appelle encore propriété. Question de mots plus que de principes, puisque nous savons déjà que la loi de la Convention non plus que la dernière n'ont organisé au profit des gens de lettres une propriété dans le sens juridique du mot.

Par suite de traditions qui remontent au décret de 1810, quoique sur ce point la loi de 1866 consacre de nombreuses innovations, un avantage d'une nature particulière est attaché à la qualité de survivant des époux. Au lieu d'être relégué à l'avant-dernier rang des successibles, le conjoint survivant est ici en tête des héritiers de l'auteur. Ainsi, relativement à la transmission de ce droit spécial, le principe de l'article 732 du Code civil est violé. La loi considère ici la nature de ce bien particulier pour en régler la succession. La disposition de l'article 732, empruntée à l'article 62 de la loi du 17 nivôse, avait une raison toute politique : la suppression de toutes les distinctions en biens nobles ou roturiers, en meubles et immeubles, en propres et acquêts. Cette raison n'existe évidemment pas ici, où il s'agit simplement d'assurer le sort du survivant des époux. D'ailleurs, ce n'est pas la seule atteinte que ce principe reçoive : les articles 351, 352, 747, 766 en contiennent de plus importantes, et contre lesquelles aucune critique sérieuse ne s'est fait jour.

CHAPITRE PREMIER

DU CONJOINT SURVIVANT.

SECTION PREMIÈRE.

Du conjoint survivant sous le décret de 1810.

Sommaire: § 1. Du droit du survivant sous le Code. Lacune de notre législation sur ce point. — § 2. Dès 1810 on revient, en ce qui touche la dévolution de notre bien spécial, à nos anciennes traditions. — § 3. Rang assuré à la veuve sous ce décret. A quelles veuves appartient cette faveur. Explication de l'article 39 de ce décret. De la double controverse qu'il a soulevée. Délimitation du premier point controversé. Ma manière de comprendre cet article. — § 4. Nature juridique du bénéfice légal établi par l'article 39 du décret de 1810. Déclaration de M. Riché à la Chambre. — § 5. Est-ce un usufruit légal? Opinions de MM. Pardessus et Renouard. — § 6. Est-ce une substitution? — § 7. Est-ce « un droit de collaboration? » Opinions de MM. Grossier et Bertauld. — § 8. Ma manière de voir.

§ **1.** — Nos anciennes coutumes, malgré la diversité de leur réglementation de détail, étaient tombées d'accord sur la nécessité d'assurer par des dispositions légales, en dehors d'une vocation à l'universalité de la succession ab intestat, vocation tardive et le plus souvent illusoire, le sort du survivant des époux et la dignité du veuvage. Le Code a brusquement rompu avec ces antécédents historiques, et, des avantages de deux espèces dont la sollicitude et l'expérience de notre ancien droit avaient doté le conjoint survivant, il n'a conservé que la vocation ab intestat. Rien n'était pourtant plus loin de la pensée de ses rédacteurs que d'imprimer sur ce point à la législation nouvelle un caractère d'inhumanité inconnu de celles qui l'avaient précédée. Ce fut une erreur singulière et dont le souvenir devrait rendre moins sévère envers les fautes du législateur moderne, qui fut cause de cette innovation. Lors de la discussion de l'art. 767 actuel, qui conservait au survivant la vocation ab intestat, Malleville fit observer que « l'on « avait omis dans ce chapitre une disposition reçue par la « jurisprudence, qui donnait une pension à l'époux « survivant lorsqu'il était pauvre et ne recueillait pas « la succession. » Treillard répondit aussitôt que « par « l'art. 55 (754) on lui accordait l'usufruit du tiers des « biens. » Cette assertion leva tous les scrupules, et personne ne se souvint que l'art. 754, récemment voté, n'accordait d'usufruit qu'aux père et mère du de cujus et nullement au conjoint.

§ 2. — L'opinion publique et la doctrine ont souvent protesté contre cette lacune de notre législation. La tendance à revenir à nos anciennes institutions sur ce point s'est souvent manifestée, nulle part elle ne s'est affirmée aussi tôt et d'une manière aussi expressive que dans les différentes dispositions qui, depuis 1810, ont successivement régi notre matière spéciale.

La loi de 1793 ne s'était point préoccupée du sort du

survivant des époux, et ne lui avait accordé aucune faveur particulière.

§ 3. — Quoique destiné à réglementer, dans des vues politiques que sa date seule suffit à faire pressentir, la police de l'imprimerie et de la librairie, le décret du 5 février 1810 présenta sur l'objet de nos études deux dispositions dont la première, abrogée depuis, n'a qu'un intérêt rétrospectif, et dont la seconde contient en germe la législation actuelle. Il divisa les héritiers en deux classes différenciées entre elles par la durée et le point de départ du privilége, et, d'autre part, il appela, par préférence même aux enfants, certaines veuves auxquelles il attribua la survivance des droits d'auteur. La première rédaction de ce décret est curieuse à comparer avec la loi nouvelle : l'idée qui avait paru trop large en 1810 fut reproduite et admise sans conteste en 1866. Le projet de décret investissait du droit de copie toutes les veuves, sous quelque régime qu'elles aient été mariées. On fit deux objections fort logiques, et qui, si elles arrêtèrent alors le législateur, ne le préoccupèrent pas beaucoup en 1866. C'était renverser l'économie du Code, qui rejette à l'avant-dernier rang des successibles le conjoint survivant ; c'était violer la loi du contrat, si les conventions matrimoniales excluaient la femme de tous gains de survie. L'art. 39 du décret eut pour but de donner satisfaction à la dernière de ces critiques, mais il le fit dans des termes si équivoques qu'une double controverse partagea la doctrine et la jurisprudence : « Le droit de propriété est garanti « à l'auteur et à la veuve pendant leur vie, *si les conven-* « *tions matrimoniales de celle-ci* lui en donnent le droit. » Ainsi certaines veuves sont investies de la totalité du droit de copie. Mais quelles sont ces veuves, et quelle est la nature de leurs droits? A la première de ces questions, le texte répond : « Si les conventions matrimoniales de celle-ci lui en donnent le droit. » Aucune difficulté ne s'élèvera si, par une clause expresse, le contrat de mariage a stipulé au profit du survivant des avantages semblables à ceux qu'il eût réclamés en vertu de l'art. 39. Mais que décider dans le silence du contrat? Le régime de la communauté fait-il acquérir à la femme, à lui seul et sans convention spéciale, un droit sur l'œuvre littéraire? Est-ce ce droit que la fin de notre article a en vue de sanctionner? Naît alors une controverse célèbre que la loi de 1866 n'a pas éteinte, controverse distincte de celle que j'ai précédemment examinée, à savoir si le droit de copie est mobilier. En effet, même pour les interprètes qui adoptent sur ce premier point l'affirmative, il n'y a pas nécessité de faire tomber ce droit dans la communauté, car, à leurs yeux, ce droit, quoique mobilier, reste exclusivement attaché à la personne, et tant qu'il ne se convertit pas en produits pécuniaires il demeure propre à l'époux auteur.

Avant de retracer cette controverse, écartons du débat certains points indiscutables. La controverse ne s'élevait, en effet, ni à propos de l'œuvre encore manuscrite et destinée à rester inédite : essentiellement personnelle à l'auteur, denuée d'ailleurs de toute valeur commerciale, cette œuvre ne peut faire l'objet d'aucune convention matrimoniale ; ni à propos des exemplaires déjà tirés d'une édition en cours d'exécution lors du décès de l'auteur. Toutefois, deux commentateurs de Zachariæ (1) ont

(1) Massé et Vergé, 4, p. 69, note 12.

soutenu, sur ce dernier point, une thèse contraire, et, s'autorisant des termes ambigus du décret, ont décidé que les exemplaires invendus ou le prix d'une cession définitive ne tombaient dans la communauté qu'à charge de récompense. Mais cette opinion rigoriste n'avait pas fait école, et un accord presque unanime s'était établi entre les jurisconsultes pour appliquer l'art. 1401. D'ailleurs, nous le savons déjà, ni le décret de 1810, ni la loi de 1866 ne régissent ni l'une ni l'autre de ces hypothèses.

Ainsi l'ardeur du débat s'était concentrée sur ce point : l'œuvre non cédée, le droit à exercer tombait-il dans la communauté sans stipulation expresse (1)? L'article 39 était donc à raison de ces mots : « le droit de propriété « est garantie à la veuve pendant sa vie, *si ses conven-* « *tions matrimoniales lui en donnent le droit...* » le siége de la question, bien que ces expressions ne voulussent pas dire que la femme n'aurait pas, à moins de clause spéciale du contrat de mariage, la propriété des œuvres de son mari, mais seulement que ce droit n'était assuré à la femme qu'en tant qu'il s'accorderait avec les principes généraux du régime sous l'empire duquel elle s'était mariée. Tel était pourtant l'argument principal d'une doctrine fort accréditée.

A mes yeux, la question était mal posée. Il ne s'agissait pas de savoir si ce décret faisait, ou non, tomber le

(1) Massé et Vergé, 4, p. 69, note 12; Toullier, 12, n. 116; Pardessus, 1, n. 111 ; Battur, II, p. 188. Contra, Duranton, 14, n. 132 ; Rodière et Pont, t. I, n. 363; Troplong, n. 433; Marcadé, sur l'art. 1401; Dalloz, v° Contrat de mariage, n. 628 et suiv.; Zachariæ, p. 69, t. IV; Nion, p. 230 et suiv.; Renouard, t. II, n. 130; Parant, *Lois de la presse*, supp., p. 458.

droit de reproduction dans la communauté légale, car ce décret retirait, au contraire, de la communauté un bien qui, par sa nature mobilière, était destiné à y tomber. Il le soustrayait aux règles et à l'application de la communauté, notamment aux règles du partage, puisqu'en échange du droit à une moitié transmissible aux héritiers, droit que la communauté conventionnelle avec clause expresse eût, de l'avis général accordé à la veuve, il lui attribuait un droit viager à la totalité. Le droit, qui eût résulté du contrat de mariage, était transformé en un avantage d'un autre genre qui naissait à la dissolution du mariage. Mais la question était celle-ci : la simple convention expresse ou tacite de communauté conférait-elle à l'époux survivant le bénéfice légal ? A ce point de vue, la solution n'était pas non plus douteuse. Le décret avait eu pour but de transformer en un avantage d'une nature particulière le droit que les conventions matrimoniales attribuaient à la veuve ; en d'autres termes, il s'en référait au droit commun, notamment à l'art. 1401, pour déterminer dans quels cas la femme aurait une part du droit de copie : ce qu'il faisait c'était uniquement de métamorphoser ce droit en un gain de survie d'une nature toute spéciale. Dès lors, la femme mariée, même sous la communauté légale, pouvait invoquer l'art. 39 de notre décret, puisque de sa nature ce bien serait tombé dans la communauté légale.

§ 4. — Nous savons maintenant quelles veuves ont droit au bénéfice légal de l'art. 39 ; voyons quelle est la nature juridique de ce bénéfice. L'examen de la question précédente et de celle-ci nous sera d'un grand secours pour déterminer les modifications introduites en 1866.

Quelle est donc la nature de ce droit sous le décret de 1810? M. Pardessus l'appelle « un usufruit intercalaire. » Cette opinion, adoptée par de nombreux interprètes et notamment par M. Renouard, a été reproduite, lors de la discussion de notre dernière loi, principalement par le commissaire du gouvernement, M. Riché. « L'erreur de M. Gressier, disait-il à la Chambre, me « paraît venir de ceci : il suppose qu'à l'heure qu'il est, « avec la législation existante, résultant du décret de « 1810, il n'y aurait pas existence de deux droits; il y « aurait un droit de propriété pleine de la femme, droit « auquel succède plus tard la propriété complète des « héritiers. Eh bien ! c'est là une erreur : à l'heure « qu'il est, la jurisprudence, les auteurs sont unanimes; « *à l'heure qu'il est, la femme n'a qu'un droit de jouis-* « *sance ou d'usufruit, ou, si l'on veut, une propriété grevée* « *de substitution indisponible. C'est absolument la même* « *chose*; et pendant qu'elle a son droit réduit à la jouis- « sance, il y a, comme je le disais tout à l'heure, der- « rière elle, des nus propriétaires qui sont les enfants. « *Voilà la situation actuelle, elle ne sera pas changée.* » Je ne retiens pour le moment de cette déclaration que ce qui a trait à l'interprétation du décret de 1810. A ce point de vue, rien ne me paraît plus inexact, et dans la forme et dans le fond, que l'assertion de M. Riché. J'y vois d'abord deux affirmations contradictoires : suivant le commissaire du gouvernement, le décret de 1810 aurait établi un droit d'usufruit au profit de la veuve et un droit de nue propriété au profit des enfants, et il aurait fait, en même temps, du droit d'auteur « une propriété grevée de substitution indisponible » au profit des héritiers : ce qui, d'ailleurs, au dire du conseiller d'État, serait absolument la même chose.

§ 5. — Voyons d'abord si, ainsi que le pense M. Riché, et, qu'avant lui, MM. Pardessus et Renouard l'enseignaient, le décret de 1810 a investi simultanément les enfants de la nue propriété et la veuve de l'usufruit des droits d'auteur. Les termes du décret de 1810 (art. 39) résistent à cette première interprétation, surtout lorsque, suivant le développement des idées du législateur, on les compare avec ceux de l'article 1er de la loi de 93. L'article 1er de la loi de 93 assure aux auteurs, « durant leur vie entière, le droit exclusif de vendre, etc. » ; l'article 39 étend cette faveur aux veuves, et les place sur la même ligne que les auteurs eux-mêmes : « le droit de propriété est garanti à l'auteur et à sa veuve pendant leur vie... et à leurs enfants pendant vingt ans. » Ainsi l'ouverture du droit des enfants est reculé jusqu'à la mort du dernier des époux. Il n'y a pas, au décès de l'auteur, deux droits juxtaposés, coexistants ensemble et simultanément ouverts, l'usufruit sur la tête de la veuve, la nue propriété entre les mains des enfants, il n'y a, comme du vivant de l'auteur, qu'un seul bénéficiaire et qu'un seul droit, celui de la veuve, et, après l'extinction de ce droit, celui des enfants prend sa place. Dès lors, il est impossible de décomposer le droit de la veuve, et, de ne lui accorder que l'usufruit : car, pour qu'il y ait un usufruitier, il faut qu'il y ait un nu propriétaire, et ce nu propriétaire ne peut être que l'héritier légitime, écarté par le décret d'une façon absolue jusqu'au décès de la veuve. On arriverait autrement, en violant évidemment les expressions de la loi, à créer un usufruit sans nue propriété derrière lui.

D'ailleurs la veuve n'écarte pas seulement les enfants, elle exclut aussi les autres héritiers de l'auteur. La situation de ces derniers diffère de celle des enfants : mes adversaires eux-mêmes en conviennent (1), et M. Renouard, par exemple, enseigne, avec raison que l'exercice de leur droit n'est point reculé au décès de la veuve, pour reprendre à cette époque son cours normal ; mais que la naissance de leur droit est soumise à cette condition spéciale que la veuve n'ait pas survécu à l'auteur plus de dix années. Ces héritiers, en effet, sont restés sous l'empire de l'article 2 de la loi de 93 : « ils ne jouissent du droit « de copie que durant l'espace de dix ans après la mort « de l'auteur. » S'il fallait voir dans ces héritiers des nus propriétaires, on arriverait à ce résultat anti-juridique que, si la veuve survivait plus de dix ans, la nue propriété retournerait se joindre à l'usufruit ! Je repousse donc cette première interprétation, bien qu'elle soit professée par des hommes de l'opinion desquels on ne s'écarte pas sans une légitime défiance.

§ 6. — J'arrive à la seconde explication présentée par M. Riché. Le droit de la veuve repose-t-il sur une « substitution indisponible » ? L'expression, je le dis en passant, n'est pas heureuse. En effet, si l'on se place en dehors de la question fort controversée de savoir si le legs de residuo est une substitution, on ne conçoit guère une substitution où le grevé serait affranchi de la charge de conserver et de rendre. D'autre part, la substitution est une disposition de l'homme parfaitement étrangère aux successions ab intestat. Derrière ce lan-

---

(1) Contr. M. Parant (lois de la presse, p. 18). Suivant cet auteur, la veuve tient en suspens le droit de tous les héritiers.

gage défectueux, on retrouve une autre doctrine, un autre procédé au moyen duquel on essayait de régler les effets de la disposition anomale du décret de 1810, par l'assimilation des effets connus et déterminés des substitutions. En confondant ensemble ces deux opinions diamétralement opposées et en négligeant quelques autres systèmes, M. Riché est arrivé à appuyer sa déclaration de l'unanimité si rare de la doctrine et de la jurisprudence. Cette dernière opinion d'ailleurs, il faut le reconnaître, invoquait des arguments sérieux. Dans le fait de réserver à la veuve la survivance de la propriété littéraire et d'appeler à son décès les enfants de l'auteur, on pouvait voir un souvenir des deux principales conditions d'une substitution : la veuve était, dans une certaine mesure, implicitement tenue de la charge de conserver, elle était explicitement tenue de la charge de rendre puisqu'il y avait vocation expresse des héritiers du mari. Cette vocation n'eût été qu'un vain mot, si la veuve avait pu aliéner d'une façon définitive les droits d'auteur. Il y avait, disait-on, la double transmission de l'auteur à sa veuve et de la veuve aux enfants; le trait de temps, la durée de la vie de la veuve ; la charge de conserver et de rendre, la chance d'acquérir des droits incommutalbes, et enfin l'ordo successivus, la restitution se faisant à la mort de la grevée. Le législateur de 1810 aurait donc, relativement, à ce bien spécial, transporté dans les successions ab intestat la substitution organisée par les art. 1048 et suiv., et jusqu'alors réservée aux dispositions de l'homme.

Ce système, je le reconnais, est beaucoup moins en désaccord avec les termes du décret que le précédent,

et, comme lui, il se vante d'offrir seul l'avantage de limi-
ter les pouvoirs de la veuve au profit de ceux qui, à
son décès, seront investis du droit de copie. Contient-il
cependant la véritable pensée de la loi, il est permis
d'en douter. Je n'ai pas su trouver pourtant, je l'avoue,
dans les jurisconsultes, d'arguments bien sérieux pour le
combattre. Ainsi, on fait observer que la substitution permise ne porte que sur les biens disponibles, tandis que
la faveur octroyée à la veuve s'étend à l'universalité
des droits d'auteur. Cette remarque ne me touche guère;
en effet, les règles de la réserve et du disponible sont
spéciales aux dispositions de l'homme, et d'autre part, le
décret ne restreint pas l'étendue du droit des enfants, il
en recule seulement l'ouverture. Il me semble, quant à
moi, que cette assimilation n'est pas possible. On oublie
trop vite que le décret de 1810 a créé deux classes bien
distinctes d'héritiers : les enfants qui ont toujours, à
quelque époque que décède la veuve, un privilége de
vingt ans, et les autres héritiers qui n'ont droit au monopole que pendant les dix ans qui suivent la mort de
l'auteur et dans le cas seulement où l'auteur ne laisse
point de veuve qui lui survive plus de dix ans. A l'égard
de ces derniers, le droit de la veuve n'offre évidemment
aucune ressemblance avec la substitution. Jamais, en effet, la durée de la vie du grevé n'a, du vivant des appelés,
pour résultat de l'investir d'un droit incommutable. L'a-
nalogie ne se présente donc que dans l'hypothèse où les
enfants sont en concours avec la veuve. Mais cette analogie existe-elle toujours même dans cette hypothèse? Le
décret de 1810, d'accord sur ce point avec la loi de 93,
appelle exclusivement les héritiers de l'auteur à la suc-

cession de la propriété littéraire. Or, il arrivera souvent que les enfants de l'auteur ne seront nullement les enfants de la veuve, parce qu'ils seront nés, par exemple, d'un précédent mariage, et cependant la substitution n'est permise qu'autant qu'elle est faite au profit des enfants du grevé. Il faut donc se trouver en présence d'enfants communs pour établir la prétendue ressemblance entre la substitution et la disposition introduite par le décret de 1810 : c'est-à-dire que, dans la plupart des cas, le rapprochement est impraticable. Mais est-il exact même dans la situation la plus favorable : le concours de la veuve avec les enfants communs ? Le motif, observons-le de suite, pour lequel le législateur, je ne dis pas permet, mais impose cette prétendue substitution, est tout autre que celui qui a inspiré les art. 1048 et suivants : ce n'est plus l'intérêt des appelés qu'il s'agit de défendre contre les dissipations de leur père, mais l'intérêt de la grevée que l'imprévoyance de son mari réduirait à un avenir de privations. D'ailleurs la sollicitude du législateur ne se serait éveillée pour protéger la veuve que dans l'hypothèse où précisément elle courrait le moins de risques. La créance alimentaire dont le Code l'avait saisie vis-à-vis de ses enfants la mettait à l'abri du besoin. Mais en dehors de cette première observation, une raison de droit me fait repousser toute assimilation. Dans les substitutions permises, on n'a jamais exigé que l'appelé fût conçu au décès du substituant, mais seulement au décès du grevé ; or, mes adversaires transportent sans hésitation cette dernière règle des substitutions dans notre matière, sans réfléchir qu'ils parlent d'enfants communs !

§ 7. — Un autre système fort répandu, présenté lui aussi à la chambre notamment par M. Gressier (1) et, reproduit tout récemment par M. Bertauld, fait du droit de la veuve un droit « de collaboration.» — « On regar- « dait les mari et femme, disait cet orateur, lorsque les « conventions matrimoniales le permettaient, comme co- « propriétaires de l'œuvre, et, en conséquence, aussi « bien dans les mains de la veuve que dans celles du « mari auteur, la propriété se continuait jusqu'à la mort « du dernier des deux. » Singulière copropriété, il faut en convenir ! La mort de l'un des copropriétaires aura pour effet d'éteindre sa part de copropriété ou au moins d'assoupir son droit pendant un certain temps. L'autre copropriétaire de la moitié, n'ayant jamais eu de droit que sur cette moitié sera, tout d'un coup, investi de la propriété de la totalité, sans que cette extension de son droit s'appuie sur aucun motif juridique. Ce n'est pas tout, lui aussi perdra, à son décès, son droit et ne le transmettra pas à ses héritiers, tandis que son copropriétaire, quarante ans peut-être après son décès, transmettra la totalité de ce droit à ses héritiers personnels. Ainsi, voilà une co-propriété fondée sur la collaboration et la communauté, qui, à la dissolution du mariage, est toujours entière entre les mains de l'un ou de l'autre des coproprié-taires : entre les mains de la veuve, pendant la vie de celle-ci, à l'exclusion des héritiers du mari ; entre les mains ceux-ci, au décès de la veuve, à l'exclusion des héritiers de la veuve, de telle sorte qu'elle constitue toujours une propriété unique et n'a qu'un seul maître !

(1) Duverg., p. 283, col. 1, in fine.

§ 8. — Je crois inutile de pousser plus loin l'examen de ce système. La vérité est, à mes yeux, que le décret de 1810 a établi au profit de la veuve une disposition absolument anomale, sans précédent dans l'histoire de nos institutions juridiques, sans analogie sérieuse avec aucune règle des titres des successions ab intestat ou des testaments et des donations. En réalité, le législateur de 1810 a transformé le droit qui résultait pour la femme de ses conventions matrimoniales : d'un droit de propriété transmissible aux héritiers il a fait un droit viager. D'après le droit commun, la femme transmet toujours à ses héritiers personnels la part qu'elle a prise dans la communauté ou le gain que le contrat de mariage lui a assuré. Le décret, au contraire, reprend, dans le patrimoine de la veuve à son décès, le droit de reproduction ou pour le restituer en entier aux enfants de l'auteur ou pour l'annihiler. Mais en revanche, la veuve reçoit, sa vie durant, la totalité de ce droit, elle l'exerce seule, elle en jouit seule. Le décret n'appelle à cette faveur nouvelle que les veuves « à qui les conventions matrimoniales donnent droit à la propriété littéraire, » mais il ne s'occupe nullement de l'étendue de la part que ces conventions auraient réservée à la femme ; toutes ont droit à la totalité. C'est une double atteinte et aux principes du Code et à la loi des contrats. Mais ce ne sont pas les seules anomalies que présente cette singulière disposition. Elle revêt deux aspects bien différents, suivant que l'auteur laisse en mourant des enfants, ou simplement des ascendants ou des collatéraux. Dans le premier cas, le droit viager de la veuve suspend seulement pendant une période indéterminée l'ordre légal des successions. **La veuve écarte,** en effet, même les enfants pour recueillir, non pas un usufruit, mais une propriété à temps, qui doit expirer avec elle pour que tout rentre dans l'ordre ordinaire, et que les enfants, exclus un instant, reprennent leur place primitive. Dans le second cas, au contraire, le monopole assuré aux héritiers est de dix ans à compter du décès de l'auteur. Le droit de la veuve ne retarde donc pas seulement l'exercice du droit des héritiers, il en diminue la durée, et si lui-même se prolonge pendant plus de dix ans, il le rend définitivement impossible. L'ordre légal des successions est alors entièrement interverti.

Dans les deux hypothèses, les pouvoirs de la veuve sur ce droit sont limités; cette limitation est même le meilleur argument en faveur du système qui, par une prétendue assimilation avec les substitutions, veut transporter ici les règles des articles 1048 et suivants du Code civil. Dans ma réfutation de ce système, j'ai omis d'apprécier cet argument, parce qu'il m'a paru plus naturel d'exposer ici ma manière de voir sur cette restriction apportée virtuellement aux pouvoirs de la femme. A mes yeux, ce qui fait que la veuve ne peut aliéner définitivement le droit de copie au préjudice des héritiers, c'est simplement que son droit est viager et que nemo in alium plus juris transferre potest quam ipse habet. Elle ne peut, en effet, transférer que des droits viagers comme le sien, et c'est ce qui met les héritiers du mari à l'abri de toute cession définitive.

La loi de 1854, qui vint prolonger la durée du privilége des enfants, ne modifia ni la nature, ni l'étendue du droit de la veuve. La loi de 1866 introduisit dans cette matière des règles toutes nouvelles. Elles seront exposées dans la section suivante.

SECTION DEUXIÈME.

DROIT MODERNE.

DU BÉNÉFICE LÉGAL ASSURÉ AU SURVIVANT DES ÉPOUX PAR LA LOI DE 1866.

Sommaire : § 1. Le survivant des époux, quelque soit son régime matrimonial, a toujours droit au bénéfice légal établi par la loi de 1866. Ce droit n'est plus la conséquence de l'adoption de la communauté, il est attaché à la qualité de survivant. — § 2. Les héritiers de la femme d'un auteur ne peuvent le réclamer de celui-ci. — § 3. Appartient-il au mari survivant d'une femme auteur? Doutes sur ce point dans la législation précédente.— § 4. Nature juridique de ce droit. A mes yeux, le conjoint survivant n'est plus investi du droit anomal créé par le décret de 1810, mais simplement d'un usufruit légal. Explication de ces expressions *simple jouissance* dont se sert le texte. — § 5. Appréciation de la déclaration de M. Riché : théorie de M. Duvergier. Réfutation. — § 6. Avantages de la constitution d'un usufruit légal, en place du droit anomal créé par le décret de 1810.— § 7. Cette attribution d'un usufruit légal est la mise en vigueur en quelque sorte de la pensée que les rédacteurs du Code ont cru consacrer dans l'article 754. Comparaison avec les autres moyens inventés pour assurer la dignité du veuvage. — § 8. L'usufruit du survivant porte-t-il sur le produit capitalisé des éditions faites au cours de la jouissance? Chaque édition n'est-elle au contraire qu'un fruit? — § 9. Des causes qui empêchent d'acquérir cet usufruit légal. — § 10. De la disposition faite par l'auteur, à titre onéreux, à titre gratuit. — § 11. Séparation de corps prononcée contre le survivant. — § 12. Convol en secondes noces. —

§ 13. La renonciation à la communauté fait-elle perdre cet usufruit? —
§ 14. Quid du mariage putatif?

La loi de 1866 présente sur la double question agitée
sous le décret de 1810 : à quelles veuves appartient le
bénéfice légal de survie et quelle est la nature de ce
bénéfice, deux décisions absolument nouvelles à mon
avis : ce sont là, en ce qui touche le sort du survivant, les
plus importantes, mais non les seules innovations qu'elle
consacre.

§ 1. — Reprenons l'ordre que nous avons suivi dans
l'exposé de la législation antérieure. A quelles veuves est
assurée la survivance des droits d'auteur? Le législateur
de 1866 est revenu sur ce point au projet de décret
de 1810 : il appelle indistinctement toutes les veuves,
« quel que soit le régime matrimonial », communauté,
séparation de biens, exclusion de communauté ou régime
dotal. A la différence du décret, il ne prétend pas consacrer des droits antérieurement acquis par la loi du
contrat, il n'annulle pas ces avantages (ainsi que nous le
verrons bientôt), mais il crée en dehors d'eux, et indépendamment du contrat de mariage, un bénéfice distinct.
Le seul titre à invoquer ici, c'est le titre de survivant et
c'est à ce titre seul qu'est attachée cette faveur spéciale.

Quelque obscures, en effet, et contradictoires que soient,
en général, les discussions qui ont précédé notre loi, un
point semble cependant avoir été arrêté d'avance dans
l'esprit des rédacteurs, et quelles qu'aient été les diver-
gences sur les procédés d'application, le principe n'a guère
été contesté : on était décidé à améliorer le sort de la
veuve et à élargir les prérogatives dont le décret de 1810
l'avait dotée. Le conseil d'État et la Chambre, comme,

avant eux, les commissions et les congrès, se lais-
saient aller, avec raison, au désir général de réagir
contre l'inqualifiable oubli, qui avait privé le survivant
des avantages dont l'ancien droit avait entouré sa vieil-
lesse. Entraînée par un beau zèle réformateur, la Chambre se proposa même un instant, à propos du droit spécial qui nous occupe, de transformer par des dispositions
générales l'économie du Code sur le droit du conjoint
survivant et, par un retour à nos vieilles traditions, de
supprimer une flagrante injustice. Les difficultés de tout
genre qu'offrait la réglementation de la propriété littéraire, le découragement qui s'empara des esprits, alors
que l'on abandonna, sans les avoir résolues, les questions
de principe, pour fixer provisoirement les points de
détail, refroidirent singulièrement cette ardeur; mais en
renonçant aux réformes générales, on ne voulut pas se
séparer sans avoir, en ce qui touche la dévolution du
droit de copie, amélioré le sort de la veuve. Telles sont
les considérations qui ont dicté le deuxième alinéa de
l'article premier de notre loi : elles en sont le meilleur
commentaire. On le voit, ce que la loi veut gratifier c'est,
ainsi que je le disais tout à l'heure, la veuve : il ne s'agit
pas de modifier, en sa faveur, les avantages que son régime matrimonial, lui attribue (j'espère démontrer que l'on
renvoie sur ce point au droit commun), mais d'assurer
l'aisance de ses derniers jours, en dehors de l'éventualité
des gains matrimoniaux dans toutes les hypothèses, sur
le produit des ouvrages du compagnon de sa vie. Aussi
ce droit est-il éminement personnel : il l'est même à un
double point de vue si l'on admet avec moi que la veuve n'a
plus que l'usufruit des œuvres de son mari.

§ 2. — Aussi faut-il décider que si l'auteur survit, les héritiers de la femme n'ont aucun droit à ce bénéfice spécial. Nous verrons bientôt si la prétention qu'ils feraient valoir en qualité de représentants d'une femme commune en biens serait également repoussée (1).

§ 3. — Le privilége de viduité est-il accordé au mari survivant d'une femme auteur? L'affirmative aujourd'hui n'est plus douteuse. Notre texte dit : « le conjoint survivant », expressions employées, a-t-on déclaré à la Chambre, pour « témoigner de l'abrogation de la loi salique dans la république des lettres » (2). Sans rechercher ce que la loi salique vient faire dans une république, je me contenterai de relever dans cette phrase la preuve que ces mots « le conjoint survivant » ont été insérés à dessein pour mettre fin à une controverse que la rédaction plus restrictive du décret de 1810 et des lois qui l'ont suivi, avait soulevée. Du reste, tous les jurisconsultes, même ceux qui ne croyaient pas que le décret plaçât les deux époux sur le même rang, appelaient comme une réforme utile l'égalité entre conjoints. La loi de 1866 a donc eu sur ce point le rare mérite de terminer une discussion, et le mérite plus rare encore de satisfaire toutes les opinions.

§ 4. — Quelle est donc aujourd'hui la nature juridique de ce droit accordé, indépendamment des conventions matrimoniales, au conjoint survivant? Le § 2ᵉ de notre

(1) En ce sens, Bertauld, nº 276 ; Nion, p. 245, 246.

(2) Exposé des motifs, Duv., p. 283, 2 col. in fine. Adde, Duverg., p. 285, 1 col; Rapport suppl., Duverg., p. 296, 2 col Voir sur les doutes dans l'ancien droit, Pardessus, n. 127; Etienne Blanc, p. 324, 377 et 8; Renouard, t. II, p. 238 et suiv.; Nion, p. 238 et suiv ; Fliniaux, p. 66 et 7.

texte est ainsi conçu : « Pendant cette période de cin-
«quante ans, le conjoint survivant, quel que soit le régime
« matrimonial..... a la simple jouissance des droits dont
« l'auteur prédécédé n'a pas disposé par acte entre vifs
« ou par testament. »

Il semble difficile à la première lecture de ce paragraphe d'admettre, avec M. Riché, que le droit du survivant est le même que sous l'empire du décret de 1810.

Le législateur de 1866 a au contraire, à mon avis,
radicalement aboli le droit anomal et mal défini qui avait
pris naissance dans le décret de 1810. J'espère démontrer qu'il a ouvert simultanément deux droits différents,
dont le point de départ seul est commun, mais qui restent distincts et coexistent côte à côte : l'usufruit au profit
du survivant des époux, la nue propriété au profit des
héritiers de l'auteur. Qu'on lise attentivement les § 1,
2, 3 et 5 de notre article premier, on y verra que les
héritiers ne sont pas écartés jusqu'au décès de la veuve,
que leurs droits au contraire prennent naissance à la mort
de l'auteur pour durer pendant les cinquante années qui
suivront. Le § 3, par exemple, accorde à certains héritiers le droit de faire réduire, non la durée, mais l'étendue
du droit de la veuve; c'est donc que ces héritiers sont en
concours avec elle, et qu'à la différence du décret
de 1810, leur droit ne naît pas à sa mort; car à quoi bon
réduire l'étendue du droit de la veuve, si tant qu'elle
vit, les héritiers de l'auteur n'ont rien à prétendre?
Et d'ailleurs notre § 2 ne le dit-il pas expressément?
Il assure au survivant, pendant ce laps de temps, *la simple
jouissance.* Quelque ambigue que cette expression puisse
paraître, elle ne peut pas signifier la propriété. D'autre

part, le texte lui-même en détermine la portée; il réserve, au profit du dernier mourant, les avantages qui résultent pour lui du contrat de mariage ; et d'autre part, il l'appelle à l'universalité de « la jouissance. » Or, quels seraient ces avantages si simple jouissance signifiait pleine propriété? Ce texte deviendrait ainsi sans aucune portée. Du reste, le mot jouissance employé comme synonyme d'usufruit se rencontre quelquefois dans le Code, notamment dans l'article 543, et plus souvent dans les lois fiscales. Mais que signifie l'épithète de simple ?

Sur ce point, les travaux préparatoires contiennent une déclaration formelle du rapporteur de la commission. M. Picard (1) avait demandé, avec raison, il faut en convenir, ce que c'était en droit que la simple jouissance. Je « connais, disait-il, en cette matière, deux droits définis « juridiquement par la loi : le droit d'usage, et le droit « d'usufruit. Pourquoi ne pas employer les mots usités? « Les auteurs de la loi ont-ils voulu reconnaître là un « droit d'usage ou un droit d'usufruit ? En employant les « mots « simple jouissance », ils ont laissé la question « indécise, et, en vérité, quand on fait une loi, il faut « laisser le moins possible de questions douteuses.» Oui, « répondait M. Perras rapporteur, nous avons entendu « l'usufruit, et le rapport de la commission le disait très- « clairement : les droits des successeurs tiendront dans « ce délai de cinquante ans, sauf *l'usufruit* de sa nature « indéfini, qui appartient à la veuve. Maintenant ce sont « des considérations fiscales et de forme qui ont fait met- « tre les mots, *simple jouissance*, à la place du mot usu-

(1) Duverg., p. 297 et 8.

« fruit. » Ainsi c'est pour affranchir de certaines forma-
lités et de l'impôt de mutation le droit du survivant que
cette qualification peu précise s'est glissée dans notre
texte. Était-ce le bon moyen, il est permis d'en douter.
M. Picard répliquait. « Alors, si l'enregistrement s'en ré.
« fère au rapport, le droit sera perçu sur l'usufruit. » D'ailleurs, comme M. Duvergier le fait remarquer : « L'admi-
« nistration de l'enregistrement ne se paye pas de mots.
« Si elle voit un droit d'usufruit dans la jouissance du
« conjoint, elle pourra dire que le droit de transmission
« d'un usufruit lui est dû, elle le pourra avec d'autant plus
« de raison que l'article 4 de la loi du 22 frimaire an VII
« assimile, pour la perception des droits, la transmission
« de la jouissance à la transmission de l'usufruit. »

Ainsi ce n'est point afin de créer, à l'exemple du décret de 1810, un droit anomal au profit du conjoint survivant, c'est uniquement dans le désir d'éviter des forma-
lités et des frais de mutation aux représentants de l'auteur
que la loi civile employe cette expression douteuse pour
frauder la loi fiscale. L'historique prouve donc que la
pensée du législateur était d'accord sur ce point avec l'interprétation que j'ai donnée du texte. Le survivant a, sa
vie durant, l'usufruit des œuvres de son conjoint, et les
héritiers de ce dernier en ont la nue propriété.

§ 5. — On voit par là combien était fausse à tous égards
la déclaration du commissaire du gouvernement que je
citais en expliquant le décret de 1810. J'espère, en effet,
avoir établi ailleurs que, sous ce décret, la veuve, n'avait
ni un usufruit ni une propriété grevée de substitution. Il
n'est pas plus vrai de dire que « rien n'a été changé par
« la loi nouvelle. » La loi nouvelle crée, au contraire,

un usufruit qui jusqu'alors n'existait pas, et appelle en même temps à la succession des droits d'auteur le survivant et les enfants.

M. Duvergier (1), qui, on le sait a apporté à l'étude de ces questions un soin tout particulier, adopte cependant la théorie de M. Riché. « Qu'a-t-on voulu, dit cet éminent « écrivain, changer la nature du droit du survivant?.. En « aucune façon. On a seulement jugé convenable d'en mo-« difier le point de départ et la durée. » Pour lui, le survivant n'est pas un usufruitier mais un grevé de substitution. « Il y a peut-être quelque inexactitude à parler en pareil « cas d'*usufruit* et de *nue propriété*. Le législateur a, de sa « pleine autorité, constitué en 1810, un régime tout par-« ticulier que le législateur de 1866 n'a pas entendu « modifier dans ses bases essentielles, dont il a seule-« ment modifié la durée. Ce régime doit être maintenu. »

Avant d'examiner l'opinion de M. Duvergier, remarquons que l'éminent écrivain s'est prononcé pour l'une des deux alternatives que M. Riché s'était posées et qu'il avait mêlées ensemble. Il est, en effet, étrange de confondre l'usufruitier avec le grevé de substitution. Le grevé est propriétaire à temps et a la chance de devenir propriétaire incommutable; l'usufruitier n'est pas propriétaire et ne le sera jamais. M. Riché renvoie au Code pour réfuter l'opinion autrement juridique de M. Gressier, il eût bien fait, à mon humble avis, de s'y reporter lui-même : il y eût trouvé un article 899 qui, supposant l'usufruit donné à l'un et la nue propriété à l'autre, décide que cette disposition n'est pas une substitution. En effet, l'usufruit essentiellement viager ne se

(1) Duverg., p. 299.

transmet pas d'un premier à un second usufruitier.

J'arrive à la théorie de M. Duvergier: le survivant est-il un grevé de substitution? J'ai déjà réfuté cette théorie, en reproduisant les plus importantes dispositions du décret de 1810. Il me semble que MM. Duvergier et Riché se sont laissés séduire par l'apparence d'éventualité dont le droit des héritiers était frappé. En effet, la jouissance des héritiers est soumise à un terme incertain; mais l'incertitude de ce délai ne fait point que leur droit ressemble au droit des appelés. Ce qu'il y a d'éventuel dans le droit des héritiers de la loi de 1866, ce n'est pas l'acquisition de leur droit; ils le reçoivent aussitôt la mort de l'auteur et en même temps que la veuve, mais seulement le retour de l'usufruit à la nue propriété. **Or,** ce qui caractérise les substitutions, c'est l'éventualité du droit de l'appelé qui doit être subordonné à la condition de sa survie. Les héritiers de l'auteur transmettent leur droit à leurs propres héritiers, tandis que, d'après les règles des substitutions, ce bien qui ne serait jamais entré dans leur patrimoine, ne serait pas compris dans leur succession et ce serait à la veuve qu'il appartiendrait.

Non, l'analogie, difficile déjà à établir entre la faveur exceptionnelle créée par le décret de 1810 et la substitution, ne se présente à aucun égard depuis que la loi de 1866 a créé un usufruit légal. Les héritiers de l'auteur ne sont pas admis ordine successivo, mais bien, suivant l'expression de Peregrinus (art. 17, n° 1 et suiv.), ordine conjunctivo seu simultaneo. D'autre part, la substitution n'est permise qu'au profit des personnes qui, vis-à-vis du grevé, ont la qualité d'héritiers ab intestat ; or, ceux qui recueillent la nue propriété des droits de copie ne sont pas nécessairement les héritiers du survivant, ce sont les héritiers de l'auteur. En résumé, ni à l'égard, du survivant, ni à l'égard des héritiers, il n'y a rien qui ressemble à une substitution.

§ 6. — Ainsi la loi de 1866 a créé, au profit du survivant des époux, un usufruit légal. Heureuse innovation, à mon avis. Elle s'est affranchie, par là, des difficultés sans nombre auxquelles la nature mal définie du droit anomal, inventé par le décret de 1810, donnait naissance. Les controverses, en effet, qui s'agitaient sur la base et la nature de cette faveur, reflétaient nécessairement sur la détermination de ses effets. Ce renvoi au droit commun ramène la clarté dans cette matière. Le Code établit et réglemente les effets de l'usufruit, au moins dans une hypothèse bien connue (754). Qui dit usufruit légal, parle d'un droit connu, défini par la loi, depuis longtemps pratiqué, depuis longtemps décrit par la science. D'autre part, au moins en ce qui touche la dévolution de la nue propriété, l'ordre légal des successions n'est pas interverti. Il y a donc, dans cette innovation, un grand pas fait vers l'unité et la simplicité de nos lois civiles.

§ 7. — Il semble que le législateur de 1866, réparant, avec raison, l'oubli commis par le législateur de 1804, ait voulu mettre en vigueur la mesure que son prédécesseur s'était imaginé avoir prise. Le conseil d'Etat avait cru, en effet, sur l'assertion de Treillard, que l'usufruit du tiers des biens de l'époux prédécédé était attribué au survivant. Sans adopter ce taux invariable, la loi de 1866 applique d'ailleurs le procédé proposé en 1804 pour assurer la dignité du veuvage. En effet, de toutes les institutions successivement inventées pour arriver à ce but, aucune ne se rapproche autant du système employé par la loi de 1866 que la pensée que le conseil d'État se figura avoir consacrée dans l'art. 754. Il n'y a ici, en effet, rien de commun ni avec la quarte des novelles, puisqu'aucune des conditions de cette quarte, richesse chez le de cujus, pauvreté chez la veuve, ni même cette circonstance que la veuve ait été épousée per solum affectum, ne se rencontrent; ni avec l'augment ou la douaire, car ces deux gains de survie n'existent qu'autant que la veuve a été dotée, condition dont il n'est point mention dans notre texte. Pauvre ou riche, doté ou non, le conjoint survivant aura toujours cet avantage légal.

§ 8. — Le gain de survie est donc un usufruit légal ; mais sur quoi porte cet usufruit? L'usufruitier n'a-t-il que la jouissance du capital produit par les éditions faites pendant sa vie, ou bien conserve-t-il ce capital? En d'autres termes, les éditions faites, pendant la vie de la veuve, constituent-elles la substance même de la chose sur laquelle porte son usufruit, ont-elles au contraire le caractère de fruits? On le voit, on reproduit ici, sans y ajouter d'argument nouveau, la controverse qui s'agite à propos de l'usufruit du bail à ferme. L'usufruitier d'un bail à ferme doit-il restituer le produit des récoltes, en conservant seulement, outre l'indemnité à lui due pour les fermages qu'il a payés et les frais qu'il a supportés, les bénéfices réalisés sur ces produits, ou doit-il simplement rendre le droit au bail (1)? Je n'ai, bien entendu, à me prononcer que sur ce qui touche le droit d'auteur.

(1) Demol., t. X, n. 330. Adde t. VI, n. 512, t. XVI, n. 445. Comp.

J'espère avoir démontré ailleurs que, d'après l'économie de nos lois sur cette matière, l'œuvre littéraire n'est
pas de tous points dans le commerce, et qu'au contraire, la seule partie à laquelle ce caractère est reconnu,
est précisément celle qui est transmise au conjoint survivant et aux héritiers de l'auteur, c'est-à-dire, le droit
de reproduction. Le droit de reproduction est donc ce
dont les héritiers ont la nue propriété et le survivant
l'usufruit, et, par une conséquence ultérieure, c'est ce qui
constitue la substance de la chose sur laquelle porte
l'usufruit. C'est donc uniquement ce droit de reproduction que le dernier mourant devra, en fin d'usufruit,
restituer, et non pas le produit des éditions faites pendant
sa jouissance.

C'est, à mon gré, méconnaître le caractère de fruits
que présenteront les éditions données par le survivant
que de vouloir renouveler ici la controverse, qu'avant la
décision formelle de 588, on soulevait à propos des rentes
viagères, et qu'on soulève, aujourd'hui encore, à propos
du bail à ferme. Si, avant cet article, on a pu soutenir que
les arrérages d'une rente viagère sont autre chose que
de simples fruits, c'est que ces arrérages, qui dépassent
le taux légal des intérêts, c'est-à-dire des fruits civils du
capital, ne peuvent s'acquitter qu'aux dépens du capital
lui-même. Si bien, que l'usufruitier ne peut y prétendre
sans détruire la substance de la chose. En est-il de même
ici, et chaque édition donnée par le survivant est-elle une
fraction détachée du droit de reproduction ? Oui, répond

Montpellier, 13 mars 1856. Contra: Caen, 23 mai 1868; Duranton, t. III,
n. 372; Aubry et Rau, t. II, p. 482, texte et not. 20 ; Proudhon, 1, 367.
Sur la question spéciale, Bertauld, n. 227; Cass., 19 janvier 1857.

M. Bertauld. M. Bertauld se laisse, ce me semble, entraîner par une confusion. Certes, la limitation, apportée à la
durée du privilége, fera courir aux héritiers le risque que
le monopole n'expire avant que l'édition donnée par
l'usufruitier soit écoulée ; mais ce danger n'est que la
conséquence de la situation nouvelle où la loi de 1866
les a mis, et ne modifie en rien la nature juridique des
éditions données par le survivant. Réduits à la nue propriété jusqu'au décès du dernier des époux, les héritiers
se verront peut-être sevrés de toute propriété utile, si
l'usufruit dure plus de cinquante ans. S'ensuit-il de là
que les éditions ne soient que des fractions détachées du
droit lui-même qui s'épuiserait par partie ? Mais alors,
il faudrait reproduire cette solution toutes les fois qu'un
usufruit illimité porterait sur un droit borné dans sa durée ; il faudrait dire, par exemple, qu'un droit d'usufruit
portant sur un autre droit d'usufruit s'appliquerait seulement aux revenus des fruits capitalisés, parce qu'à son
égard ces fruits seraient des portions du capital. Je ne
sache pas que jusqu'ici personne ait soutenu pareille
doctrine, et cependant chaque perception de fruits faite par
l'usufruitier donnera lieu de craindre à l'autre usufruitier,
sur le droit duquel s'exerce le droit de son rival, qu'elle
ne soit la dernière s'il ne survit pas à celui qui est actuellement en jouissance. Il n'y a là que la conséquence
normale de la réduction à un terme fixe du droit des héritiers ; la jouissance de l'usufruitier diminue la leur,
c'est certain, mais leur situation, quelque fâcheuse
qu'elle soit, est celle de toute personne investie d'un
droit limité sur lequel pèse un usufruit indéfini.

Je reconnais que la solution présentée par mes adversaires serait vraie, si, à la mort du de cujus, d'un commun accord entre le survivant et les héritiers, une cession définitive de l'œuvre avait eu lieu. Le survivant deviendrait alors quasi-usufruitier de cette somme d'argent, prix de la cession, et en devrait la valeur aux héritiers. Mais, en dehors de cette hypothèse peu commune, leur théorie me semble inadmissible. Le survivant n'est qu'usufruitier et n'a que les pouvoirs d'un usufruitier, c'est-à-dire, qu'il ne peut faire que les actes d'administration ; en d'autres termes, il ne pourra céder qu'une édition à la fois après l'épuisement de la précédente : cette édition aura incontestablement le caractère de fruit ; autrement il faudrait dire que les héritiers sont nus propriétaires d'autre chose que ce dont le survivant est usufruitier, nus propriétaires du droit de reproduction, tandis que le conjoint survivant serait usufruitier des éditions déjà faites. Non, ce qui forme la substance de la chose soumise à l'usufruit, c'est ce dont les héritiers sont nus propriétaires : le droit de reproduction. De même que l'usufruitier d'une créance, d'une rente perpétuelle ou viagère, d'un droit d'usufruit, perçoit les arrérages, les intérêts, les fruits (585, 6 et 8) et reste quitte en restituant la créance, la rente ou l'usufruit, de même l'usufruitier du droit d'auteur fait siens les produits du droit d'auteur, c'est-à-dire les éditions faites pendant l'usufruit, sans être tenu de restituer autre chose que le droit lui-même.

On objecte que les fruits sont ceux des produits d'une chose qui ont un caractère de périodicité, et que les éditions, même celles d'un ouvrage très-lu, ne sont renouvelées qu'à des intervalles très-irréguliers. Je réponds qu'il y a certains produits qui, bien que non périodiques, sont certainement des fruits. La définition que l'on donne des fruits n'est pas exacte, et c'est pourtant sur elle que s'appuie l'argument qu'on nous oppose. En réalité, les fruits sont les produits qui, d'après la destination de la chose, doivent avoir le caractère de revenus. Ainsi, les produits d'une carrière ou d'une minière peuvent être des fruits par suite de la destination du père de famille, et il n'y a là rien de périodique (1).

Ainsi donc, il faut décider que le conjoint survivant n'est tenu à rendre, en fin d'usufruit, que le droit de reproduction. La pratique, d'ailleurs, et la jurisprudence ne se sont jamais écartées de cette doctrine sur laquelle les travaux préparatoires ne permettent pas d'hésiter (2).

§ 9. — La substance de la chose sur laquelle porte l'usufruit du survivant est maintenant déterminée ; il reste à savoir quelle est l'étendue de cet usufruit : embrasse-t-elle la totalité du droit d'auteur, est-elle au contraire limitée à une fraction aliquote, un quart, un tiers, etc. ? Le paragraphe 2 appelle incontestablement le survivant à l'universalité de l'usufruit, mais il apporte, de suite, à cette vocation une première restriction à laquelle le paragraphe 5 en ajoute une seconde. Nous allons voir, en effet, que l'auteur peut, par sa volonté, dépouiller le survivant du bénéfice légal ; à fortiori, peut-il léguer tel de ses ouvrages à un tiers, et ainsi borner le droit de sa veuve aux œuvres qui resteront dans sa succession ab intestat. La seconde restriction est relative aux héritiers à réserve dont la présence réduit l'usufruit du survivant

(1) M. Bufnoir, à son cours.
(2) Duverg., p. 298 et suiv.

dans une mesure difficile à préciser, et que j'étudierai dans le chapitre suivant, à propos de ces héritiers.

A la seule qualité de survivant est attaché l'usufruit légal; cependant certaines causes spéciales à cette matière peuvent en empêcher l'acquisition. La loi de 1866 énumère trois causes qui privent le conjoint survivant de cet avantage légal. Ce sont : 1° la disposition à titre gratuit ou à titre onéreux, entre vifs ou par testament, que l'auteur aurait faite de ses œuvres; 2° la séparation de corps prononcée contre celui des époux qui survit; 3° le convol en secondes noces de cet époux.

§ 10, 1°. — Les rédacteurs de la loi de 1866 ont considéré comme un correctif nécessaire de l'attribution légale d'usufruit, la faculté réservée à l'auteur d'annuler par un acte de disposition le gain de survie de son conjoint (1). Ces actes de disposition seront de deux sortes : à titre onéreux, ou à titre gratuit; dans les deux hypothèses, la décision de la loi, quoique vivement critiquée, me semble cependant très-justifiable.

Supposons d'abord que l'auteur ait cédé tous ses droits à un libraire ; de deux choses l'une : ou le conjoint sera marié sous le régime de la communauté, ou il aura adopté un régime qui conservera propre, dans une mesure plus ou moins étendue, le patrimoine de chaque époux. Dans le premier cas, le prix de la cession, tombé sans récompense, au moins suivant moi, dans la communauté, se partagera entre la veuve et l'héritier du mari, qui tous deux seront investis d'une façon définitive de leur moitié respective. On le voit, dans cette hypothèse, la disposi-

(1) Duverg., p. 295.

tion faite par l'auteur n'a pas causé de préjudice réel à son épouse. Dans le second cas, celui où les conventions matrimoniales séparent les fortunes des deux époux, la privation d'une part, dans le prix de cession qui représente les droits d'auteur, sera la conséquence de l'adoption même de ce régime, et la femme ne sera pas fondée à s'en plaindre. Elle n'a jamais eu de droit sur les biens de son mari, elle n'a pas plus de droit sur le prix de la cession d'aucun de ces biens. Quelle loi, d'ailleurs, a jamais prohibé en faveur d'un héritier les actes à titre onéreux? La loi de 1866, en laissant à l'auteur la faculté de disposer à titre onéreux de ses œuvres, est donc restée avec raison, sur ce point, conforme aux règles du droit commun. Nous verrons bientôt que la même théorie devrait être admise sous l'empire du décret de 1810, seulement l'acquéreur à titre onéreux ou gratuit, bien loin de voir son droit réduit ou annulé par la présence du conjoint, le voyait, au contraire, se prolonger pendant la durée de la vie de ce conjoint, au lieu d'être borné à dix ou vingt ans. C'était là une conséquence de ce système anomal.

Supposons maintenant que l'auteur a disposé de ses œuvres à titre gratuit. Que signifie, dit-on alors, le bénéfice spécial que la loi se vante d'avoir établi? Je réponds qu'il y eût eu un inconvénient beaucoup plus grave, outre la violation des principes généraux, à attribuer une réserve au survivant. Atteint déjà par la réserve des descendants ou des ascendants, l'auteur, s'il eût eu à compter avec une réserve introduite au profit de la veuve, aurait été, dans la majorité des cas, dans l'impuissance de donner ou de léguer ses ouvrages. D'ailleurs, l'usufruit du survivant, quoique légitime dans la majorité des cas, blesse parfois l'équité. Sans supposer, comme certains publicistes se plaisent à le faire, une Xantippe ou une Armande Béjart, la veuve, d'après le système de la loi, fera souvent obstacle à l'exercice de droits plus dignes d'intérêt que le sien. Un auteur, par exemple, qui a un enfant d'un précédent mariage, se remarie sur la fin de ses jours à une femme jeune encore. Cette femme, devenue veuve, va priver, probablement pour toujours, l'enfant du premier lit d'une partie considérable de la jouissance des droits d'auteur. Même situation, si l'auteur laisse une veuve et des ascendants auxquels, dans l'ordre de la nature, la veuve survivra. La loi de 1866 a donc eu raison de n'imposer sa volonté que lorsque celle du de cujus ne s'est point manifestée.

§ 11 2°. — La seconde restriction est relative à la séparation de corps prononcée contre celui des époux qui survit. On sait qu'en ce qui touche la dévolution de l'universalité de la succession ab intestat d'un époux à l'autre, le Code a conservé la règle d'Ulpien (1) : « Ut autem hæc bonorum possessio locum habeat, uxorem esse oportet mortis tempore. » Le divorce seul faisait disparaître cette vocation, alors même qu'il avait été obtenu par le survivant. Ce qui supprimait cette successibilité réciproque n'était pas, en effet, une cause d'indignité ou d'exclusion, mais l'anéantissement du titre sur lequel elle reposait. D'où l'on a conclu avec raison que la séparation de corps, même encourue par le survivant, ne le privait point de son rang parmi les successeurs irréguliers. Bien entendu, les faits qui ont motivé la séparation peuvent,

(1) L. 1 pr., Dig. Unde vir et uxor.

dans certains cas, motiver aussi l'exclusion pour indignité ; mais le conjoint sera repoussé, non en vertu de 767, mais en vertu de 727 ; non comme séparé de corps, mais comme indigne. Ces principes resteront encore vrais relativement au conjoint survivant d'un auteur qui, à raison même de la séparation de corps décrétée contre lui, n'a pas été investi de l'usufruit des droits d'auteur, et qui, par suite du refus ou de l'extinction de toute la famille, arrive, aux termes de 767, en rang utile pour recueillir les biens du prédécédé. La séparation de corps ne pourra lui être opposée par le fisc, son seul rival.

La loi de 1866 abolit, en ce qui touche l'attribution de l'usufruit légal, le principe admis par le Code. Le conseil d'État, de même que la commission, avaient cru inutile d'introduire une innovation sur ce point. Mais la Chambre s'est émue du « scandale que produirait l'attribution d'une récompense légale au conjoint qui aurait subi une condamnation en séparation de corps (1) ! » Cette disposition mérite d'être rapprochée de l'article 1518, qui prive du préciput conventionnel l'époux contre lequel (le divorce) ou la séparation de corps aurait été prononcée (2). Elle n'est d'ailleurs que l'application à un bénéfice légal de l'article 299, pour ceux qui estiment que cet article régit même la séparation de corps.

§ 12, 3°. — Une considération du même genre prive le survivant, qui se remarie, de l'usufruit légal. Toutefois outre, cette raison, que l'époux se rend alors coupable d'une véritable ingratitude envers celui auquel il

(1) Duverg., p. 297.
(2) Contra, Merlin, *Rép.*, t. XVI, v° Sépar. de corps, § 4, n. 5, p. 64, note 2, et Toullier, t. II, n. 781, note 1.

doit l'aisance de ses derniers jours, la cause de l'attribution légale, la nécessité d'assurer la dignité du veuvage, a disparu. Cette pénalité, dont le convol en secondes noces est ici frappé, n'est pas nouvelle dans
l'histoire de nos institutions : l'article 386 l'édicte à
l'encontre de la veuve, mais seulement de la veuve, qui
perd en se remariant la jouissance légale des biens de ses
enfants mineurs. La loi de 1866 a établi, avec raison,
l'égalité entre les époux. D'ailleurs, ce qui entraîne cette
déchéance, c'est, comme dans l'article 386, le fait de la
célébration d'un second mariage, d'où la conséquence que
la privation serait encourue même par un mariage putatif.

§ 13. — La renonciation à la communauté priverait-
elle la veuve de cet usufruit légal? Le bénéfice spécial
établi par le décret était perdu par cette renonciation, au
dire des jurisconsultes qui faisaient tomber le droit de
reproduction dans la communauté. Telle était notamment
la doctrine de M. Renouard (1), et cette doctrine était
fort logique. Sous l'empire de ce décret, le droit de la
veuve n'était attribué qu'en échange des avantages matrimoniaux. Or, pour qui voyait dans la communauté
légale « une convention matrimoniale, » il fallait décider
que le bénéfice résultant de cette convention tacite était
définitivement perdu par la renonciation à la communauté (1492). Aujourd'hui je crois qu'il faut adopter la
solution contraire. Le droit de la veuve n'est plus
soumis à la condition que les conventions matrimoniales
de celle-ci lui assurent un droit sur les œuvres de son
mari, c'est, ai-je dit, un droit indépendant de la com-

(1) Renouard, t. II, p. 256.

munauté, un bénéfice légal attaché, quel que soit le règlement des intérêts pécuniaires des époux, à la seule qualité de survivant ; c'est un droit que la femme dotale ou
séparée de biens ont à un titre égal que la commune.
Que la femme ait perdu tous ses droits dans la communauté, elle n'en est pas moins veuve et, dès lors, elle a
droit à ce privilége légal. Veut-on des analogies dans le
Code ? Les deux avantages légaux de 1465 et 1481 sont
accordés à la veuve, qu'elle renonce ou qu'elle accepte.

§ 14. — Un mariage putatif fait-il acquérir au conjoint
de bonne foi l'usufruit des ouvrages composés avant
l'annulation de cette union ? M. Renouard (1) enseigne
d'une façon absolue qu'alors même que la femme serait
de bonne foi, elle perd la survivance des droits d'auteur.
M. Renouard se place sous l'empire du décret de 1810.
Mais, en acceptant la discussion sur ce terrain, sa décision me semble trop absolue. L'époux de bonne foi pro-
fite, de l'avis général, de tous les avantages que lui assure
son contrat de mariage, en d'autres termes, à son égard
le contrat de mariage reçoit sa pleine exécution. Sous
l'empire du décret de 1810, le droit de la veuve n'était
que le résultat de ses conventions matrimoniales, dès
lors il y avait lieu, à la mort de l'auteur, à l'ouverture
du droit de survie de la veuve. Aujourd'hui, avec la
nature nouvelle que je reconnais à la faveur légale accordée au survivant, la question devient plus délicate.
Ainsi posée, elle se résout dans une distinction. Le mariage est-il annulé après la mort de l'auteur, que je
suppose être l'époux de mauvaise foi, l'autre conjoint a
conservé son titre d'époux jusqu'au jugement ; jusqu'à

(1) Renouard, II, p. 257.

cette époque, en effet, le mariage putatif est réputé à son égard un mariage valable. Vis-à-vis de lui, le jugement n'annulle pas le mariage, il le dissout. La femme avait donc, au décès de l'auteur, la qualité d'épouse survivante, et c'est à cette qualité que la loi de 1866 attache l'usufruit légal du droit de reproduction. (Argument d'analogie de l'article 767 (1).)

Le mariage putatif étant annulé au contraire du vivant des époux, la femme, au décès de l'auteur, prétendra-t-elle à la survivance du droit de copie? Evidemment non, selon moi, car la femme n'a plus à cette époque la qualité d'épouse survivante (767). Mais, a-t-on dit, même dans cette hypothèse, l'époux de bonne foi a la jouissance légale de 384, la situation est à peu près la même, pourquoi faire perdre à la femme cet autre avantage légal? Je réponds que la situation est tout autre. A quelque époque que le mariage soit annulé, l'époux de bonne foi conserve, dans ses rapports avec ses enfants, tous les avantages qu'un mariage valable lui aurait conférés (373). On objecte encore que les époux de bonne foi conservent leur droit éventuel à une institution contractuelle (art. 1082 1093). Je réponds que s'il en est ainsi c'est que les gains de survie et l'institution contractuelle découlent du contrat de mariage, dont tous les effets sont maintenus à l'égard des époux de bonne foi, Mais j'ai déjà établi que le bénéfice nouveau introduit en faveur de la compagne d'un auteur n'est pas, comme sous le décret de 1810, la dépendance d'un contrat, mais une faveur résultant, en dehors de toute convention, de la volonté seule de la loi;

(1) Poth., *Communauté*, n. 17 et 20.

or, il faudrait ne tenir aucun compte de cette volonté
pour appeler à la jouissance des droits d'auteur une personne qui n'a pas le titre de conjoint survivant.

***

SECTION TROISIÈME.

DE L'INFLUENCE DU RÉGIME MATRIMONIAL
SUR LE DROIT DE COPIE.

Sommaire : § 1. Le droit de copie tombe-t-il dans la communauté ?
Théorie de M. Bertauld, sa réfutation. Les héritiers de la femme peuvent
exiger la part de communauté de celle-ci sur le droit de copie, même
à l'encontre de l'auteur. — § 2. Ils ne peuvent exiger cette part en nature. — § 3. Autres conséquences du principe qui fait tomber dans la
communauté le droit de copie. — § 4. Effet de la renonciation à la communauté. — § 5. Effet d'un legs ou d'une donation. — § 6. Peut-on par
contrat de mariage renoncer au droit de copie ? Distinction proposée.

§ 1. — Nous savons déjà que la rédaction obscure du
décret de 1810 avait donné naissance à une controverse
sur la question de savoir si le droit de copie tombait dans
la communauté. Je ne reviens pas sur cette discussion.

La loi de 1866 consacre, sur ce point, une solution
qui, outre le mérite de ramener au droit commun, me
semble présenter cet avantage de ne laisser place à aucun
doute sérieux. L'attention de la Chambre avait été d'ailleurs attirée sur ce point par un amendement de M. Paul-

mier, dont le but était « d'attribuer le droit d'auteur à la
« communauté et à la société d'acquêts stipulée par les
« époux. » A quoi il fut répondu : « C'est le projet de
« loi (1). » Ainsi la Chambre avait l'intention de faire
tomber dans la communauté le droit de reproduction, et,
sur ce point, quoi qu'on en ait dit, les expressions un peu
obscures du § 2 n'ont pas trahi sa pensée. « Pendant cette
« période de cinquante ans, le conjoint survivant, quel
« que soit le régime matrimonial *et indépendamment des*
« *droits qui peuvent résulter en faveur de ce conjoint du*
« *régime de la communauté*, a la simple jouissance des
« droits.... » L'époux survivant a donc trois titres distincts pour recueillir les droits d'auteur : le premier, celui
du § 1 de notre article, la qualité de survivant qui lui
donne un usufruit légal; le second, assuré par le § 2, celui
d'époux commun, qui lui confère un avantage que nous
allons définir; le troisième, celui de l'article 767 du Code
civil, le titre de successeur irrégulier dont la loi nouvelle ne s'occupe pas. En résumé, les droits de communauté de l'époux survivant sont expressément réservés
par le § 2; ils constituent une prérogative distincte de
l'usufruit légal, sinon ces mots : « *indépendamment des*
« *droits qui peuvent résulter en faveur de ce conjoint du*
« *régime de la communauté*, » n'auraient aucun sens. De
plus j'espère prouver plus tard que le § 3 n'est explicable
que par cette manière de voir. Ainsi donc, le droit lui-
même, le droit à exercer, tombe dans la communauté, et, à
ce titre le conjoint de l'auteur en a la moitié, outre l'usu-

______

(1) Duverg., p. 285. Déjà, en 1842, M. Lamartine avait demandé à
la Chambre que le droit de copie fût déclaré bien de communauté.

fruit légal sur la totalité ; en d'autres termes, il a l'usufruit d'une moitié et la pleine propriété de l'autre moitié. Ma proposition, qui n'est que l'application des règles ordinaires, est bien loin, je l'avoue, d'être acceptée sans restriction. Ceux-là même qui en admettent le principe, reculent devant la majorité des conséquences de ce principe, et veulent ajouter à la loi des exceptions qu'elle ne fait pas. C'est qu'en cette matière, il semble que jurisconsultes et législateurs se croient dans la nécessité de sortir à chaque instant des bornes du droit commun et, se créant à l'envi des difficultés imaginaires, de soumettre le droit de copie à un régime tout à fait exceptionnel. M. Bertauld (1), par exemple, ne le fait entrer en communauté qu'au moment de la mort de l'auteur, c'est-à-dire à une époque où rien ne peut plus entrer dans une communauté qui n'existe plus.

C'est la résurrection, sur un point spécial, d'un système de Toullier depuis longtemps jugé, mulier non est socia sed speratur fore : la négation en un mot de la communauté pendant le mariage. Le bon sens a depuis longtemps écarté une thèse à laquelle le texte de la loi donne le plus formel démenti (1399-1441). Inutile de discuter ici une opinion qui n'est pas discutée et qui n'est plus discutable. Comment se fait-il alors que M. Bertauld écrive « ce n'est qu'au profit de la veuve que ce droit tombe « dans la communauté. » C'est par cette raison reproduite à l'envi par presque tous les jurisconsultes, que, selon l'expression de M. Renouard (2), « le privilége n'est pas

(1) Bertauld, p. 215 et 6.
(2) Renouard, t. II, p. 255 et suiv., § 130.

partageable **ainsi** que les autres biens de la communauté » ; ou, comme le dit M. Bertauld, que « l'auteur et l'œuvre ne font qu'un et ne peuvent être séparés tant *qu'il vit* (*sic*). » Rien ne me paraît plus contraire et au texte de la loi nouvelle et à la raison que cette assertion. Au texte de la loi nouvelle d'abord, la loi conserve à la femme, outre l'avantage éventuel d'un gain de survie légal, sa part dans la communauté. M. Bertauld admet, d'ailleurs, ce point de départ, mais il ajoute, tout à coup, une exception non-seulement au texte de la loi spéciale, mais à l'économie de notre droit sur la communauté, dans l'hypothèse où l'auteur survit. Il dépouille les héritiers de la femme de la part de communauté de celle-ci sur le droit de reproduction, par cette raison que : « ce n'est qu'après la mort de l'auteur que l'œuvre constitue une valeur sur laquelle peuvent s'enter des titres qui n'émanent pas de lui. » Mais ou l'œuvre est commune, ou elle ne l'est pas. Si elle est commune, ainsi que M. Bertauld l'enseigne, le droit de la femme commune est un droit qui émane de l'auteur lui-même, à la concession duquel il a consenti tacitement en adoptant le régime de la communauté légale. D'autre part, il n'est pas vrai de dire que, du vivant de l'auteur, l'œuvre littéraire ne constitue pas une valeur pécuniaire.

J'ai déjà fait voir que le droit de reproduction constitue par lui-même une valeur commerciale. Si ce droit est dans le commerce, pourquoi forger une exception à l'encontre des héritiers de la femme ? Leur concéder une part serait, a-t-on dit, porter atteinte à la prérogative essentiellement attachée à la qualité d'auteur, de retoucher, de modifier, de supprimer même son œuvre. Certes il y a là un droit très-respectable, mais pour faciliter l'exercice de ce droit, faut-il exproprier sans aucune indemnité les héritiers de la femme d'un bien qui leur est légitimement acquis? L'office ministériel tombe en communauté et certes, à la dissolution du mariage, il ne peut être exercé que par l'époux titulaire; s'ensuit-il de là, que les héritiers de la femme perdent la part de celle-ci sur l'office? On se révolterait contre qui proposerait une pareille injustice et serait assez ignorant pour la croire compatible avec notre législation, et on la présente hardiment lorsqu'il s'agit du droit d'auteur. L'officier ministériel retire bien sa charge de la communauté, mais il paye la moitié de la valeur de cette charge, estimée à à dire d'experts, aux héritiers de sa femme. Pourquoi l'auteur qui veut conserver son œuvre serait-il dispensé de payer la part de communauté de sa femme? D'autre part, pourquoi soustraire aux règles du partage ce bien spécial, puisqu'à moins de rétablir le droit d'aînesse on sera bien obligé de le diviser entre les enfants de l'auteur?

§ 2. — Ainsi donc les héritiers de la femme commune en biens sont fondés à prétendre à la part de celle-ci dans le droit de reproduction, mais peuvent-ils exiger qu'elle leur soit attribuée en nature? Évidemment non, au moins dans la théorie que j'ai proposée, par assimilation de ce qui est décidé et par la doctrine, et par la jurisprudence, lorsque le survivant est titulaire d'un office ministériel. D'ailleurs, un motif de convenance impose, ce me semble, que l'auteur reste maître des destinées de son œuvre. L'auteur exigera donc que le droit de reproduction soit mis dans son lot, et si ce droit est d'une valeur supérieure à la moitié de la communauté, l'excédant sera remboursé aux héritiers de la femme.

§ 3. — Les autres conséquences de la disposition nouvelle qui fait tomber le droit de copie dans la communauté n'ont pas à ma connaissance attiré l'attention des rares commentateurs de mon texte, et c'est à cela peut-être qu'elles doivent de n'avoir pas été, comme la précédente, repoussées ou au moins controversées. Étudions-en cependant quelques-unes. Supposons que la femme survive : le droit qu'elle aura sur le droit de reproduction est incontestablement plus étendu que le simple usufruit légal ; j'ai déjà démontré, en effet, qu'elle avait la moitié du droit entier et l'usufruit de l'autre moitié. A son décès, son usufruit retournera se rejoindre à la nue-propriété de la moitié qui est entre les mains des héritiers du mari. Mais ses héritiers personnels qu'auront-ils? La pleine propriété de l'autre moitié, en effet, elle n'a pas eu, à titre de commune, la moitié de la nue propriété ; elle a eu la moitié de la pleine propriété, puisque l'usufruit légal ne doit préjudicier en rien aux avantages matrimoniaux : l'usufruit légal a été restreint à l'autre moitié parce qu'on ne peut évidemment acquérir un usufruit sur une chose dont on a déjà la pleine propriété, mais il n'a pas réduit la part de communauté. J'arrive ainsi à faire diviser entre deux familles différentes un droit d'auteur, doctrine qui eût bien choqué sans doute MM. Renouard et Bertauld, s'ils y avaient songé, mais qui me paraît imposée par la logique.

§ 4. — J'ai déjà dit que je croyais que la renonciation à la communauté ne privait point la femme de son usufruit légal. Il est bien évident au contraire qu'elle lui fait perdre son droit à la moitié de la pleine propriété comme commune. L'usufruit légal reprend alors son extension normale, et la femme qui ne transmet plus rien à ses héritiers, conserve cependant la jouissance de l'universalité du droit de publication.

§ 5. — L'usufruit légal du survivant serait supprimé, ai-je dit, par la donation ou legs du droit de copie fait par l'auteur. Mais cette disposition à titre gratuit ne priverait évidemment pas l'autre conjoint de sa part de communauté. Toutes ces solutions choqueront, je le sens bien, les interprètes qui veulent imprimer de force à notre droit un caractère d'indivisibilité auquel résistent également le texte et l'esprit de la loi.

§ 6. — La communauté conventionnelle peut assurer à la veuve la totalité des droits d'auteur 1525(1). Mais la femme peut-elle par contrat de mariage renoncer à rien prétendre sur ces droits ? La question est controversée. Je proposerai une distinction. La femme pourra se priver de la part que le régime matrimonial qu'elle adopte lui eût attribuée. Elle le peut évidemment puisque la soumission au régime dotal, d'exclusion de communauté ou de séparation eût amené de soi ce résultat. Elle ne pourra pas, au contraire, renoncer par avance à l'usufruit légal : ce n'est plus là, en effet, un gain matrimonial, un bénéfice que le contrat de mariage peut conférer et que le contrat de mariage peut enlever : il s'agit d'un droit indépendant des conventions de l'homme et déféré par la loi, d'un droit à prendre dans la succession de l'auteur, d'une vocation, réduite à l'usufruit il est vrai, mais d'une voca-

(1) Adde 1130, 1389, 1600.

tion qui ne procède que de la loi. Dès lors, ma solution est dictée par l'article 791. Cet article s'applique, en effet, non-seulement aux contrats qui auraient pour objet l'universalité ou une quote-part de l'universalité d'une succession non encore ouverte, mais encore à ceux qui auraient pour objet des droits héréditaires éventuels sur des choses déterminées, c'est-à-dire, à notre hypothèse.

CHAPITRE II

SECTION PREMIÈRE

DE L'ORDRE DES DESCENDANTS.

§ 1. — La loi de 1793 renfermait dans une période de dix ans, à compter du décès de l'auteur, le droit des héritiers et des cessionnaires. Même point de départ, même durée de privilége pour tous. Le décret de 1810 porta une double atteinte à cette règle uniforme. D'une part, il divisa en deux classes, différenciées entre elles par la durée du monopole, les héritiers de l'auteur : les enfants, d'abord, au profit desquels on étendit à vingt ans le privilége ; les autres héritiers ensuite, qui restèrent sous l'empire de la loi de 93. La seconde dérogation a fait l'objet de nos précédentes études : la survivance du droit de copie est assurée à certaines veuves, et, pour laisser le champ libre à ce droit nouveau, la période de vingt ans accordée aux enfants ne commence à courir qu'au décès de la veuve. Ainsi, à l'égard des enfants, le point de départ du privilége varie : il date du décès de l'auteur dans deux cas : la femme de l'auteur est prédécédée, ou si elle survit, elle ne peut réclamer le privilége de viduité ; il date du décès de la veuve, si celle-ci se trouve dans des conditions telles qu'elle peut invoquer le bénéfice de l'article 39. Au contraire, le droit des autres héritiers, resté soumis à l'empire de la loi de 1793, n'a par conséquent qu'un point de départ unique dans toutes les hypothèses, la mort de l'auteur, de telle sorte qu'il s'éteint si la veuve survit plus de dix ans à son mari.

§ 2. — Tandis que le droit de la veuve demeurait le même jusqu'en 1866, le droit des enfants était modifié, après bien des discussions successives, mais sur un point seulement, sa durée. En effet, en dehors de la loi de 1844 qui étendit à un mode particulier de publication, la représentation théâtrale, encore régie par la loi spéciale de 1791, le bienfait du décret de 1810, les différents projets de loi sur cette matière avaient avorté. Intervint alors la loi de 1854, loi déclarée par ses rédacteurs mêmes « une « mesure d'urgence et qui ne préjugeait rien quant aux « principes, » qui porta à trente années la durée du privilége des enfants. Ainsi la variété de délais et de points de départ, établie par le décret de 1810, fut maintenue jusqu'en 1866, et souleva dans la pratique des difficultés incessantes et faciles à concevoir. Les développements qui vont suivre me donneront l'occasion naturelle d'en signaler plusieurs.

§ 3. — La loi de 1866 a eu le grand mérite de ramener à l'unité et à la simplicité. A l'exemple de la loi de 93, elle n'établit qu'un seul délai, dont le point de départ invariable est la mort de l'auteur, de telle sorte qu'il n'existe plus entre les héritiers d'autres différences que celles établies par le Code civil entre les divers ordres de successibles. D'autre part, nous savons que le droit du survivant, réduit à un simple usufruit légal, ne retarde plus, pendant son exercice, l'ouverture du droit des enfants.

§ 4. — Quels descendants sont appelés à recueillir ce droit spécial ? Aucune difficulté sérieuse ne s'élève en ce qui touche les descendants légitimes. M. Étienne Blanc (1), s'autorisant du mot *enfant* employé par le décret de 1810, a soutenu toutefois que les petits enfants ne seraient point compris dans l'expression d'enfants. M. Renouard (2) faisait déjà remarquer que toutes les fois que la loi se sert du mot *enfants*, elle entend par là *tous les descendants*. Aujourd'hui ces expressions de la loi nouvelle,

(1) P. 377, loc. cit.
(2) Ren., t. II, p. 261, et p. 274, n. 154.

« les héritiers de l'auteur », suppriment toute possibilité de doute.

L'enfant adoptif doit être mis sur le même rang que le légitime, puisque l'article 350 lui assure dans la succession de l'adoptant les mêmes droits qu'à l'enfant né en mariage.

La même décision doit être donnée à l'égard de l'enfant naturel reconnu. La doctrine contraire fut enseignée sous le décret de 1810, et son plus habile défenseur, M. Renouard, voulut réduire l'enfant naturel au privilége décennal sous ce prétexte « qu'il s'agit d'un successeur « irrégulier et que le décret ne garantit le droit de pro- « priété qu'à l'auteur, à sa veuve et à *leurs* enfants, c'est- « à-dire les enfants nés du mariage. » L'uniformité de délai introduite par la loi de 1866, qui d'ailleurs fait vocation expresse *des successeurs irréguliers*, enlève toute base à la controverse.

§ 5. — Une autre question beaucoup plus controversée s'agitait sous l'empire du décret de 1810, sur le point de savoir : si le privilége vicennal s'éteignait avant son expiration normale par l'extinction de la descendance directe. Le fils de l'auteur décédait, cinq ans après la mort de son père, et ne laissait pour lui succéder qu'un collatéral, c'est-à-dire un parent dont le droit était simplement décennal, ou même un parent, un frère utérin, par exemple, étranger à la famille de l'auteur et qui n'avait aucune vocation personnelle à la succession du droit de copie. A ne consulter que les principes du Code, il n'était pas douteux que ce droit transmis conservait la nature et la durée qu'il avait eues entre les mains du transmettant. Ainsi, le second bénéficiaire dont le droit personnel, encore régi par la loi de 1793, était décennal, et dans l'espèce ne devait plus durer que cinq ans, ou qui n'avait absolument pas de vocation personnelle, voyait le privilége s'étendre à son profit à quinze années et même à vingt, si la veuve avait puisé dans l'article 39 la faculté d'exclure temporairement le de cujus. Ce résultat bizarre, mais d'accord avec les principes du Code, rencontrait une objection sérieuse dans les termes mêmes du décret : « La propriété est garantie à l'auteur et à sa veuve pendant leur vie..... *et à leurs enfants pendant vingt ans.* » Le droit commun en cette matière spéciale était la loi de 1793, qui renfermait dans une période unique de dix années, à partir du décès de l'auteur, le monopole de tous les héritiers. Une exception spéciale était faite en faveur des descendants. A l'extinction de la descendance, cette exception s'éteignait, et la loi de 1793 reprenait son empire. Telle était la doctrine présentée par M. Renouard (1). La solution inverse me paraît plus vraie, pour deux raisons principales. L'héritier de l'enfant ne succède pas à l'auteur, il succède à l'enfant de l'auteur, ce qui est autre chose : il invoque le droit qu'il trouve dans la succession de l'enfant, et ce droit est vicennal. Le système de M. Renouard aboutit à exiger du successeur de l'enfant une vocation personnelle à la succession de l'auteur; et à décider que le droit de reproduction s'éteint au décès du premier bénéficiaire, sauf à renaître au profit d'un second bénéficiaire si ce bénéficiaire a la qualité de descendant de l'auteur. Ainsi, à l'é-

____

(1) Ren., II. n. 146, 147. Contra, Nion., p. 191 et suiv.

gard de ce bien spécial, ce ne serait pas la succession
du fils de l'auteur qui serait ouverte, mais celle de l'auteur qui serait rouverte, et seulement au profit d'un descendant. C'est le bouleversement de toutes les règles
admises en matière de succession. Jamais on n'a exigé
cette vocation personnelle à la succession transmise ; ce
qui le prouve, c'est qu'on peut recueillir par transmission
l'hérédité d'un individu auquel on serait personnel-
lement indigne de succéder, car on n'exerce que le
droit du transmettant. D'un autre côté, M. Renouard admet, avec raison, que si l'auteur n'a laissé qu'un collatéral, par exemple, et que ce collatéral meurt, cinq ans
après, sans autre héritier qu'une personne entièrement
étrangère à l'auteur, le privilége passe à cette personne
qui en jouit encore pendant cinq ans. Pourquoi cela?
si ce n'est parce que le bénéficiaire actuel exerce, non
son droit propre, mais le droit du transmettant, et qu'il
importe peu, dès lors, que ce bénéficiaire soit ou non parent de l'auteur. Enfin, le système de M. Renouard fait
naître une difficulté presque insoluble : un auteur meurt
laissant plusieurs enfants ; de ces enfants un ou plusieurs
meurent sans postérité après dix ans, mais avant l'expiration de la période vicennale ; un ou plusieurs survi-
vent. Qu'arrivera-t-il du privilége? M. Renouard main-
tient alors la totalité du privilége, mais, contrairement à
la solution qu'il vient de donner, il conserve ce privilége
aux héritiers des enfants décédés : « pour ne pas, lors
de l'extinction de chacune des branches de la ligne directe, rouvrir la succession de l'auteur, par suite d'un
événement postérieur à l'ouverture qui s'en est faite au
moment de son décès. » J'approuve fort le motif et la

concession, mais je les crois de nature à ruiner le système de **M. Renouard**.

A plus forte raison faut-il décider, depuis la loi de 1866, que la succession aux droits d'auteur est régie sur ce point par les principes communs à la dévolution des autres biens : à la mort des premiers bénéficiaires, le droit de copie n'est pas éteint, si la période de cinquante ans n'est pas épuisée; il subsiste et est transmis, non aux personnes qui se trouvent à cette époque les plus proches parents de l'auteur, mais à celles qui sont les héritiers de l'héritier de l'auteur. Le § 6 de notre loi décide en effet que ce n'est que lorsque l'auteur ou *ses représentants* meurent sans héritier, et que le fisc recueille la succession, que le droit de copie est éteint.

§ 6. — J'ai supposé jusqu'ici que le droit de reproduction se trouvait dans la succession de l'auteur : supposons maintenant qu'une aliénation à titre gratuit l'en a fait sortir. L'auteur en aura disposé ou au profit d'un tiers, ou au profit d'un de ses enfants, ou en faveur de son conjoint. J'étudierai successivement chacune de ces hypothèses.

§ 7 A. — L'auteur a donné ou a légué ses œuvres à un tiers. Nous savons déjà que cette disposition éteint l'usufruit légal du survivant, mais ne le prive point de la part que lui assure sur ce droit son contrat de mariage. A l'égard des descendants et des ascendants, on discutait déjà sous le décret de 1870 et l'on discute encore depuis la loi de 1866, pour savoir si cette disposition doit être réduite dans les limites du disponible. On renouvelle, pour introduire ici, dans le silence de la loi spéciale, une dérogation au principe d'ordre public inscrit dans l'article 920, deux considérations spécieuses que j'ai combattues ailleurs, lorsque, sur leur fondement, on voulait priver, en faveur de l'auteur, les héritiers de la femme prédécédée de la part de communauté de celle-ci sur le droit de reproduction. Rien, dit-on, ne doit porter atteinte à la prérogative, dont sa qualité d'auteur a investi le disposant, d'assurer, même après sa mort, l'avenir de son œuvre et de ne confier qu'à des mains intelligentes le dépôt de sa pensée. On insiste sur le danger que courrait la société de voir anéantir et disparaître des chefs-d'œuvre : « Le hasard ne fera-t-il pas tomber la « succession d'un Bossuet ou d'un Bourdaloue entre les « mains d'un incrédule, ou l'héritier d'un nouveau Vol- « taire n'appartiendra-t-il pas à l'ordre des Jésuites? » D'autre part, surtout s'il s'agit d'une œuvre posthume, comment calculer la valeur exacte de cette œuvre encore inédite ? Quel expert pourra donc dire si la quotité disponible est dépassée ?

Le louable désir de permettre à l'auteur de ne pas abandonner ses ouvrages à l'ignorance ou aux passions de ses héritiers, a égaré, à mon sens, les défenseurs de cette thèse.

§ 8. — Les inconvénients de ce système et la confusion sur laquelle il repose n'échappèrent point à la fine critique de M. Nion, auquel je n'adresserais que des éloges s'il n'avait proposé, pour sortir de la difficulté, un procédé qui me paraît également contraire aux règles d'ordre public inscrites dans le Code. « On confond, dit- « il, deux choses tout à fait dissemblables: quant à la pu- « blication, à l'appréciation morale et préalable et aux « soins éclairés qu'elle exige, l'auteur est libre, qu'il

« charge de cette mission délicate son fils, son ami,
« mais qu'il les en *charge seulement à titre d'exécuteurs*
« *testamentaires*... s'il a dit qu'il voulait que son manus-
« crit ne fût publié qu'après avoir été revu par un de
« ses amis, cette volonté doit être exécutée ; mais si,
« outre cette tutelle intellectuelle de son œuvre, il lui
« donne tout le profit matériel que pourra produire
« la publication, il n'est plus guidé uniquement par l'a-
« mour de la science, il fait une donation et elle doit
« comme toutes les donations ne pas dépasser les li-
« mites de la quotité disponible. »

§ 9. — Au premier abord, on croit trouver dans cette
proposition une heureuse conciliation entre le légitime
désir de l'auteur d'assurer les destinées de son œuvre et
le respect de la réserve. Quand on y regarde de plus
près, on voit s'effacer devant la rigoureuse application
des principes que M. Nion a le grand mérite de rappe-
ler à nos communs adversaires, la possibilité d'un accord quelconque entre les règles de la réserve et cette
prétendue tutelle intellectuelle. Plusieurs hypothèses
sont possibles : dans aucune, à mon avis, le système de
M. Nion n'est conforme avec les prescriptions d'ordre
public qui régissent la dévolution des successions.

§ 10. — Supposons que la question de réserve soit en
jeu. Il me semble indiscutable qu'une disposition qui
diminuerait les droits des héritiers sur la réserve serait,
dans la limite de cette réserve, sans effet. La réserve
doit arriver franche et quitte entre les mains de l'héritier sans même que la saisine puisse lui être enlevée
(920, 921, 1004, 1006). Justinien disait déjà : ut pura

mox restituatur (1). Cette portion est, comme l'enseignent nos vieux auteurs (2), accordée aux enfants par la loi contrairement à la volonté des père et mère qui ne sauraient y imposer des charges. Certes, on peut soutenir que ,même dans cette hypothèse la saisine de l'exécuteur testamentaire s'étendra à tout le mobilier. C'est que, en effet, cette saisine, qui doit expirer à la fin de l'année et dont l'héritier s'affranchit quand il le veut en exécutant les legs ou en consignant somme suffisante, est de trop faible importance pour donner ouverture à l'action en réduction. Mais ici, il s'agit d'une atteinte autrement grave aux droits des héritiers réservataires. On les prive, pour toujours, de l'administration des biens réservés, on les place sous une sorte de tutelle perpétuelle qui n'a d'autre raison d'être que le bon plaisir du testateur. On investit le de cujus du pouvoir de disposer à son gré d'une portion de biens que la loi, par respect pour les devoirs de famille, a frappé d'indisponibilité ! Ainsi, sans pousser plus loin l'argumentation, il faut décider qu'alors même que le de cujus aurait laissé le produit du droit de copie aux réservataires et se serait borné à remettre l'administration de ce droit, pour les cinquante années qui suivront sa mort, à un exécuteur testamentaire, la nomination de cet exécuteur serait sans effet relativement à la partie de ce droit comprise dans la réserve.

§ 11.— Supposons maintenant l'hypothèse inverse, la question de la réserve n'est plus en cause ; voyons si la no-

----

(1) L. 32, 36, § 1, 37. Cod. de inoff. test.

(2) Lebrun, *Succ.*, liv. II, chap. III, sect. 4, n. 14; Merlin, v° Legit., sect. 7, § 1.

mination de l'exécuteur testamentaire est valable. Un auteur institue ses enfants légataires universels, mais il charge un ami de la publication de ses œuvres, dont les bénéfices, d'ailleurs, seront remis à ses enfants. Quelle est la valeur de cette disposition? Je remarque d'abord que les enfants auront un moyen commode de recouvrer leur liberté d'action, ils renonceront à la qualité de légataires pour s'en tenir à leur vocation ab intestat. Le testament tombe alors et avec lui la nomination de l'exécuteur testamentaire. Mais supposons que le défunt, en homme pratique quoique auteur, ait, dans la limite du disponible, substitué un tiers à ses enfants pour leur enlever un moyen aisé de se soustraire à ses volontés; le vœu du mourant sera-t-il accompli, les rassurantes promesses que lui fait M. Nion se réaliseront-elles? Il est permis d'en douter. Il y a deux sortes d'exécuteurs testamentaires : l'un qui, investi de la saisine, administre réellement les biens de la succession, mais seulement pendant un an, l'autre qui n'administre nullement les biens, mais qui surveille l'administration des héritiers. Or, le premier de ces exécuteurs testamentaires ne remplira en rien l'attente du testateur, précisément parce que ses pouvoirs d'administration expirent dans l'année. Qu'a voulu le testateur? retirer pour toute sa durée la direction du droit de reproduction à des héritiers dont il redoute l'ignorance ou l'incapacité. Or, un an après sa mort, ses héritiers recouvreront la faculté de gérer ses œuvres. On dit, le de cujus aura, par cette disposition même, étendu les pouvoirs de l'exécuteur. Je le veux bien, mais encore faut-il que cette extension soit licite. Ne voit-on pas que charger l'exécuteur testamentaire

de la publication des œuvres, c'est lui accorder indirectement la saisine pendant cinquante ans, c'est-à-dire,
quelques doutes qu'on ait émis à cet égard, se heurter
à l'art. 1026? « Qui voudrait, dit M. Demolombe,
mettre en doute la nullité de la clause d'un testament
par laquelle un tiers serait chargé d'administrer les biens
de la succession pendant un certain temps? » Iniquum
est, disait déjà Gaius, liberis hominibus non esse li-
beram rerum suarum alienationem. Ce serait autoriser
une disposition en désaccord avec les principes élémen-
taires du droit public et du droit privé, par laquelle le
testateur frapperait d'une déchéance perpétuelle ses
héritiers.

Supposons enfin une troisième hypothèse beaucoup
plus délicate à résoudre : le de cujus a prescrit à ses héritiers certaines mesures, propres, selon lui, à assurer le
succès de ses ouvrages; et, pour être plus sûr de l'accom-
plissement de ses volontés, il a chargé un de ses amis,
à titre d'exécuteur testamentaire, de surveiller la gestion
de ses héritiers. On voit combien je suis loin de l'espèce
proposée par M. Nion. Faut-il nous prononcer encore
contre cette nomination? Un exemple célèbre, à raison
même de la célébrité du testateur, prouve que la pratique
s'est décidée pour la validité. Chateaubriand plaça la publication de ses œuvres posthumes sous le contrôle de
quelques amis. Aucun doute ne s'éleva sur la légitimité de
cette clause. La commission de 1861 avait, dans un article spécial, consacré cette pratique, qui, bien que le corps
législatif n'ait pas discuté la question, me semble confirmée par un discours de M. Jules Simon (1) dans la séance

(1) *Monit.* du 3 juin, p. 679.

du 2 juin. Telle me paraît être aussi l'opinion à suivre. D'une part, les héritiers demeurent investis de l'administration du droit de copie, et d'autre part, l'exécuteur testamentaire reste bien dans le rôle que le code lui assigne; il veille à l'exécution des volontés du défunt, contrôle d'autant plus utile qu'il n'y a point ici d'intéressé direct dont l'impatience stimule la lenteur de l'héritier. L'exécuteur n'est pas, en effet, uniquement destiné à faire acquitter les legs particuliers, il est chargé d'assurer l'exécution de toutes les charges du testament, telles que la construction d'un mausolée, d'une chapelle expiatoire, désirs qui ne trouvent d'autre défenseur que dans ce mandataire du défunt. Pourquoi priver arbitrairement l'auteur de ce moyen de se garantir contre l'incapacité de ses héritiers?

§ 12. — Mais si, en ce qui touche la nomination de l'exécuteur testamentaire, je n'adopte pas la théorie de M. Nion (1), je suis tout à fait de son avis lorsqu'il décide que les héritiers ont toujours le droit de demander la réduction d'un legs, que ce legs porte sur une œuvre déjà publiée ou un manuscrit destiné à être édité, ou sur tout autre bien. La division d'une hérédité en disponible et en réserve est d'ordre public, et il faudrait à mon sens un texte législatif formel pour motiver une exception. Or, nous savons déjà que ce texte manque. Au contraire le § 2 de notre loi, quelque ambiguë que soit sa rédaction, témoigne de l'intention où étaient les législateurs de ne porter aucune atteinte à la réserve. Des deux raisons présentées pour consacrer cette dérogation, nous avons déjà appré-

(1) P. 201.

cié la première, et nous avons vu de quelle façon le testateur éviterait le danger qu'elle affirme inévitable. Reste la seconde: l'impossibilité d'évaluation. J'opposerai deux objections à cette théorie. D'abord les difficultés d'estimation n'ont jamais réduit les rédacteurs du Code à faire violence à un principe qu'ils ont toujours regardé, et avec raison, comme d'ordre public. L'article 917 en est la preuve la moins récusable ; et certes, lorsque cet article a été voté, les rédacteurs du Code savaient qu'ils étaient aux prises avec un des problèmes les plus ardus qui aient exercé la sagacité de nos anciens jurisconsultes, le legs d'une rente viagère ou d'un droit d'usufruit. Ont-ils, à raison de cette difficulté d'appréciation, laissé le testateur libre de disposer de la totalité de ses biens à titre d'usufruit ou de rente viagère, et, pour se soustraire aux chances incertaines de l'expertise d'un droit viager, ont-ils privé la famille des revenus nécessaires pour vivre, *filiis forte fame peremptis* (1) ? Non, ils ont constitué l'héritier juge de la question de savoir si le disponible était dépassé ; ils l'ont laissé libre d'accepter le règlement du défunt ou de reprendre sa réserve en abandonnant le disponible. Décision sage et qui n'a d'autre but que d'éviter un double écueil, l'atteinte à la réserve et l'atteinte au disponible. Ainsi donc, l'article 917 est la preuve que l'impossibilité d'une appréciation suffisante, si cette impossibilité existait en réalité, n'excuserait pas la violation des règles de la réserve et qu'il y aurait, bien plutôt, lieu de faire entre le légataire et les héritiers une transaction semblable à celle proposée par cet article. Mais cette impossibilité d'évaluation n'existe pas ici en fait : ce qui

(1) Novel. **XVIII**, cap. **III**.

rend impossible d'estimer un droit d'usufruit ou de rente viagère, c'est précisément que ce droit est viager, et qu'il peut s'éteindre demain comme durer cent ans. Mais la durée du droit de copie est préfixe, elle est de cinquante ans; avant cette époque, aucun événement n'y mettra fin. L'alea qui rend inappréciable la valeur d'un droit d'usufruit ne se produit pas à l'égard de notre droit. Ce qui est difficile à établir, c'est la valeur commerciale de l'ouvrage, ses chances de vente, la durée de sa vogue ou de son utilité. Il y a là, certes, une difficulté pratique, mais il n'y a pas une impossibilité, car si cette impossibilité existait, le commerce de la librairie ne serait pas si florissant. Tous les jours, les libraires achètent des ouvrages inédits et ce n'est pas l'impossibilité de fixer le prix qui arrête leurs transactions. Le succès d'un livre nouveau est sans doute, dans une certaine mesure, aléatoire, mais tous les jours, on vend et par conséquent on estime des choses plus aléatoires. Quant à un livre déjà édité, sa valeur est parfaitement établie : je dirai même qu'elle est cotée.

Ainsi donc, rien ne nous autorise à introduire dans notre hypothèse une exception à l'article 920.

§ 13 B. — J'arrive à la seconde hypothèse : l'auteur a disposé de ses œuvres, non plus au profit d'un étranger, mais en faveur d'un de ses héritiers. Cette disposition aura revêtu l'une des deux formes suivantes : ou elle aura été faite au moyen d'une donation entre vifs ou elle sera inscrite dans un testament.

Parlons d'abord de la donation entre vifs : — ou elle contiendra une dispense de rapport, et alors, que le donataire accepte ou refuse la succession de l'auteur, il n'en conservera pas moins le droit de copie à moins

pourtant qu'il n'y ait atteinte à la réserve de ses cohéri-
tiers, hypothèse que j'étudierai tout à l'heure ; — ou le
donataire n'aura pas été dispensé du rapport, et alors il
aura le choix entre l'un des deux partis suivants, se soustraire au rapport en renonçant à la succession, ou s'y
soumettre et obtenir sa part héréditaire. Dans le premier
cas, il conservera au prix de la part héréditaire qu'il
abandonne, la donation entière, dans l'espèce, le droit
de publication. Dans le second cas, il obtiendra sa part
héréditaire, mais il sera soumis au rapport. Que devra-
t-il rapporter et de quelle façon se fera ce rapport? Double
question, au sujet de laquelle on espère rajeunir deux
vieilles controverses du Code civil en les transportant
sur un terrain nouveau. On veut que l'héritier, donataire du droit de copie, rapporte non-seulement ce droit
tel qu'il existe actuellement, mais encore le prix des
éditions déjà mises en circulation : le revenu de ce prix,
considéré comme un capital, serait l'unique avantage
qu'il tirerait de la donation. Cette thèse a déjà été expo-
sée et combattue par moi, lorsqu'elle s'appliquait à
l'usufruit légal du survivant des époux. Je ne veux pas
répéter une argumentation déjà présentée, je ferai seulement remarquer qu'à ne consulter que le bon sens,
lorsque l'auteur a déclaré donner son droit de copie, il
a entendu donner le droit lui-même et non le revenu
produit par la capitalisation du prix de chaque édition.
On renouvelle ainsi, à propos du droit de publication, un
ancien débat dont l'objet ordinaire est la donation d'un
usufruit ou d'une rente viagère : l'héritier, donataire de
l'un de ces deux droits viagers, est-il tenu de rendre,
outre ce qui reste à courir du droit lui-même, le produit

de ce droit , c'est-à-dire, les fruits ou les arrérages?

L'autre difficulté que l'on soulève, à propos de notre droit, est aussi la reproduction d'une controverse, aussi vieille que la précédente, sur le point de savoir si le rapport des meubles incorporels se fait en nature ou en moins prenant. Delvincourt et Taulier (1), après lui, ont soutenu que l'art. 868 n'avait trait qu'au mobilier corporel. Sans m'engager dans cette controverse, dont le véritable terrain n'est pas ici, je me contenterai d'indiquer deux raisons spéciales à notre matière et qui me semblent imposer le rapport en moins prenant. En attribuant le droit de copie, ainsi que le faisait L'Hopital, exclusivement à l'un de ses fils, l'auteur n'avait-il pas surtout en vue de ne confier ses œuvres qu'à celui de ses héritiers qu'il jugeait le plus capable de les bien administrer? L'application de l'article 868 permettra d'exaucer ce souhait. De plus, même dans notre ancien droit, où ils avaient le caractère d'immeubles, les offices n'étaient soumis qu'au rapport en moins prenant. A fortiori, aujourd'hui, où ils sont meubles, ils ne sont pas remis en nature dans la masse partageable. Ce sont toutefois des meubles incorporels et qui offrent de l'analogie avec le droit de publication. Pourquoi créer entre eux une différence dont l'unique résultat serait de tromper les espérances du défunt?

Au lieu d'une donation, supposons un legs. Ce legs sera fait avec ou sans dispense de rapport; dans le premier cas, l'héritier recueillera, outre sa part héréditaire, le droit de copie; dans le second, il pourra, s'il accepte,

____

(1) Delvincourt, t. II, p. 42, note 7; Taulier, t. III, p. 371.

d'après l'opinion qui me paraît la plus probable, exiger que le droit d'auteur soit compris dans son lot. On le voit, aucune difficulté ne s'élèvera dans ces deux hypothèses.

J'ai admis jusqu'ici que ni la donation, ni le legs ne dépassaient la quotité disponible. Supposons la situation inverse. Il me semble certain que la réserve des autres héritiers ne devra subir aucune atteinte. Il est vrai que l'on renouvelle ici toutes les objections que l'on a imaginées pour soustraire à l'article 920 la donation du droit de copie faite à un étranger, lorsque cette donation excède les limites du disponible. J'ai déjà apprécié ces raisons et je crois inutile de recommencer la discussion (1).

§ 14 C. — Il me reste à examiner la troisième hypothèse, celle où l'auteur a disposé de ses œuvres au profit de son conjoint. Sous l'empire du décret de 1810, pareille disposition présentait tantôt l'un, tantôt l'autre des deux avantages suivants. Ou la survivance des droits d'auteur n'était pas réservée à la veuve, alors le legs ou la donation lui faisaient acquérir le droit de copie ; ou il y avait ouverture du privilége de viduité et, même alors, la libéralité n'était pas superflue. En effet, la veuve devait obtenir tous les avantages qui auraient été attribués à un donataire ou à un cessionnaire étranger. La durée du privilége de ce dernier se calculait sur la durée du monopole dont les héritiers eussent été investis sans la disposition faite par l'auteur, c'est-à-dire, eu égard à la qualité de ces héritiers. Dès lors, au lieu d'un droit via-

<hr>

(1) Coin-Delisle, *Traité des don.*, n. 18, 3º sur l'art. 922.

ger, la veuve recueillait un droit transmissible à ses
héritiers personnels pour vingt années après son décès, si
l'auteur laissait des descendants, pour dix années dans
l'hypothèse inverse.

Quel est aujourd'hui l'effet d'une disposition à titre
gratuit par laquelle l'auteur a investi son conjoint de
ses droits sur son œuvre ? Comment concilier cette libéralité avec l'usufruit que ce conjoint tient déjà de la loi,
avec les avantages indépendants de cette faveur que lui
assurent ses conventions matrimoniales, enfin. avec le
respect dû à la réserve des descendants et des ascendants ?

Avant de m'engager dans l'examen de cette importante
question, il me semble nécessaire de présenter l'explication, que j'ai retardée jusqu'ici, du § 3 de notre texte :
« Toutefois, si l'auteur laisse des héritiers à réserve, cette
« jouissance est réduite au profit de ces héritiers suivant
« les proportions et distinctions établies dans les arti-
« cles 913 et 915 du Code Napoléon. » On le voit. ce
qui est réduit ici par la présence de certains héritiers, ce
n'est pas une donation émanée du de cujus, c'est l'usufruit légalement dévolu.

Aucune partie de notre loi n'a été aussi vivement critiquée que celle-ci et les jurisconsultes d'un commun
accord renoncent à l'expliquer et à l'appliquer. Au milieu
de la réprobation générale, aucune voix ne s'est élevée
pour défendre notre loi, aucune interprétation n'a essayé
de lui assigner un sens acceptable en lui conservant son
texte. J'oserai cependant proposer une explication, que
la place où j'ai relégué cette discussion fait pressentir.
Deux principales objections résument en elles tous les
reproches que l'on adresse à notre alinéa. Étudions-les

séparément. La réserve n'atteint, aux termes de l'article 913 lui-même, que les libéralités faites, soit par acte entre vifs, soit par testament. « Est-ce ici la situation? « s'agit-il d'une donation ou d'un testament (1)? En au- « cune façon, il n'est pas même question de libéralités, « il n'y a pas de disposant, c'est de par la loi que l'attri- « bution est faite ; on peut dire que c'est la loi qui se « réduit elle-même après avoir ordonné. »

Cette première critique me semble porter à faux. Que prétend-on. Qu'il n'y a pas lieu à la réserve; cela est bien évident, et dans mon système je ne dis pas autre chose. Cela est évident pour trois raisons. D'abord celle que l'on invoque, à savoir que nous sommes en face d'un avantage conféré directement par la loi, et que la réserve, dont le but est de faire prévaloir sur une fraction de la succession la volonté de la loi sur celle du testateur, n'a d'empire, par conséquent, que sur les dispositions de l'homme. A cette considération j'en ajouterai deux au- tres, dont j'emprunte la première au Code. Si le renvoi aux articles 913 et 915 signifiait que les règles du dis- ponible ordinaire sont transportées ici, il faudrait les y transporter toutes. Par conséquent, on ne pourrait appli- quer ici les articles 913 et 915, puisqu'il s'agit d'une disposition en usufruit, mais bien l'article 917 qui donne le choix entre l'exécution du legs ou l'abandon de la quotité disponible. Ma seconde raison m'est fournie par la loi de 1866 elle-même. Pour qu'il soit question de réserve, il faut supposer une disposition de l'homme ; or s'il y a donation ou legs du droit d'auteur, que cette li-

(1) Fliniaux, *Législ. et jurisp.* concern. la propriété littéraire, p. 71 et suiv.

béralité soit faite à un tiers ou à l'époux, il n'y a plus d'usufruit légal et dès lors il n'y a plus à rechercher dans quelle mesure cet usufruit est restreint.

Que prouvent tous ces arguments? sinon deux choses : d'abord que la pensée de la loi n'a pu être de transporter ici les règles de la quotité disponible et de la réserve, et que, dès lors, la critique que l'on adresse à la loi n'est pas fondée. Pour moi la question n'est pas là, elle repose tout entière sur ceci : quelle a pu être l'intention des rédacteurs de notre paragraphe lorsqu'ils ont parlé de réduction et d'héritiers à réserve, lorsqu'ils ont renvoyé à 913 et 915, expressions et renvoi qui induisent naturellement à croire qu'il est, en effet, question ici de réserve? Voici comment je me rends compte de la pensée de la loi.

La loi de 93 n'avait accordé aucune faveur spéciale à la veuve et elle avait renfermé le droit de tous les intéressés dans une seule période de dix ans, dont l'unique point de départ était le décès de l'auteur. Brisant avec les antécédents historiques et l'économie du Code, le décret de 1810 mit, dans certains cas, la veuve au premier rang des héritiers, et lui attribua, sa vie durant, la totalité du droit de copie. Quelle que vive que fût cependant la réaction contre l'injuste sévérité du Code vis-à-vis du conjoint survivant, on ne voulut pas réduire les descendants, comme les autres héritiers, à une expectative fort incertaine. On se rappelle, en effet, que sous ce décret, le privilége des héritiers, autres que les descendants, était resté décennal et datait de la mort de l'auteur, de telle sorte qu'il était stérile, si la veuve survivait plus de dix ans à son mari. On voulut que, dans tous les cas, les enfants exerçassent pendant un certain temps le droit de copie. Pour atteindre ce résultat, il y avait deux partis à prendre, ou appeler simultanément la veuve et les enfants : de telle sorte que le droit de ces derniers restreignît le privilége de la veuve et qu'il y eût lieu de faire une détermination de la part afférente à chaque intéressé ; ou les appeler les uns après les autres. Ce dernier parti fut suivi par le décret de 1810. Les difficultés qui naquirent de ce système nous sont déjà connues. La loi de 1866 adopta la solution inverse et rétablit l'unité du point de départ du monopole pour tous les représentants. Elle fit vocation expresse de la veuve à la totalité de la jouissance du droit de copie. Mais elle ne voulut pas que cet usufruit, destiné peut-être à se prolonger de longues années, excluât d'une façon absolue pendant toute sa durée, le droit de certains héritiers particulièrement favorables.

Ainsi la loi nouvelle, qui permet au droit viager du survivant de diminuer, en se prolongeant, la période de jouissance privative accordée aux descendants par les lois antérieures, compense cet inconvénient, en appelant, du vivant de la veuve, les héritiers à une certaine part dans la pleine propriété. Les considérations qui firent restreindre, au profit des descendants, l'usufruit légal, combattirent avec plus d'énergie encore pour les ascendants, qui, destinés par leur âge à précéder dans la tombe le survivant des époux ne recevaient rien, en réalité, en recevant la nue propriété. Ces deux classes d'héritiers, dont la première seule avait obtenu des lois antérieures une faveur exceptionnelle, parurent à la Chambre de 1866 mériter une même protection. Il y a, sur ce point, un retour aux théories du Code, dont la sollicitude pour ces deux classes de successibles se fait sentir partout et surtout dans l'institution de la réserve qui les met à l'abri contre les libéralités exagérées du de cujus. De là, les expressions de réservataires, d'héritiers à réserve, sont devenues synonymes de descendants et d'ascendants et employées à leur place par abréviation. Et c'est dans ce sens, impropre ici, je le reconnais, que ces mots se sont glissés dans notre texte pour indiquer les descendants et les ascendants, mais nullement pour impliquer l'idée qu'une question de réserve soit mise en jeu.

Ce concours, inusité sous le décret de 1810, entre les descendants ou les ascendants et le survivant des époux, nous explique deux choses : d'abord cette singulière rédaction de notre paragraphe : « Cette jouissance est *réduite* au profit des héritiers. » Il est évident que cette réduction est l'effet normal de tout concours de deux droits opposés sur une même chose. Le droit à l'universalité de l'usufruit attribué au survivant se trouve forcément resserré, restreint, *réduit* par l'exercice d'un droit de pleine propriété. Mais il n'est pas question d'intenter l'action en réduction de l'article 920, puisqu'il n'y a ici à frapper aucune libéralité de l'homme. En second lieu, cette innovation de la loi de 1866 l'obligeait à déterminer la part de chacun. Cette fixation de part pouvait être faite de deux façons, ou à nouveau, ou par un simple renvoi à une autre loi, dont les dispositions, quoique édictées dans un autre but, semblaient applicables à la matière. De ces deux méthodes, la loi de 1866 a suivi la deuxième. Pour elle, les articles 913 et 915 contiennent une proportion équitable qui, quoique établie dans un dessein différent, doit être transportée ici. Ainsi la veuve aura une moitié, un tiers ou un quart d'usufruit, si l'auteur laisse un, deux ou trois enfants; elle aura une moitié si elle rencontre des ascendants dans les deux lignes; les trois quarts, si elle n'en rencontre que dans une seule ligne.

On nous répond alors, et c'est la deuxième critique que l'on adresse à notre texte : ce n'est pas le tableau des proportions dressé par les art. 913 et 915 qu'il fallait transporter ici, mais celui de l'article 1094. « Ces ar« ticles, en effet, régissent uniquement la quotité dispo« nible lorsque la libéralité est faite à tout autre qu'un « époux. Quand il s'agit d'une libéralité faite à un con« joint, il y a une quotité disponible qui est différente et « qui est réglée par l'article 1094. S'il y a des ascen« dants, le conjoint peut recevoir en outre de la portion « déterminée par l'article 915 l'usufruit de la réserve « indiquée par cet article ; s'il y a des descendants, il « peut recevoir, quel qu'en soit le nombre, un quart en « propriété et un quart en usufruit, ou la moitié seule« ment en usufruit. C'est là la quotité disponible qu'il « faudra appliquer, c'est la seule possible, puisqu'il s'a« gira toujours d'un conjoint. » La critique de M. Fliniaux donne une idée exacte de la doctrine la plus répandue sur ce texte obscur, dont on ne tient non plus de compte que s'il n'existait pas. Singulier raisonnement, il faut en convenir! On reproche à notre texte de parler de réserve alors qu'il s'agit d'une transmission de biens opérée par la loi; sous ce prétexte, on efface le renvoi aux articles 913 et 915, procédé d'interprétation trèssimplifié, et puis on prétend soumettre cette situation à

l'empire de l'article 1094, par cette raison « que c'est là
« *la seule quotité disponible* possible, puisqu'il s'agit
« toujours d'un conjoint. » Mais, ou la première objection que l'on a faite signifiait si peu de chose qu'on ne
recule pas devant la nécessité de la démentir pour établir
un système nouveau, ou elle était fondée, et alors, après
avoir effacé le renvoi, il n'y a pas lieu de choisir entre
les deux quotités disponibles, puisque, encore une fois, il
n'y a pas de disposition de l'homme. Entraîné par le
plaisir de la critique, on a donné trop de force à la première objection pour qu'elle ne serve pas également à
combattre la correction que l'on veut insérer dans le
texte. On en a fait une arme à double tranchant qui se
retourne contre ceux-là mêmes qui l'ont forgée.

Ainsi, il faut : ou considérer ce § 3 comme non écrit,
à l'exemple de quelques commentateurs, ou le conserver
tel qu'il est et lui trouver un sens admissible. J'adop-
terai ce dernier parti, par cette raison que l'attention de
la Chambre avait été attirée sur cette question et que ce
n'est pas par inadvertance, mais à dessein, que les articles
913 et 915 ont été inscrits. M. Picard (1) fit remarquer
« que les articles 913 et 915 n'étaient pas les seuls qui
« déterminassent l'étendue de la réserve légale ; que
« l'article 1094 contient aussi sur ces matières des dis-
« positions importantes. Il me semble, a-t-il dit, que
« l'article 1094 devrait être visé. »

Cette observation, restée sans résultat d'ailleurs, prouve
bien que c'est en connaissance de cause que les deux
articles 913 et 915 ont été cités. Quelle a donc pu être
la pensée de la loi ? La voici, telle que je la comprends.

(1) Séance du 27 juin, *Monit.* du 28.

La loi, en accordant au dernier mourant un gain de survie, a voulu conserver entière à son conjoint sa liberté
d'action. Or, cette liberté se manifeste dans deux actes
contraires : ou l'auteur voudra punir son conjoint, ou il
voudra le récompenser. En ce qui touche le premier
point, la loi laisse l'auteur maître absolu d'éteindre, même
par un acte à titre gratuit, l'usufruit légal. Permettant à
l'auteur de punir son conjoint, elle devait, par une juste
réciprocité, lui réserver la faculté de le récompenser; or,
si la mesure de l'usufruit légal eût été aussi étendue que
celle des dispositions à titre gratuit, où se serait trouvée
la faculté de récompenser? Quel eût été l'avantage d'un
legs ou d'une donation? La donation n'eût attribué, de
plus que l'usufruit légal, qu'un quart en nue propriété,
s'il y avait eu concours avec des descendants, ou que la
moitié ou les trois quarts de la nue propriété en présence d'ascendants dans les deux lignes ou seulement
dans l'une d'elles. Du seul avantage véritablement précieux, l'usufruit, la veuve n'eût rien tenu de son mari,
mais tout de la loi. Le législateur a voulu remédier à cet
inconvénient, il a voulu qu'en présence de descendants
ou d'ascendants, l'usufruit légal qu'il créait eût moins
d'étendue qu'une disposition de l'homme, afin que, dans
cette différence même, l'auteur trouvât la possibilité de
gratifier efficacement la compagne de ses travaux.
Comme je le disais au début de cette controverse, il a
cherché une limite pour restreindre la portée de l'usufruit légal lorsqu'il s'exerçait au préjudice de descendants ou d'ascendants. Il a emprunté celle des articles
913 et 915 qui, à raison même de la nature du bénéfice légal, se trouvait ici, par exception, inférieure dans

toutes les hypothèses à celle de l'article 1094. Qu'on n'oublie pas, en effet, qu'il s'agit d'un *usufruit* légal, de telle sorte que la mesure de l'art. 913, même au cas où le testateur ne laisse qu'un enfant, est toujours inférieure à la quotité déterminée par l'article 1094; car, outre l'usufruit de la moitié, le testateur peut léguer le quart de la nue propriété. En un mot, en empruntant la fixation des parts établie par les articles 913 et 915, le législateur de 1866 a entendu concilier la faveur dont les descendants et ascendants ont toujours été entourés avec le bénéfice nouveau dont il gratifiait le survivant des époux; et, en n'attribuant pas à l'usufruit, qu'il conférait, une étendue égale à celle qu'il aurait eue s'il avait été déféré par la volonté du testateur, laisser celui-ci libre de transmettre à son conjoint des marques de son affection.

J'arrive maintenant à l'hypothèse où l'auteur, ne s'en remettant pas à la loi du soin d'acquitter une dette de reconnaissance, a voulu, par le don même de ses ouvrages, récompenser celle dont l'intelligente sollicitude, en lui épargnant les soucis de la vie ordinaire, a contribué au succès de ses travaux. Ainsi, outre l'usufruit légal attaché à la qualité de survivant, outre les avantages qui peuvent résulter des conventions matrimoniales, le survivant peut avoir encore sur l'œuvre littéraire un droit provenant d'une donation ou d'un legs fait à son profit par l'auteur. C'est cette dernière situation que je veux étudier, situation bien différente de celle où se trouve l'époux investi seulement de l'usufruit légal. C'est dans la confusion constante de ces deux hypothèses, si dissemblables pourtant, que réside, à mes yeux, la véritable

cause des critiques dont on a abreuvé notre loi. Y a-
t-il eu donation ou legs de l'auteur à son conjoint: sans
aucun doute, si la réserve est atteinte, il y a lieu d'appliquer l'article 1094. Il y a là libéralité d'époux à époux,
c'est le disponible entre époux qu'il faudra rechercher
pour fixer l'étendue de cette disposition. A l'inverse, le
de cujus n'a-t-il rien donné ni légué à son conjoint, en
d'autres termes, le survivant est-il réduit à la faveur que
la loi nouvelle lui octroie : pour déterminer l'étendue de
cette faveur, il est impossible de se servir de l'article 1094, et force est bien de recourir aux prescriptions du § 3 de notre texte.

SECTION DEUXIÈME.

DES ASCENDANTS ET DES COLLATÉRAUX.

Jusqu'en 1866, les ascendants et les collatéraux restèrent sous l'empire de la loi de 1793. Leur droit était
décennal et courait à partir de la mort de l'auteur. La
loi nouvelle leur accorde, comme à tout autre héritier, un
privilége de cinquante ans. Elle se réfère sur tous les
autres points à la législation du Code.

A l'égard des ascendants s'élève une difficulté très-sé-
rieuse à raison du texte du § 3 de notre loi. J'ai déjà
examiné cette difficulté sous le § 14 du chapitre précédent.

CHAPITRE III

DES SUCCESSEURS IRRÉGULIERS.

Sommaire : § 1. De l'enfant naturel et du conjoint survivant. Renvoi. —
§ 2. Du fisc. Décret de 1810, loi de 1866, innovation de cette dernière loi.
Conséquences de cette innovation. — § 3. Exceptions. — § 4. Les créanciers de l'auteur peuvent-ils exercer le droit de copie? Triple aspect de la
question. Opinions de MM. Bertauld et Colmet d'Aage.

§ 1. — J'ai déjà indiqué les droits de l'enfant naturel
sous le décret de 1810 et sous la loi de 1866 ; je ne reviens
pas sur les explications présentées à ce sujet dans le chapitre relatif aux descendants. De même, en traitant des
avantages spéciaux, dont le conjoint de l'auteur était
doté, j'ai comparé avec ces avantages la vocation
ab intestat établie par le Code. Il ne reste plus qu'un
seul, le dernier des successeurs irréguliers, le fisc : c'est
par lui que je compte terminer cette étude.

§ 2. — D'après le droit commun, le fisc recueille
les successions en déshérence (713, 768). A ce titre, il
se présentera à la mort de l'auteur décédé sans successeur connu. Acquerra-t-il le droit de reproduction? Jusqu'en 1866, ce droit suivit le sort des autres biens. Mais la
doctrine éleva à ce sujet des plaintes, dont M. Renouard

se fit l'écho (1), et auxquelles la dernière loi a donné satisfaction. Si les biens de l'auteur ne tombent en d'autres mains que celles de l'État, le privilége s'évanouit : ce qui se serait passé cinquante ans après la mort de l'auteur se produit immédiatement. En d'autres termes, la loi cesse de réserver à l'auteur ou à ses successibles le monopole de la fabrication et de la vente des exemplaires et l'œuvre tombe, à tous égards, dans l'état de communauté négative. Désormais chacun retirera, sans payer de redevance, outre la jouissance morale de cette œuvre, à l'aide de la lecture et de l'étude, les produits pécuniaires au moyen de la publication. Mais le fait de la publication n'investira pas l'éditeur du droit d'empêcher ses confrères de publier le même ouvrage. De cette chose, désormais classée parmi les *res nullius,* il n'a acquis que la partie qu'il s'est appropriée, de cette œuvre, que les exemplaires qu'il en a tirés.

Telles sont les conséquences de la décision du § 6 de notre loi : « Lorsque la succession est dévolue à l'État, « le droit exclusif s'éteint... » Disposition logique et sage. La loi est entièrement d'accord sur ce point, et avec sa manière d'envisager le droit d'auteur, et avec l'esprit du Code civil. Elle a voulu, en effet (ainsi que je le disais au début de cet essai), pour éviter que le travail de l'auteur n'eût d'autre salaire que la célébrité, concentrer entre ses mains et celles de ses héritiers les produits vénaux de la publication. A tort ou à raison, elle a cru que la création de ce monopole, quoique commandée par l'équité, était aussi contraire à l'essence même de l'œuvre

(1) T. II, p. 275.

qu'aux principes du droit commun. C'est pour cette raison qu'elle réduit dans des limites étroites la durée du
privilége, c'est pour cette raison encore qu'elle le sup-
prime lorsque l'auteur ne laisse point d'héritier. Or,
dans le système du Code aussi bien que dans nos mœurs,
l'État n'est pas un héritier ; il ne mérite donc pas que
l'on fasse exception en sa faveur à l'application du droit
commun. Le fisc ne sera-t-il pas d'ailleurs un gérant mal-
habile d'un bien aussi délicat à administrer que la propriété littéraire ? N'y aura-t-il point inconvénient à laisser
le gouvernement maître d'empêcher la publication d'un
livre dont les tendances lui seraient hostiles ? Il était sage,
en tous cas, d'éviter jusqu'au soupçon.

§ 3. — L'extinction de la parenté civile et naturelle de
l'auteur, jointe au prédécès de son conjoint, ne suffit pas
toujours pour entraîner l'extinction du privilége. Notre
texte apporte, en effet, deux restrictions au principe nouveau qu'il consacre. Dans deux hypothèses, alors que la
succession tombe en déshérence, le droit de l'auteur lui
survit. « Lorsque la succession est dévolue à l'État, le
« droit exclusif s'éteint sans préjudice du droit des créan-
« ciers et de l'exécution des traités de cession, qui ont
« pu être consentis par l'auteur et par ses représen-
« tants. » Cette double dérogation a encore pour but de
favoriser l'auteur, en lui permettant, dans le premier cas,
de penser à sa dernière heure que ses ouvrages acquitteront ses dettes, et qu'en même temps qu'ils perpétueront sa célébrité d'écrivain, ils lui conserveront sa réputation d'honnête homme. D'autre part, le maintien du
privilége au profit du cessionnaire est, ainsi que nous
l'avons vu, le meilleur moyen d'assurer à l'auteur un

prix sérieux de la cession complète du droit de copie.

Remarquons que, dans ces deux hypothèses, la durée du privilége peut être inférieure à cinquante ans. Dans le premier cas, en effet, il suffit de supposer que l'auteur a cédé ses œuvres pour une période de temps moins étendue. Dans le second, le montant des créances déterminera le chiffre de la cession du droit de copie et l'étendue de cette cession.

Avant de terminer ce travail, je veux relever une décision de notre texte qui me semble bien importante, quoique oubliée par tous les auteurs‘ et qui tranche, à mes yeux, d'une façon définitive, une célèbre controverse, celle de savoir si les créanciers peuvent se faire autoriser de justice à exercer le droit de copie (1). L'œuvre littéraire se présente, ai-je déjà dit, sous trois aspects différents : sous chacun d'eux la question se soulève.

A. — L'œuvre est en cours de publication et un certain nombre d'exemplaires se retrouvent chez l'auteur. Ces exemplaires, simples meubles corporels, seront vendus avec les autres objets mobiliers, sans qu'il y ait à observer aucune règle particulière à leur égard, ni à les comprendre dans les exceptions des articles 581 et 582 du Code de procédure civile. Si l'auteur est mort, le droit que les créanciers exerceront au moyen de la saisie-exécution n'aura aucun rapport avec une prolongation de privilége et n'en supposera nullement l'existence. Même décision,

---

(1) La plupart des auteurs disent *saisir et vendre :* le résultat est le même, mais le procédé est différent. Il me semble plus exact d'éviter le mot saisir. La saisie-exécution, dont le but est de faire vendre les meubles d'un débiteur, ne s'applique qu'aux meubles corporels et nullement aux *droits.* M. Colmet d'Aage a déjà fort bien indiqué cette incorrection de langage.

lorsque l'auteur a cédé son œuvre, mais n'en a pas encore touché le prix. Les créanciers feront saisir-arrêter cette somme entre les mains du libraire. On le voit, dans les deux hypothèses on suit tout simplement les règles du droit commun, auxquelles, d'ailleurs, la loi de 1866 ne pouvait porter atteinte puisqu'elle ne s'occupait point des éditions déjà faites.

B. — A l'inverse, au décès de l'auteur, on trouve un manuscrit. Les créanciers le comprendront-ils dans leur gage? Pothier écrivait déjà (1) : « Les manuscrits d'un « ouvrage qu'un homme d'esprit a composés ne doivent « pas être compris dans l'inventaire : ce sont choses « inestimables qui ne sont pas censées faire partie d'une « communauté de biens, ni même d'une succession. On « doit les laisser à l'aîné de la famille, quand même il « aurait renoncé à la succession. » A part la dernière décision, dictée par des idées aristocratiques que nos institutions modernes repousent, la pensée qui sert de base à cette proposition me semble vraie : les manuscrits, que l'auteur n'a pas destinés à voir le jour, sont choses inestimables, ce sont des documents de famille qui, n'ayant d'autre valeur que l'affection et les souvenirs qu'ils réveillent, doivent être soustraits à la saisie des créanciers. A l'appui de cette opinion, j'invoquerai deux raisons, l'une de droit, l'autre de morale. En droit, nous le savons déjà, l'œuvre n'est pas dans le commerce, c'est la loi positive qui, en assurant le monopole des produits pécuniaires à l'auteur, a attribué à l'œuvre, sous ce rapport, une valeur commerciale. C'est par le fait de la publication que l'œuvre acquiert cette valeur, devient un

(1) *Traité de la communauté*, n° 682.

bien cessible et, j'espère le prouver, saisissable. Tant que
l'œuvre n'est pas dans le commerce les créanciers n'ont
pas de droit sur elle, ils ne peuvent donc la livrer à l'impression, ce qui la ferait tomber dans leur gage. M. Du-
pin aîné, avec cette simplicité, je dirai même cette crudité
de langage qu'il recherchait avec tant d'étude, disait à la
tribune : « La loi saisit le moment où l'écrivain se fait
« marchand, alors le prestige de l'art s'évanouit pour
« faire place au droit civil. » L'expression est si forcée
qu'elle est faussée, mais la pensée éclate aux yeux.

Outre cette raison de droit, des considérations morales
de la plus haute importance résistent à la prétention des
créanciers. « Le manuscrit, dit M. Renouard (1), c'est la
« conversation de l'auteur avec lui-même, le sanctuaire
« de sa conscience. » Tout se résume dans cette élo-
quente observation. Permettra-t-on aux créanciers d'un
homme politique de spéculer sur le scandale produit par
la publication d'écrits, premières inspirations de la jeunesse, que les théories ou les actes de l'âge mûr ont démenties ? Leur permettra-t-on de divulguer ces confi-
dences de l'homme avec lui-même, ces confessions que
leur auteur a cru enfermer dans le secret le plus absolu ?
A quelle qu'époque que notre histoire en ait enregistré
l'exemple, la saisie et la publication des lettres, des pa-
piers personnels, des manuscrits, qu'elles eussent pour
cause l'avidité des créanciers ou les passions politiques,
ont toujours trouvé leur condamnation dans la conscience
des honnêtes gens. Dans tous les cas, il faut le reconnaître, le respect de la liberté humaine doit arrêter la
poursuite des créanciers. Le manuscrit n'est encore

(1) Renouard, t. II, n. 205 et suiv.

n'est encore que la pensée personnelle de l'écrivain, pensée qui a déjà revêtu une forme et trouvé son expression, j'y consens, mais qui appartient toujours à son auteur. Si quelque chose est libre dans l'homme, c'est la pensée, et personne n'en peut forcer la publication. Notre loi pénale l'a bien compris, et elle ne frappe que la pensée coupable publiée. Comment donc les créanciers qui, dans nos institutions modernes, n'ont plus de droit sur la personne, auraient-ils des droits sur l'intelligence de leur débiteur (1)?

Remarquons, en terminant l'explication de cette seconde hypothèse, que notre loi spéciale lui est aussi étrangère qu'à la première, puisque, ainsi que nous l'avons vu plus haut, elle ne s'occupe point du manuscrit.

C. — L'ouvrage a déjà été publié et les précédentes éditions sont épuisées, ou bien, au moment où la prétention des créanciers s'accentue, l'auteur avait le dessein d'éditer son manuscrit. Sur ce point, les opinions se partagent et quatre systèmes sont aux prises. M. Bertauld (2), après avoir défendu aux créanciers de l'auteur de *saisir* (sic) de son vivant le droit de reproduction, donne cette faculté aux créanciers de ses héritiers (3). M. Colmet d'Aage ne s'occupe que des créanciers d'un auteur vivant, et il distingue suivant la nature de l'ouvrage. La raison de cette distinction est la nécessité de concilier la légitime prétention des créanciers sur une valeur commerciale

(1) En ce sens, M. Colmet d'Aage sur Boitard, dernière édition, 582.

(2) Bertauld, op. cit., p. 205 et suiv.

(3) M. Bertauld dit : *les créanciers des héritiers*, il y comprend évidemment les créanciers de l'auteur devenus créanciers de l'héritier, par suite de l'acceptation pure et simple de l'hérédité.

qui se trouve dans le patrimoine de leur débiteur et le désir de conserver à l'auteur le moyen de corriger, de remanier son œuvre. Les tribunaux apprécieront si l'œuvre n'emprunte pas à l'époque où elle a été écrite, aux passions qui l'ont inspirée, son principal mérite, l'originalité ; de telle sorte que la refondre serait lui enlever son cachet et son prix, et que l'auteur n'y pourrait pas songer. « S'agit-il, par exemple, écrit M. Colmet d'Aage, d'un « roman, d'une œuvre de fantaisie, il arrivera souvent « que l'opposition de l'auteur à la réimpression ne pourra « s'expliquer que par le désir de nuire à ses créanciers. « Supposons au contraire un livre de science, un ouvrage « de chimie. Depuis les précédentes éditions, la science a « fait des progrès; le livre, tel qu'il est, doit être remanié, « refondu peut-être entièrement : évidemment on ne peut « infliger à l'auteur malgré lui la publicité d'une œuvre « nouvelle qui, loin d'ajouter à sa gloire, ne pourrait que « la diminuer. » M. Renouard (1) ne distingue pas, et dans tous les cas, du vivant ou après la mort de l'auteur, quelle que soit la nature de l'œuvre, il permet aux créanciers d'éditer un ouvrage déjà publié. M. Demolombe semble se ranger parmi les défenseurs de l'opinion adverse.

Avant d'adopter l'un ou l'autre des deux partis extrêmes, examinons si l'une des conciliations proposées n'est pas acceptable. On se rappelle la distinction de M. Bertauld : du vivant de l'auteur, l'œuvre n'est pas comprise dans le gage des créanciers, elle y tombe après la mort de l'écrivain ; le motif est que, pendant la première

---

(1) Renouard et Bertauld, locis excit. ; Demolombe, t. **IX**, p. 296, t. **XV**, n. 700.

période, « l'élément moral l'emporte de beaucoup sur la valeur matérielle. » C'est là une raison de sentiment, non de droit. Le monopole de la reproduction est une valeur commerciale, un bien qui compte dans le patrimoine du débiteur ; aux termes de l'article 2093 les biens du débiteur sont le gage commun de ses créanciers. Je ne vois, d'autre part, aucun texte qui en fasse sortir ce droit particulier, il en fait donc partie.

La distinction proposée par notre savant doyen repose sur une base autrement sérieuse : la nécessité de conserver à l'auteur la faculté de retoucher son œuvre. Il semble qu'il y ait atteinte à la liberté individuelle dans le fait de publier la pensée malgré son auteur, et alors qu'il la renie. Mais la loi moderne n'est pas partie de cette idée, peut-être plus juste. Elle pose, au contraire, en principe que la pensée une fois divulguée cesse de former pour son auteur un bien individuel : ce n'est que par une fiction, une pure création du droit positif que l'auteur retient le monopole des produits vénaux de son œuvre. Il n'y a donc pas atteinte à la liberté de l'auteur, dans le fait d'éditer une pensée qui ne lui appartient plus. D'autre part, faut-il absolument, pour conserver à l'auteur la possibilité de retoucher son travail, frustrer l'attente légitime des créanciers ? Ne peut-on concilier ces deux intérêts ? Que l'auteur se contente de demander aux tribunaux un délai pour effectuer ce travail de révision, et qu'ensuite il vende ses ouvrages pour acquitter ses dettes. Mais enlever ce bien aux créanciers, c'est dépasser le but, et de plus, c'est se mettre en contradiction avec les dispositions de la loi. Si elle eût voulu, en effet, réserver à l'auteur la faculté de corriger son ouvrage, elle en eût prohibé la cession définitive. Cette publication forcée, que l'on veut éviter à l'écrivain au prix même de son honneur, il la subira, s'il a cédé son droit entier à un libraire. La loi ne l'exempte pas alors de la responsabilité morale, ou même légale de théories dont il s'est repenti trop tard. Quoi! vis-à-vis d'un libraire, l'auteur qui veut effacer le souvenir de ses ouvrages n'a qu'un moyen, les racheter, c'est-à-dire se libérer à prix d'argent de ses obligations ; vis-à-vis de ses créanciers, qui eux aussi prétendent publier, il s'affranchira de ses engagements par un simple refus! La situation est la même, pourquoi donner une solution différente? Ne voit-on pas à quelle honteuse spéculation on va donner la main? L'auteur ne dira-t-il pas à ses créanciers : Le prix d'une nouvelle édition suffirait à vous payer, mais cette édition, moi seul puis la donner ; achetez par un nouveau prêt cette complaisance. C'est pour cela qu'on dépouillera les créanciers, et pour qui? Pour un écrivain plus chatouilleux de ce qui touche à sa vanité littéraire que soucieux de sa réputation d'honnête homme. Tous les jours on vend, à la poursuite des créanciers, des tableaux, des objets d'art auxquels notre loi s'applique sans contredit ; pourquoi créer arbitrairement, au profit d'une composition littéraire, une dérogation à notre loi aussi contraire à son économie qu'à ses dispositions? La Chambre des pairs témoigna en 1839, en rejetant un amendement dont le but était de soustraire au gage des créanciers le droit d'auteur, qu'elle partageait cette manière de voir (1).

Ainsi donc, rien n'autorise à introduire une exception

____

(1) En ce sens, M. Nion, p. 315 et suiv.

au principe de l'article 2093 du vivant de l'auteur. Que faut-il décider après sa mort? Les deux partis extrêmes sont encore en lutte. Mais il me semble que l'affirmative obtiendrait un triomphe définitif si elle songeait à se prévaloir du texte formel de notre § 6 « ...Sans préjudice du droit des créanciers... » Nous savons déjà, en effet, que notre loi ne s'occupe ni du manuscrit, ni de l'édition en cours; dès lors, ces mots n'ont pas de signification, sinon celle-ci : les créanciers exerceront le droit de copie ou le vendront, et le prix de vente sera fixé par le montant des créances et des frais liquidés.

Cette vente sera faite par notaire puisqu'elle porte sur des meubles incorporels.

POSITIONS.

DROIT ROMAIN.

1° Les mots exhibere et sistere ne sont pas, quoi qu'en dise Cujas, synonymes.

2° L'action ad exhib. *ut tollere liceat* n'est pas préparatoire de la revendication, elle est définitive.

3° L'action ad exhib. *ut separare liceat* est, elle aussi, définitive dans la majorité des cas.

4° L'action ad exhib. peut préparer même des actions personnelles.

5° L'action ad exhib. *ut optare liceat* est préparatoire.

6° L'action ad exhib. est civile. Elle découle de la loi des douze tables.

7° Elle est personnelle.

8° Elle ne s'applique pas aux immeubles.

9° Elle n'est pas donnée au légataire.

10° Elle peut préparer l'assertio in libertatem (concil. entre la l. 12 pr. et la l. 13).

11° Le pr. de la l. 3 h. t. s'explique sans qu'il soit besoin de modifier le texte.

12° Il n'est pas nécessaire, pour expliquer que le § 13 de la l. 3, h. t. décide que dans la demande en représentation les exceptions de dol, pacte, chose jugée, serment, sont appréciées, de supposer que ces exceptions n'ont trait qu'à l'instance préparatoire ou de modifier le texte.

13° Le spécificateur de mauvaise foi ne devient pas propriétaire de la nova species. (Concil. entre la loi 12 § 3, Dig. 10-4, et loi 7, § 7, Dig. 41-1.

14°. L'emploi de la force publique pour obtenir l'exécution de l'ordre du juge est possible toutes les fois qu'il ne s'agit que de lever un obstacle de fait.

HISTOIRE DU DROIT.

1° L'arrêt rendu par le parlement contre les premier imprimeurs n'a pas été dicté par la crainte de la sorcellerie, ainsi qu'on le soutient aujourd'hui.

2° C'est à tort, au moins au point de vue théorique, qu'on a confondu la permission d'imprimer avec le privilége sur livres nouveaux.

3° L'origine de la censure est antérieure à l'institution des priviléges sur livres nouveaux.

DROIT CIVIL.

1° La loi de 1866, sans établir au profit de l'auteur et de ses héritiers une propriété, telle qu'elle est entendue dans le Code, ou un démembrement de la propriété, a néanmoins consacré en leur faveur un droit réel.

2° L'avantage établi par la loi de 1866 au profit du survivant des époux n'est nullement le même que celui qui lui était attribué par le décret de 1810.

3° La substance de l'usufruit légal attaché au conjoint survivant consiste non dans le produit capitalisé des éditions faites au cours de l'usufruit, mais dans le droit de copie lui-même.

4° La veuve qui renonce à la communauté conserve le gain de survie établi par notre loi.

5° En cas de mariage putatif, l'époux survivant a-t-il droit à ce gain? Il faut distinguer. Oui, si l'époux de mauvaise foi est mort avant l'annulation du mariage. Non, dans l'hypothèse inverse.

6° Le droit de copie tombe aujourd'hui dans la communauté, même du vivant de l'auteur. Mais les héritiers de la femme ne peuvent revendiquer leur part en nature.

7° Peut-on, par contrat de mariage, renoncer au droit de copie? Il faut distinguer.

8° Sous l'empire du décret de 1810, un collatéral qui trouvait dans la succession d'un fils de l'auteur le droit de copie, ne pouvait-il exercer ce droit que jusqu'à l'expiration de la période de dix ans à partir du décès de l'auteur, ou pouvait-il bénéficier du privilége vicennal? Il avait droit au privilége vicennal.

9° Peut-on charger, à titre d'exécuteur testamentaire, un ami d'administrer le droit de copie pendant toute sa durée? Il faut distinguer.

10° La donation et le legs du droit de copie sont réductibles.

11° L'héritier qui rapporte le droit de copie n'est tenu de rapporter que le droit lui-même et non le produit capitalisé des éditions déjà faites.

12° C'est à dessein que le § 3 (art. 1er) de notre loi renvoie aux articles 913 et 915 et non pas à l'article 1094.

———

13° L'usufruitier d'un bail à ferme n'est tenu de rendre en fin d'usufruit que le droit au bail.

14° Le rapport des meubles incorporels se fait en moins prenant.

———

PROCÉDURE CIVILE.

1° Du vivant de l'auteur ou après sa mort, les créanciers ne peuvent jamais se faire autoriser de justice à exercer le droit de copie relativement à un manuscrit.

2° Relativement à un ouvrage déjà publié ou destiné à être publié, ils le peuvent touojurs.

———

DROIT DES GENS.

1° Le simple fait d'avoir publié un ouvrage dans un pays étranger qui ne reconnaît pas le droit de copie ne

fait pas perdre ce droit à l'auteur relativement aux éditions faites par la suite en France.

2° Le neutre qui tolère la construction, dans l'un de
ses ports, d'un navire de guerre pour le compte d'un bel-
ligérant, doit être considéré comme ayant violé par cela
seul la neutralité.

DROIT CRIMINEL.

1° Bien que mise au rang des délits, la contrefaçon ne
nécessite pas l'intention de délinquer, mais cette intention
aggrave la culpabilité.

2° L'accusé, acquitté en cour d'assises, ne peut plus
être poursuivi en police correctionnelle à raison du même
fait qualifié différemment.

Vu par le Président de la thèse,
C. BUFNOIR.

Vu :

G. COLMET D'AAGE.

Vu et permis d'imprimer.
Le Vice-Recteur de l'Académie de Paris,
A. MOURIER.

Vincennes. — Imp. P. Juin, rue de la Charité, 2